JLPT N3

회화와 함께

제대로
정리하기

문법

JLPT N3 문법
회화와 함께 제대로 정리하기

지은이 김성곤, 다나카 미유키
펴낸이 정규도
펴낸곳 (주)다락원

초판 1쇄 인쇄 2020년 12월 10일
초판 1쇄 발행 2020년 12월 21일

책임편집 한누리, 송화록
디자인 장미연, 이승현
일러스트 리다

다락원 경기도 파주시 문발로 211
내용문의: (02)736-2031 내선 460~465
구입문의: (02)736-2031 내선 250~252
Fax: (02)732-2037
출판등록 1977년 9월 16일 제406-2008-000007호

값 16,000원

ISBN 978-89-277-1247-3 13730

http://www.darakwon.co.kr

• 다락원 홈페이지에서 「JLPT N3 문법 회화와 함께 제대로 정리하기」를
  검색하시거나 표지의 QR코드를 스캔하시면 학습에 필요한 자료를 이
  용하실 수 있습니다

머리말

이 책은 JLPT(일본어능력시험) N3 수험에 필요한 문법을 혼자서도 마스터할 수 있도록 구성되었다.

문법은 문장을 구성하는 규칙으로, 비즈니스 문서나 이메일 등과 같은 문서 작성에 매우 중요하다. 동시에 회화에서도 당연히 사용된다. 이 책은 기존의 학습서와는 달리, 문법 학습 방법을 다양화하여, 회화에서는 어떻게 사용되는지 문법의 영역을 넓혀 더욱 자연스럽게 문법 학습을 진행할 수 있도록 집필하였다.

이 책은 최신 출제 경향을 분석하여, 출제 빈도와 난이도를 기준으로 3단계로 구성하였으며 다음과 같은 특징을 지니고 있다.

1 핵심 포인트의 예문과 해설을 통한 표현 의도 이해: 핵심을 찌르는 예문과 해설을 통해 탄탄한 기본기를 갖출 수 있도록 하였다.

2 핵심 포인트의 문제풀이를 통한 이해력 향상: 문제풀이를 통해 더욱 심도 있게 문법을 이해할 수 있도록 하였다.

3 핵심 포인트를 활용한 회화문을 통한 응용력 향상: 실제 회화에서 사용되는 상황을 제시하여, 문법 포인트의 이해는 물론이고 회화 실력도 향상되도록 구성되어 있다.

4 최종 실전 모의 테스트를 통한 실전 적응력 향상: 실제 시험과 같은 난이도로 구성된 모의 테스트가 있어서 학습을 마친 후 본인의 실력을 점검할 수 있다.

본서 학습을 통하여 철저한 능력 시험 대비는 물론이고 여러분들의 일본어 실력 향상에 도움이 되리라 확신한다.

마지막으로 이 책이 발간되기까지 많은 격려를 해주신 다락원의 정규도 사장님과 기획에서 편집에 이르기까지 수고해 주신 일본어출판부 관계자 분들께도 이 자리를 빌려서 감사의 말씀을 전하고 싶다.

저자 일동

JLPT (일본어능력시험)에 대하여

1 **목적 및 주최** 일본어가 모국어가 아닌 사람 중 일본어를 공부하거나 사용하는 사람들의 일본어 능력을 측정하고 인정하는 것이 목적입니다. 일본 정부가 세계적으로 공인하는 유일한 일본어 시험이며, 국제교류기금과 재단법인 일본국제교육지원협회가 주최합니다.

2 **실시** 1년에 2회, 7월 첫 번째 일요일과 12월 첫 번째 일요일에 실시합니다. 주최 측의 사정에 따라 일정이 변경될 수 있으므로 시험을 준비하고 있다면 미리 http://www.jlpt.or.kr 에서 확인하는 게 좋습니다.

3 **레벨** 시험은 난이도에 따라 N1, N2, N3, N4, N5로 나누어져 있으며, 수험자가 자신에게 맞는 레벨을 선택하여 접수합니다.

4 **시험 내용** 각 레벨의 인정 기준을 [읽기], [듣기]라는 언어 행동으로 나타냅니다. 각 레벨에는 이 언어 행동을 실현하기 위한 언어지식이 필요합니다.

N3	언어지식(문자 · 어휘)	30분	**읽기** 일상적인 화제에 구체적인 내용을 나타내는 문장을 읽고 이해할 수 있으며, 신문의 기사 제목 등에서 정보의 개요를 파악할 수 있습니다. 일상적인 장면에서 난이도가 약간 높은 문장을 바꿔 제시하며 요지를 이해할 수 있습니다.
	언어지식(문법) · 독해	70분	
	청해	45분	**듣기** 자연스러운 속도로 체계적 내용의 회화를 듣고, 이야기의 구체적인 내용을 등장인물의 관계 등과 함께 이해할 수 있습니다.
	계	145분	

※ 1교시에는 언어지식(문자·어휘)과 언어지식(문법)·독해가 연결 실시됩니다.

5 **시험 결과 통지와 합격 여부** JLPT는 다음 예와 같이 각 과목의 ①구분 별 득점과 구분 별 득점을 합친 ②총점을 통지하며, 이 두 가지 기준에 따라 합격 여부를 판정합니다. 즉, 총점이 합격점 이상이어야 하며 언어지식, 독해, 청해의 각 득점이 기준점(19점)을 넘어야 합니다.

JLPT N3 문법 문제 유형 분석

JLPT N3 문법 문제는 '1 문법 형식 판단', '2 문장 만들기(문맥 배열)', '3 글의 문법(문장의 흐름)'의 세 가지 유형으로 출제됩니다.

問題1 문법 형식 판단

괄호 안에 알맞은 표현을 넣어 문장을 완성하는 문제입니다. 점점 문제에 회화문이 많이 나오는 추세입니다. 총 열세 문제이며, 문제 수는 변경될 수 있습니다.

2 今度の試合に勝てる（ 　　　　　）一生けんめいがんばります。2011.07

　　1 ために　　　　　　　2 ように　　　　　　　3 ことに　　　　　　　4 みたいに

問題2 문장 만들기(문맥 배열)

문장을 바르게, 뜻이 통하도록 배열할 수 있는지 묻습니다. 밑줄 친 빈칸이 네 개 있고, 그 중 한 개에 ★ 표시가 되어 있습니다. 총 다섯 문제이며, 문제 수는 변경될 수 있습니다.

15 自分で野菜を作ってみて、おいしい野菜を育てる ＿＿＿＿ ＿＿＿＿ ★ ＿＿＿＿

わかりました。2011.07

　　1 ことが　　　　　　2 大変な　　　　　　　3 ことか　　　　　　4 どんなに

問題3 글의 문법(문장의 흐름)

비교적 긴 지문 안에 빈칸이 있고, 그 빈칸에 들어갈 가장 좋은 것을 고르는 문제 형식입니다. 문장의 흐름에 맞는 글인지 어떤지를 판단할 수 있습니다. 빈칸에 반드시 N3 기능어가 사용되는 것은 아니며, 문장의 흐름에 맞는 문법 요소나 어휘, 접속사, 부사 등이 많이 나옵니다. 다섯 문제이며, 문제 수는 변경될 수 있습니다.

しかし、今でもわからないことが一つあります。東京では電車が次々来るから、電車の時間を気にして急ぐ必要はないはずです。ところが、駅の中や階段、ホームを、とても急いで歩いている人が多いです。わたしは、これが　**22**　わかりません。日本に長く住んでいたら、わたしも同じように　**23**　。留学生活が終わるころには、答えがわかるのかもしれません。2011.07

22　　1 答えたのか　　　　　　2 なぜなのか　　　　　　3 理由なのか　　　　　　4 だれなのか

23　　1 なるのでしょうか　　　　　　　　　　2 なったでしょう

　　　　3 なってしまうのです　　　　　　　　　4 なってしまいました

구성과 특징

표제 문형
각 문형의 난이도에 따라 STEP1, STEP2, STEP3
으로 나누어 정리하였으며, 단계별로 각 **あいうえお**
순으로 배열하였습니다.

접속
문형을 각 품사에 어떻게
접속해서 사용하는지 확인
할 수 있습니다.

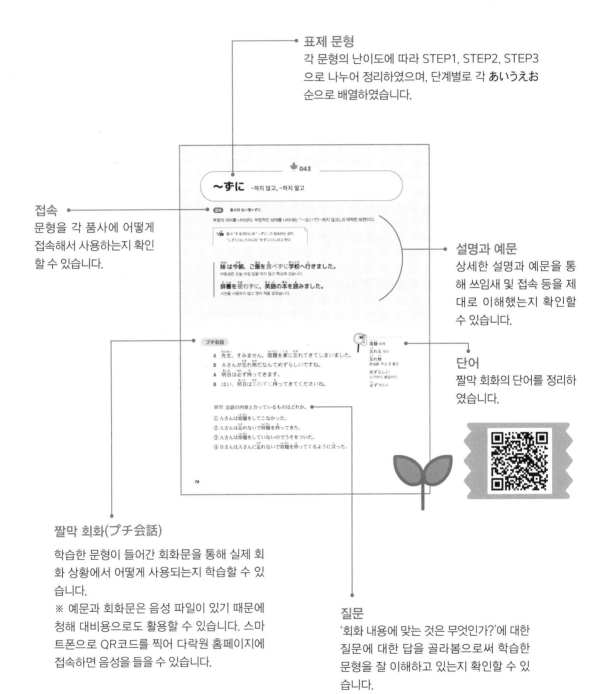

설명과 예문
상세한 설명과 예문을 통
해 쓰임새 및 접속 등을 제
대로 이해했는지 확인할
수 있습니다.

단어
짤막 회화의 단어를 정리하
였습니다.

짤막 회화(プチ会話)
학습한 문형이 들어간 회화문을 통해 실제 회
화 상황에서 어떻게 사용되는지 학습할 수 있
습니다.
※ 예문과 회화문은 음성 파일이 있기 때문에
청해 대비용으로도 활용할 수 있습니다. 스마
트폰으로 QR코드를 찍어 다락원 홈페이지에
접속하면 음성을 들을 수 있습니다.

질문
'회화 내용에 맞는 것은 무엇인가?'에 대한
질문에 대한 답을 골라봄으로써 학습한
문형을 잘 이해하고 있는지 확인할 수 있
습니다.

쪽지 시험

JLPT N3 문법 유형 문제1, 문제2 형식의 연습 문제를 통해 앞에서 학습한 문형을 확인합니다. 틀렸을 경우, 설명과 쓰임새를 다시 한번 숙지합니다.

해석 및 정답

짤막 회화와 쪽지 시험의 정답 및 해석을 확인할 수 있습니다.
※ 정답과 해석은 QR코드를 찍으면 스마트폰으로도 바로 확인할 수 있습니다.

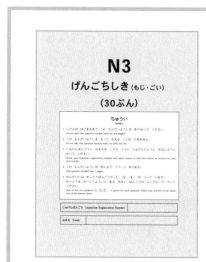

별책
실전 모의 테스트

JLPT N3 실전 모의 테스트 1회분을 풀어봄으로써 JLPT 시험에 대한 실제 감각을 키울 수 있습니다.

차례

STEP 1

STEP 2

STEP 3

126

별책   JLPT N3 실전 모의 테스트

STEP 1

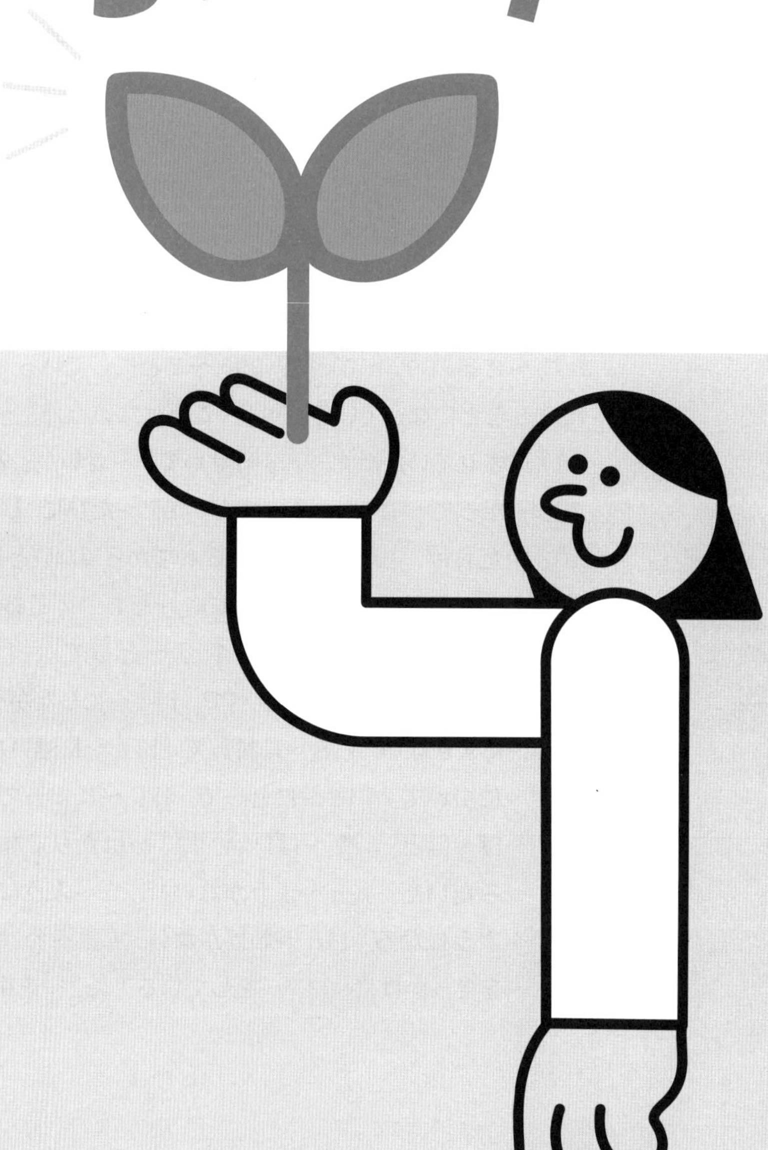

～おわる ~을 마치다, ~을 끝내다

接続 　동사의 ます형+おわる

어떤 동작을 끝냈다는 의미(동작의 완료)를 나타낸다. おわる는 주로 타동사에 붙여서 사용하며, 이때 만들어진 동사 역시 타동사가 된다.

> 弟は、ご飯を食べおわると、すぐに勉強を始めました。
> 남동생은 밥을 다 먹자 바로 공부를 시작했습니다.
>
> メールを書きおわったら、このボタンを押してください。
> 메일을 다 쓰면 이 버튼을 눌러 주세요.

プチ会話

A それ、今、話題の本ですよね。

B そうなんです。昔からこの作家さんのファンで。

A 読みおわったら私にも貸してもらえませんか。

B もちろんです。

今 지금
話題 화제
本 책
昔 옛날
作家 작가
ファン 팬
読む 읽다
貸す 빌려주다
全部 전부
予定 예정

質問 会話の内容と合っているものはどれか。

① Bさんは本を全部読んだ後、Aさんに貸す予定だ。

② Bさんはこの本を全部読んだ。

③ Bさんは今すぐAさんに本を貸す予定だ。

④ Aさんもこの本を読んだことがある。

〜くて ~하고, ~해서

접속 　い형용사의 어간＋くて

い형용사의 '중지형, 중지법'이라고 하는 데, い형용사의 て형에 해당한다고 생각하면 된다. '원인(〜해서)'이나 '나열(〜하고, 〜이고)'의 의미를 주로 나타내어, 뒤에 오는 문장과 연결하는 역할을 한다.

この果物は甘くておいしいです。

이 과일은 달고 맛있습니다. 나열

そんなこと、はずかしくて言えません。

그런 일은 부끄러워서 말할 수 없습니다. 원인

プチ会話

A　日本語の試験の結果はどうでしたか。
B　無事に合格できました。
A　それはおめでとうございます。
B　でも、分からない漢字が多くて難しかったです。

質問　会話の内容と合っているものはどれか。
① Bさんは漢字が苦手なので試験に落ちた。
② 分からない漢字が多かったので試験は難しかった。
③ Bさんは漢字が得意だ。
④ 試験は漢字が多かったが簡単だった。

試験 시험
結果 결과
無事に
무사히, 별 탈 없이
合格 합격
分かる
알다, 이해하다
漢字 한자
多い 많다
難しい 어렵다
苦手だ
못하다, 자신 없다
落ちる 떨어지다
得意だ
잘하다, 자신 있다
簡単だ
간단하다, 쉽다

～くらい／ぐらい ~정도

접속 동사·い형용사·な형용사의 명사접속형, 명사＋くらい／ぐらい

가벼운 정도나 상태를 나타낸다. くらい도 ぐらい도 품사에 관계없이 어느 쪽에든 접속할 수 있다.

家から会社まで1時間くらいかかります。

집에서 회사까지 한 시간 정도 걸립니다. 대략적인 정도

自分の部屋くらい自分で片づけなさい。

자기 방 정도 스스로 정리하세요. 최소한의 정도

この本はやさしくて、子どもでも読めるくらいだ。

이 책은 쉬워서 어린이라도 읽을 수 있는 정도이다. 가벼운 예시

プチ会話

A Ｂさん、大事な話って何ですか。

B 実は私、結婚することになったんです。

A 本当ですか！ それはおめでとうございます。

B ありがとうございます。プロポーズされた時は、
涙が出るくらいうれしかったです。

大事だ 중요하다

話 이야기

実は 실은

結婚する 결혼하다

本当 정말

プロポーズ 프러포즈

涙 눈물

出る 나오(가)다

うれしい 기쁘다

聞く 듣다, 묻다

泣く 울다

質問 会話の内容と合っているものはどれか。

① Ａさんはゃのの話を聞いて涙が出た。

② Ａさんはゃのに大事な話があった。

③ Ｂさんはプロポーズがとてもうれしくて泣きそうだった。

④ Ｂさんはプロポーズされて泣いた。

〜すぎる 너무 ~하다

접속 동사의 ます형, い형용사·な형용사의 어간+すぎる

정도가 지나쳐서 바람직하지 않다는 의미로 사용한다.

お酒を飲みすぎて、お腹が痛いです。

술을 너무 많이 마셔서 배가 아파요. 동사

このかばんは大きすぎて、持ちにくい。

이 가방은 너무 커서 들기 힘들다. い형용사

この道は車の通りが多くて危険すぎる。

이 길은 자동차 통행이 많아서 너무 위험하다. な형용사

プチ会話

A どうしたんですか。大丈夫ですか。
B 頭も痛いしお腹の調子も悪くて…。
A 風邪ですか。
B 昨日、ちょっと飲みすぎてしまいまして。

質問 会話の内容と合っているものはどれか。
① Bさんは風邪をひいている。
② Bさんは昨日、お酒をたくさん飲んだ。
③ Bさんはのどが渇いて水をたくさん飲んだ。
④ BさんはAさんの体調を心配している。

大丈夫だ 괜찮다
頭 머리
痛い 아프다
お腹 배
調子 상태
悪い 나쁘다
〜てしまう
〜해 버리다
風邪をひく
감기에 걸리다
お酒 술
たくさん 많이
のど 목
渇く 마르다
たくさん 많이
体調 몸 상태
心配 걱정

〜たあとで ~한 후에

접속 동사의 た형+たあとで

시간적 전후 관계, 즉 순서를 나타내는 표현이다. 앞 문장의 동작이 끝난 후에 뒤 문장의 동작이 이루어지는 상황에서 사용한다.

映画を見たあとで、お茶でも飲みましょう。
영화를 본 후에 차라도 마십시다.

授業が終わったあとで掃除をします。
수업이 끝난 후에 청소를 합니다.

プチ会話

A コーヒー買ってきたんですが、ちょっと休憩しませんか。

B いいですね。

A 天気もいいので屋上に行きましょう。

B このメールだけ送ったあとで行きますので、
先に行っていてください。

買う 사다

〜てくる ~해 오다

休憩 휴게, 휴식

天気 날씨

屋上 옥상

メール 메일, 문자

送る 보내다

先に 먼저

一緒に 함께

つもり 생각, 작정

〜てほしい
~해 주길 바라다

頼む 부탁하다

前 전

質問 会話の内容と合っているものはどれか。

① Aさんとさんは一緒に屋上に行くつもりだ。
② Bさんは休憩してからメールを送るつもりだ。
③ BさんはAさんにコーヒーを買ってきてほしいと頼んだ。
④ Bさんは休憩する前にメールを送るつもりだ。

～たい ~하고 싶다

접속 동사의 ます형+たい

말하는 사람 자신의 희망을 나타낸다. 희망하는 대상을 선택하는 경우, 「～たい」 앞에는 원칙적으로 조사 「～が (해석은 '~을/를'이라고 한다)」를 쓴다.

明日は家でゆっくり休みたい。

내일은 집에서 푹 쉬고 싶다.

私は熱いコーヒーが飲みたいです。

나는 뜨거운 커피를 마시고 싶습니다.

プチ会話

A 宝くじに当たったら何がしたいですか。
B 仕事を辞めて海外に住みたいです。
A どこに住みたいですか。
B ハワイに住みたいです。

質問 会話の内容と合っているものはどれか。
① Bさんはお金があったら海外に住むのが夢だ。
② Bさんは宝くじに当たった。
③ Bさんは仕事を辞めたあと、ハワイに住むつもりだ。
④ Bさんはもうすぐ仕事を辞めようと思っている。

宝くじ 복권
当る 당첨되다
仕事 일, 직업
辞める
그만두다, 끊다
海外 해외
住む 살다
ハワイ 하와이
お金 돈
夢 꿈
もうすぐ 곧, 바로
思う 생각하다

問題1 つぎの文の（　　　　　）に入れるのに最もよいものを、１・２・３・４から一つえらびなさい。

1 パンを作（つく）ったんですが、塩（しお）の量（りょう）を間違（まちが）えて味（あじ）がしょっぱく（　　　　　）しまいました。

1 なりすぎて　　　　　　　　　　　2 しすぎて

3 なりやすくなって　　　　　　　　4 しやすくなって

2 A「いつご飯（はん）を食（た）べますか。」
B「映画（えいが）を（　　　　　）あとで、食（た）べましょう。」

1 見（み）る　　　　2 見（み）て　　　　3 見（み）た　　　　4 見（み）よう

3 このスポーツは（　　　　　）体（からだ）にいいです。

1 たのしで　　　2 たのしいくて　　　3 たのしいて　　　4 たのしくて

4 ご飯（はん）を（　　　　　）、テーブルの上（うえ）をかたづけます。

1 食（た）べるおわったら　　2 食（た）べおわったら　　3 食（た）べておわったら　　4 食（た）べたおわったら

5 この公園（こうえん）の木（き）がここまで大（おお）きくなるのに、20年（ねん）（　　　　　）かかったそうですよ。

1 ぐらい　　　　2 しか　　　　3 ごろ　　　　4 など

6 田中（たなか）「いよいよ来週（らいしゅう）から休（やす）みですね。」
木村（きむら）「楽（たの）しみですね。田中（たなか）さんは今度（こんど）の休（やす）みにどんなところへ（　　　　　）。」

1 行（い）ったと思（おも）いますか　　　　　　2 行（い）きそうですか

3 行（い）きたいですか　　　　　　　　　　4 行（い）きたがっていますか

問題2　つぎの文の　_★_　に入る最もよいものを、1・2・3・4から一つえらびなさい。

1　A「この薬は、朝と夜、_____ _____ _★_ _____ 一緒に飲んでください。」
　　B「はい、わかりました。」

　　1 あとで　　　　　2 水と　　　　　　3 ご飯を　　　　　4 食べた

2　今日もとても寒かった。この _____ _____ _★_ _____ 続くそうだ。

　　1 今週末　　　　　2 ぐらい　　　　　3 まで　　　　　　4 寒さは

3　軽い運動は体にいい。しかし、_____ _____ _★_ _____ ない。

　　1 よく　　　　　　2 すぎる　　　　　3 のは　　　　　　4 やり

4　みんなから _____ _____ _★_ _____ ところです。

　　1 旅行の　　　　　2 集め　　　　　　3 お金を　　　　　4 おわった

5　今日デパートで _____ _____ _★_ _____ 買いました。

　　1 お皿を　　　　　2 小さくて　　　　3 丸い　　　　　　4 3枚

6　私は _____ _____ _★_ _____ と思っています。

　　1 卒業したら　　　2 大学を　　　　　3 進学したい　　　4 大学院に

〜た方がいい ~하는 편이 좋다

접속 동사의 た형+た方がいい

상대방에게 어떤 행위를 하도록 조언하거나 권유할 때 사용한다.

今日は早く家へ帰った方がいい。
오늘은 빨리 집에 돌아가는 편이 좋겠어.

熱があったら、すぐ病院へ行った方がいいですよ。
열이 나면 바로 병원에 가는 편이 좋아요.

プチ会話

A 大丈夫ですか。具合でも悪いんですか。

B 昨日から頭痛が続いていて。

A 今日は残業しないで早く帰った方がいいですよ。

B そうします。

具合 몸 상태
頭痛 두통
続く 계속되다
残業 야근

すすめる 권하다
休む 쉬다
残り 남은 것
お願いする
부탁하다

質問 会話の内容と合っているものはどれか。
① 仕事が多いストレスでBさんは頭が痛い。
② 仕事が多いのでAさんはBさんに残業することをすすめた。
③ 体調が悪いのでAさんはBさんに家で休むことをすすめた。
④ 体調が悪いのでAさんはBさんに残りの仕事をお願いする

つもりだ。

〜ために ① ~때문에(원인) ② ~하기 위해서(목적)

접속 ① (원인) 동사·い형용사·な형용사·명사의 명사수식형＋ために
② (목적) 동사의 사전형, 명사 の＋ために

「〜ために」는 크게 '원인'이나 '이유'를 나타내는 용법과 '목적'을 나타내는 용법이 있다. 원인이나 이유를 나타내는 용법은 객관적 사실에 근거해서 설명하는 경우에 사용한다. 목적을 나타내는 용법은 어떤 행동의 동기가 되는 분명한 목표를 강조한다. 「〜ために」에서 に를 생략하여 「〜ため」라고만 쓰기도 한다.

雨が降ったために、遠足は中止になった。
비가 내려서 소풍은 중지되었다. 원인

試合に勝つために毎日練習しています。
시합에 이기기 위해서 매일 연습하고 있습니다. 목적

プチ会話

A 最近、アルバイト頑張ってますね。
B 留学するためにお金が必要なんです。
A どのくらい必要なんですか。
B 100万円は貯めるつもりです。

質問 会話の内容と合っているものはどれか。
① BさんはAさんからお金を借りる予定だ。
② Bさんは留学してアルバイトを頑張っている。
③ Bさんはアルバイトで100万円稼いだ。
④ Bさんはお金を貯めて留学したいと思っている。

最近 최근, 요즘
頑張る
열심히 하다, 노력하다
留学 유학
お金 돈
必要 필요
貯める
저축하다, 모으다
借りる 빌리다
予定 예정
稼ぐ 벌다

～たり～たり ~하기도 하고 ~하기도 하고

접속　동사의 た형 + たり

관련성 있는 몇 가지 동작을 예를 들어 늘어놓을 때 사용한다. 단순히 하나의 예를 드는 경우에는 「～たり～たりする」의 형태가 아니라 「～たりする」의 형태를 사용할 때도 있다.

雨が降ったりやんだりしています。
비가 내렸다가 그쳤다 하는 중입니다.

休みの日はテニスをしたり、音楽を聞いたりします。
쉬는 날에는 테니스를 하기도 하고 음악을 듣기도 합니다.

プチ会話

A 週末はいつも何をしていますか。

B 公園でサッカーをしたり登山に行ったりしています。

A それはアクティブですね。

B 体を動かすのが好きなんです。

週末 주말

いつも 항상, 늘

公園 공원

サッカー 축구

登山 등산

アクティブ
액티브, 활동적

体 몸

動かす 움직이다

先週 지난주

運動 운동

質問　会話の内容と合っているものはどれか。

① Bさんは週末、サッカーをして登山に行く予定だ。

② Bさんは週末、サッカーをすることもあれば、登山に行くこと
　もある。

③ Bさんは先週、公園でサッカーをした。

④ Bさんは運動が苦手だ。

～つづける 계속 ~하다

接続 동사의 ます형+つづける

어떤 동작을 계속한다는 의미를 나타낸다.

私はこのかばんを5年以上も使い続けています。

나는 이 가방을 5년 이상이나 계속 사용하고 있습니다.

小さい字を書きつづけて、手が疲れました。

작은 글자를 계속 써서 손이 지쳤습니다.

プチ会話

A ケータイ、新しくしないんですか。

B はい。今のケータイでも全然不便じゃないので。

A そうですか。

B 壊れるまで使いつづけるつもりです。

質問 会話の内容と合っているものはどれか。

① Bさんはしばらくケータイを変えるつもりはない。

② Bさんのケータイは新しいモデルだ。

③ Bさんはケータイを変えたばかりだ。

④ Bさんは今のケータイが不便だと思っている。

ケータイ 휴대전화
新しい
새롭다, 새것이다
全然 전혀
不便だ 불편하다
壊れる 망가지다
しばらく
당분간, 한동안
変える 바꾸다
モデル 모델

🌱 011

～ていく　~하고 가다, ~해지다

接続　동사의 て형+ていく

동작이나 상태가 계속 진행되거나, 그러한 경향이 점점 더 강해져 간다는 의미이다. 시간적인 기준으로 보면 현재에서 미래를 향해 나아간다는 의미를 나타낼 때 자주 사용한다.

> これからもこの町の人口は増えていくでしょう。
>
> 앞으로도 이 마을의 인구는 늘 거예요.

> このテレビの値段はだんだん安くなっていくだろう。
>
> 이 텔레비전 가격은 점점 저렴해질 거야.

プチ会話

A 今年の夏はどうしてこんなに暑いんでしょうか。

B まだ7月になったばかりですし、これからもっと暑くなっていくと思いますよ。

A 今年は雨も少ないし、困りましたね。

B 夏バテには気をつけてくださいね。

夏 여름
暑い 덥다
雨 비
少ない 적다
困る
곤란하다, 난처하다
夏バテ 열사병
気をつける
조심하다, 주의하다
涼しい 시원하다
さらに 더욱
だんだん 점점

質問 会話の内容と合っているものはどれか。

① 今年の夏は去年よりも暑くない。

② 8月は7月よりも涼しくなるだろう。

③ 今年の夏は今よりもさらに暑くなるだろう。

④ だんだん夏が暑くなくなっているのでAさんは心配している。

〜ている ~하고 있다, ~한 상태이다

접속　동사의 て형＋ている

て형의 중요한 응용 표현 중 하나인 「〜ている」는 다양한 의미를 지니고 있는데, 가장 대표적인 용법은 '동작의 진행'과 '상태의 지속'이다.

회화에서는 「〜ている」를 줄여서 「〜てる」라고 하는 경우도 있다.

山田さんは本を読んでいます。

야마다 씨는 책을 읽고 있습니다. 　동작의 진행

部屋のドアが開いています。

방문이 열려 있습니다. 　상태의 지속

プチ会話

A　最近あの二人、いつも一緒だよね。

B　Aさん、知らないの？

A　何が？

B　あの二人、付き合ってるんだよ。

二人 두 사람
一緒 함께
知る 알다
付き合う
사귀다, 교제하다
もうすぐ 곧
昔 옛날
恋人同士 연인 사이

質問 会話の内容と合っているものはどれか。

① あの二人はもうすぐ付き合うかもしれない。

② あの二人は昔、恋人同士だった。

③ あの二人はこれから付き合うところだ。

④ あの二人は恋人同士だ。

問題1 つぎの文の（　　　　　）に入れるのに最もよいものを、1・2・3・4から一つえらび
なさい。

1 ケータイを（　　　　　）ために、連絡できませんでした。

1 わすれた 　　　　2 わすれる 　　　　3 わすれて 　　　　4 わすれ

2 学校を卒業しても、英語の勉強を続けて（　　　　　）つもりだ。

1 くる 　　　　2 いく 　　　　3 いこう 　　　　4 こよう

3 A「日曜日はいつも何をしていますか。」
B「映画を見たり本を（　　　　　）しています。」

1 読んだり 　　　　2 読んだから 　　　　3 読んで 　　　　4 読んでから

4 祖母は10年以上前に買った洗濯機をまだ（　　　　　）。

1 使った 　　　　2 使わない 　　　　3 使っている 　　　　4 使っていなかった

5 A「たいへんだ。この車、もうすぐガソリンがなくなるよ。」
B「ほんとうだ。早く（　　　　　）方がいいね。」

1 入れるの 　　　　2 入れの 　　　　3 入れて 　　　　4 入れた

6 あの人は1時間ずっと（　　　　　）つづけている。

1 話し 　　　　2 話そう 　　　　3 話す 　　　　4 話さ

問題2　つぎの文の＿★＿に入る最もよいものを、1・2・3・4から一つえらびなさい。

1　今日の会議は、2時開始の予定だったが、事故 ＿＿＿＿ ＿＿＿＿ ＿★＿ ＿＿＿＿ になった。

　　1 3時開始　　　　　2 による　　　　　3 のため　　　　　4 電車の遅れ

2　今は大変でも勉強しつづければ ＿＿＿＿ ＿＿＿＿ ＿★＿ ＿＿＿＿。

　　1 だんだん　　　　　2 なって　　　　　3 上手に　　　　　4 いきますよ

3　アンさんは今、＿＿＿＿ ＿＿＿＿ ＿★＿ ＿＿＿＿ パーティーに参加できません。

　　1 明日の　　　　　2 国へ　　　　　3 いますから　　　　　4 帰って

4　いくら考えてもわからない ＿＿＿＿ ＿＿＿＿ ＿★＿ ＿＿＿＿ いいよ。

　　1 方が　　　　　2 なら　　　　　3 先生に　　　　　4 相談した

5　さっきから ＿＿＿＿ ＿＿＿＿ ＿★＿ ＿＿＿＿ 新しい電球を買ってきてください。

　　1 ついたり消えたり　　　　　　　　2 いるから
　　3 部屋の電気が　　　　　　　　　　4 して

6　長い時間 ＿＿＿＿ ＿＿＿＿ ＿★＿ ＿＿＿＿ 痛くなる。

　　1 見つづけると　　　　2 画面を　　　　3 パソコンの　　　　4 目が

〜ておく ~해 두다, ~해 놓다

접속 동사의 て형 + ておく

동작의 결과를 분명하게 남겨두거나, 어떠한 일에 필요한 사항을 미리 준비하거나, 어떠한 동작을 더욱 확실하게 해 둔다는 의미를 나타낸다. '〜해 두다(준비)'로 기억해 두어도 좋다.
회화에서는 「〜ておく」를 줄여서 「〜とく」라고 하는 경우도 있다.

> **パーティーのためにいろいろ準備をしておきました。**
> 파티를 위해서 여러 준비를 해 두었습니다.

> **これは大事な言葉ですから、よく覚えておいてください。**
> 이것은 중요한 말이니 잘 기억해 두세요.

プチ会話

A ケーキ買ってきたんだけど、一緒に食べない？

B ありがとう。でも今、お腹いっぱいで。

A それじゃあ、冷蔵庫の中に入れておくね。

B うん。あとで食べるね。

ケーキ 케이크

でも 그러나, 하지만

お腹 배

いっぱい 가득

冷蔵庫 냉장고

中 안, 속

入れる 넣다

入る 들어가다

嫌いだ 싫어하다

質問 会話の内容と合っているものはどれか。

① Aさんはケーキを冷蔵庫に入れることにした。
② 今、冷蔵庫の中にはケーキが入っている。
③ 冷蔵庫にケーキを入れたのはAさんだ。
④ Bさんはケーキが嫌いなので食べたくない。

～てから ~하고 나서

접속　동사의 て형＋てから

두 가지 동작의 순서를 나타내는 표현이다. 앞 문장의 동작을 하고 나서 뒤 문장의 동작을 한다는 의미를 나타낸다.

夕飯を食べてから宿題をやりはじめました。
저녁밥을 먹고 나서 숙제를 하기 시작했습니다.

まず、自分で考えてから先生に質問します。
먼저 스스로 생각하고 나서 선생님에게 질문합니다.

プチ会話

A　まだゲームしてるの？
B　もうすぐクリアできるから、あとちょっとだけ。
A　宿題終わってからにしなさい！
B　はーい…。

まだ 아직
ゲーム 게임
クリア 클리어
あと 앞으로
宿題 숙제
終わる 끝나다
前 전

質問　会話の内容と合っているものはどれか。
① Bさんは宿題がまだ終わっていない。
② Bさんは宿題が終わったのでゲームをしている。
③ Bさんはゲームをクリアしたあとで宿題をするつもりだ。
④ Bさんは宿題をする前にゲームをクリアした。

〜てくる　~하고 오다, ~해지다

[접속]　동사의 て형＋てくる

어느 방향으로 이동한다는 의미를 나타내거나 어떤 상태로 점점 변화하기 시작한다는 의미를 나타낸다.
시간적인 의미로는 과거에서 현재로 이어지는 상황을 나타낼 때 많이 사용한다.

コンビニでお弁当を買って帰ってきました。
편의점에서 도시락을 사서 돌아왔습니다. [이동]

だいぶ日本語が上手になってきました。
제법 일본어를 잘하게 되었습니다. [변화]

プチ会話

A　お帰りなさい。今日は遅かったわね。
B　明日の会議の準備で残業だったんだ。
A　夕飯は？
B　会社で食べてきたから大丈夫。

遅い 늦다
会議 회의
準備 준비
夕飯 저녁밥
忙しい 바쁘다
帰る (집에) 돌아오다

質問　会話の内容と合っているものはどれか。
① Bさんは仕事が忙しくてまだ夕飯を食べていない。
② Bさんはこれから夕飯を食べるつもりだ。
③ Bさんは今日は会社の飲み会だった。
④ Bさんは夕飯を食べてから帰った。

〜てしまう ~해 버리다

접속   동사의 て형＋てしまう

어떠한 동작이나 상태가 완전히 끝났다는 것을 강조할 때 사용하는 완료의 용법이 대표적인 의미이다.
이 경우 「すべて(모두)」, 「全部(전부)」와 같은 의미를 지닌 부사와 함께 사용되는 경우가 많다.
또한 곤란한 감정이나 유감의 감정을 강조하는 용법도 있으니 알아 두자.
회화에서는 「〜てしまう」를 줄여서 「〜ちゃう」라고 하는 경우도 있다.

> あの本なら全部読んでしまいました。
> 그 책이라면 전부 읽었어요. 완료

> うっかり財布を落としてしまった。
> 무심코 지갑을 떨어뜨려 버렸다. 곤란한 감정

プチ会話

A ケータイ変えたんですか。
B そうなんです。実はケータイをなくしてしまって。
A それは大変でしたね。
B 本当にショックでしたよ。

なくす 잃다
大変だ
힘들다, 큰일이다
本当に 정말로

ショック 쇼크, 충격
受ける 받다
壊れる
고장나다, 망가지다

プレゼント 선물
喜ぶ 기뻐하다

質問 会話の内容と合っているものはどれか。

① Bさんはケータイをなくしてショックを受けている。
② Bさんはケータイが壊れたので新しいものを買った。
③ Bさんは新しいケータイをプレゼントしてもらった。
④ Bさんはケータイが新しくなったので喜んでいる。

〜てはいけない ~해서는 안 된다

접속 　동사의 て형+てはいけない

동사의 て형에 붙어서, 어떠한 이유나 규칙 등에 의해서 '그렇게 해서는 안 된다'는 금지의 의미를 나타낸다.

> 部屋にくつをはいて入ってはいけません。
> 방에 신발을 신고 들어오면 안 됩니다.

> 授業中、となりの人と話してはいけません。
> 수업 중 옆사람과 이야기하면 안 됩니다.

プチ会話

A 来週の試験について質問はありますか。

B 先生、辞書は使えますか。

A 辞書を使ってはいけないので、しっかり復習してきて

　　ください。

B わかりました。

来週 다음주

〜について
　~에 대해서, ~에 관해서

質問 질문

先生 선생(님)

辞書 사전

使う 사용하다, 쓰다

しっかり 확실히

復習 복습

禁止 금지

質問 会話の内容と合っているものはどれか。

① 試験で辞書を使ってもいい。

② 試験で辞書を使うことは禁止だ。

③ 試験で辞書を使わなければならない。

④ 試験は辞書がなくても大丈夫だ。

〜てみる ~해 보다

접속   동사의 て형+てみる

의지를 나타내는 동사 뒤에 붙어서 어떤 동작을 시험 삼아 해 본다는 의미를 나타낸다. '시도'라는 키워드로 기억하도록 하자.

一度京都へ行ってみたいです。
한번 교토에 가 보고 싶습니다.

服を買う前に、着てみた。
옷을 사기 전에 입어 보았다.

プチ会話

A お客様、スカートのサイズはいかがでしょうか。

B ちょっとウエストがきついみたいで…。

A 他のサイズをお持ちいたしましょうか。

B はい、もう少し大きいサイズをはいてみても
   いいですか。

質問 会話の内容と合っているものはどれか。

① スカートはBさんには少し大きい。

② スカートはBさんにぴったりだ。

③ Bさんは最近、太ったみたいだ。

④ Bさんは他のサイズもはきたいと思っている。

お客様 손님

スカート
스커트, 치마

サイズ 사이즈

ウエスト 허리

きつい 꽉 끼다

他 다름

持つ 가지다, 들다

もう少し 조금 더

大きい 크다

はく (하의를) 입다

ぴったり 딱 맞음

太る 살이 찌다

問題1　つぎの文の（　　　　　　）に入れるのに最もよいものを、1・2・3・4から一つえらびなさい。

1 近くのスーパーは10時まで営業しているから、仕事が（　　　　　　）行けて便利だ。

1 終わる前は　　　　　2 終わってからは　　　3 終わる前でも　　　　4 終わってからでも

2 聞きたいことがあって鈴木課長のところに行ったが、もう（　　　　　　）いなかった。

1 帰ってしまっていて　　　　　　　　　　　2 帰っていく前に

3 帰っている間は　　　　　　　　　　　　　4 帰ってきたまま

3 森山「鈴木さん、来週の金曜の夜、予定を空けて（　　　　　　）？」
鈴木「え、いいけど。どうして？」

1 いればいい　　　　　2 いるんじゃない　　　3 おいたでしよう　　4 おいてくれない

4 入社2年目になって、この仕事にも慣れて（　　　　　　）。

1 おきました　　　　　2 きました　　　　　　3 なりました　　　　4 しました

5 申込書は黒のボールペンで書いてください。えんぴつで（　　　　　　）いけません。

1 書いては　　　　　　2 書いても　　　　　　3 書かないで　　　　4 書かなくては

6 A「奥さんは、引っ越しに反対なんですか。」
B「そうなんです。でも、今日帰ったら、妻と（　　　　　　）。」

1 話し合いたがっています　　　　　　　　　2 話し合いたいに違いありません

3 話し合ってみるつもりです　　　　　　　　4 話し合っておけばいいんです

34

問題2　つぎの文の___★___に入る最もよいものを、１・２・３・４から一つえらびなさい。

1 一人暮らしを始めたばかりなので、一人分の量の食事を作るのが難しくて、
いつも _____ _____ ___★___ _____ 困る。

1 作り　　　　　　2 しまう　　　　　　3 ので　　　　　　4 すぎて

2 この美術館 _____ _____ ___★___ _____ ので注意してください。

1 作品に　　　　　2 では　　　　　　3 触っては　　　　　4 いけない

3 では、そろそろ片づけましょう。後で捨てる _____ _____ ___★___ _____
ください。

1 ごみを　　　　　2 集めて　　　　　3 から　　　　　　4 おいて

4 仕事が _____ _____ ___★___ _____ ください。

1 帰って　　　　　2 消してから　　　　3 終わったら　　　　4 電気を

5 子どもが _____ _____ ___★___ _____ 家に引っ越したいと思っている。

1 大きい　　　　　2 大きく　　　　　3 から　　　　　　4 なってきた

6 山口「このケーキ、島田さんが作ったんですか。」
島田「はい。_____ _____ ___★___ _____ ください。」

1 おいしいか　　　2 みて　　　　　　3 どうか　　　　　4 食べて

〜ても ~하더라도

接続 동사의 て형+ても, い형용사의 어간+くても, な형용사의 어간·명사+でも

제시된 내용에서 예상되는 것과 다른 내용, 또는 반대가 되는 내용이 뒤따르는 경우에 사용하는 역접 표현이다.

雨が降っても出かけます。
비가 와도 외출할 거예요.

この部屋はクーラーをつけても暑いです。
이 방은 에어컨을 켜도 덥습니다.

プチ会話

A Bさんは焼酎は何本くらい飲めますか。
B 一人で三本は飲めます。
A それは強いですね。
B 焼酎はいくら飲んでも酔わないんですよ。

焼酎 소주
何本 몇 병
一人で 혼자서
三本 세 병
強い 강하다
いくら 아무리
酔う 취하다

質問 会話の内容と合っているものはどれか。
① Aさんはお酒があまり好きじゃない。
② AさんはBさんよりお酒が強い。
③ Bさんは焼酎をたくさん飲んでも酔ったことがない。
④ Bさんは焼酎は三本まで飲める。

〜てもいい ~해도 좋다

접속　동사의 て형＋てもいい, い형용사의 어간＋くてもいい, な형용사의 어간·명사＋でもいい

어떠한 행동이나 일에 대해서 허용하거나 허가한다는 의미이다.

明日、休んでもいいですか。
내일 쉬어도 될까요?

テストが終わった人は帰ってもいいです。
시험이 끝난 사람은 돌아가도 좋습니다.

プチ会話

A　もしかして500円玉ある？

B　うん。あるけど、どうしたの？

A　ちょっと貸りてもいいかな？ 財布忘れてきちゃって。

B　いいよ。

もしかして 혹시
借りる 빌리다
財布 지갑
忘れる 잊다
貸す 빌려주다
あげる 주다
言う 말하다
頼む 부탁하다
なくす 잃어버리다

質問　会話の内容と合っているものはどれか。

① Bさんは今、財布を持っていない。

② AさんはBさんに500円玉を貸してあげると言った。

③ AさんはBさんに500円玉を貸してほしいと頼んだ。

④ Aさんは500円玉をなくしてしまった。

〜てもかまわない ~해도 좋다, ~해도 상관없다

接続　동사의 て형+てもかまわない, い형용사의 어간+くてもかまわない, な형용사의 어간·명사+でも

어떠한 행동이나 일에 대해서 허용하거나 허가한다는 의미이다. 「〜てもいい」보다 격식을 차린 표현이다.

明日、忙しかったら手伝いに来なくてもかまわないよ。
내일 바쁘면 도우러 오지 않아도 괜찮아.

ここに駐車してもかまいませんか。
여기에 주차해도 상관없나요?

プチ会話

A　英語ができないのですが大丈夫でしょうか。

B　はい、英語はできなくてもかまいません。

A　わかりました。

B　中国人のお客様が多いので、中国語ができれば
問題ないです。

英語 영어
できる 가능하다
中国人 중국인
多い 많다
中国語 중국어
問題 문제
必ず 반드시
日本人 일본인

質問　会話の内容と合っているものはどれか。

① この仕事は英語も中国語も話せる必要がある。
② この仕事は英語が話せなくてもできる。
③ この仕事は必ず英語が話せなければならない。
④ この仕事は日本人にはできない。

〜ないで ~하지 않고, ~하지 말고

접속 동사의 ない형＋ないで

어떠한 동작을 하지 않은 상태에서 다른 동작을 행할 때 사용한다.

本を見ないで答えてください。
책을 보지 말고 대답해 주세요.

タクシーに乗らないで、電車で行きましょう。
택시를 타지 말고 전철로 갑시다.

プチ会話

A 検査の時に気をつけることはありますか。
B 朝ご飯は食べないで来てください。
A わかりました。
B それから、しばらくはお酒を飲まないで過ごして
　 くださいね。

検査 검사
時 때
気をつける
주의하다, 조심하다
朝ご飯 아침밥
それから
그리고 나서, 그리고
しばらく
당분간, 한동안
過ごす
보내다, 지내다
終わる 끝나다

質問 会話の内容と合っているものはどれか。
① 検査の前にご飯を食べてはいけない。
② 検査の前にご飯を食べてもいいし、食べなくてもいい。
③ 検査の前にご飯を食べなければならない。
④ 検査が終わったらお酒を飲んでも大丈夫だ。

〜ないでください ~하지 마세요

接続　동사의 ない형+ないでください

상대방에게 어떠한 동작을 하지 말라고 요구하는 의뢰 표현이다.

> ここで写真を撮らないでください。
>
> 여기에서 사진을 찍지 마세요.
>
> 試験のとき、辞書を見ないでください。
>
> 시험 때 사전을 보지 마세요.

プチ会話

A　日本語の勉強はどうですか。

B　単語も覚えられないし漢字も難しいし、
　　もう辞めようかなと思っているんです。

A　ここまで頑張ったのに、あきらめないでください。

B　うーん…。何かいい勉強法はありませんか。

単語 단어

覚える
외우다, 기억하다

漢字 한자

辞める
그만두다, 끊다

頑張る
열심히 하다, 노력하다

あきらめる
포기하다, 단념하다

勉強法 공부법

続ける 계속하다

励ます 격려하다

教える 가르치다

質問　会話の内容と合っているものはどれか。

① AさんはBさんに日本語の勉強をあきらめるように言った。

② AさんはBさんに日本語の勉強を続けるように励ました。

③ AさんはBさんに日本語の勉強法を教えてあげた。

④ Aさんは日本語の勉強を続けたいと思っている。

〜ない方がいい ~하지 않는 편이 좋다

接続 동사의 ない형+ない方がいい

어떠한 동작을 하지 않도록 조언할 때 사용한다.

タバコは吸わない方がいいです。
담배는 피우지 않는 편이 좋아요.

天気が悪いときは出かけない方がいいですよ。
날씨가 나쁠 때는 외출하지 않는 편이 좋아요.

プチ会話

A この牛乳、賞味期限が少し切れてるんだけど大丈夫かな。

B え！いつ？

A 一週間前。

B それは飲まない方がいいと思うよ。

牛乳 우유
賞味期限 상미기한
切れる 다 되다
一週間 일주일
アドバイス 조언

質問 会話の内容と合っているものはどれか。

① AさんはBさんに賞味期限が切れる前なら飲めるとアドバイスした。

② BさんはAさんにその牛乳は飲んでも問題ないとアドバイスした。

③ AさんはBさんに牛乳の賞味期限が切れても大丈夫だとアドバイスした。

④ BさんはAさんにその牛乳は飲まないようアドバイスした。

問題1 つぎの文の（　　　　　）に入れるのに最もよいものを、1・2・3・4から一つえらびなさい。

1　A「あ、これおいしそうだね。（　　　　　）いいの？」
　　B「だめよ。お客さんにあげるものだから。」

　　1 食べなくては　　　2 食べなければ　　　3 食べても　　　4 食べては

2　のどが痛いときは、歌を（　　　　　）方がいいですよ。

　　1 歌わない　　　2 歌わずに　　　3 歌わないで　　　4 歌わなくて

3　友達にメール（　　　　　）全然返事が返ってこない。

　　1 しては　　　2 しても　　　3 しないで　　　4 しなくては

4　A「すみません。ここに荷物を置いてもかまいませんか。」
　　B「（　　　　　）。」

　　1 はい、置いてはいけません　　　　　2 はい、置いてもいいです

　　3 いいえ、置いてもいいです　　　　　4 いいえ、置いてもかまいません

5　天気予報では今日は晴れると言っていたので、傘を（　　　　　）出かけたが、急に雨が降り出して、ぬれてしまった。

　　1 持たないで　　　2 持てないで　　　3 持たなくて　　　4 持てなくて

6　病院でもらった薬のふくろには「今日から5日間、忘れずに朝晩飲んでください。お茶と一緒に（　　　　　）ください。」と書いてあった。

　　1 飲んだ　　　2 飲んでも　　　3 飲まなくて　　　4 飲まないで

問題2 つぎの文の ___★___ に入る最もよいものを、1・2・3・4から一つえらびなさい。

1 A「このテスト は、_____ _____ __★__ _____ ですか。」
B「ええ、かまいません。」

1 ひらがな　　　　　　2 書いても　　　　　　3 だけで　　　　　　4 いい

2 この体操は、毎日続けてください。立って _____ _____ __★__ _____ かまいません。

1 するのが　　　　　　2 しても　　　　　　3 難しければ　　　　　　4 いすに座ったまま

3 (案内放送で)
男「皆さまにお願いいたします。ジュースの缶や、弁当の空箱 _____ _____ __★__ _____ 捨ててください。」

1 座席の下に　　　　　　2 置かないで　　　　　　3 などは　　　　　　4 列車のゴミ箱に

4 雨の日に傘をさして、自転車に乗る _____ _____ __★__ _____ くださいね。

1 もう　　　　　　2 しないで　　　　　　3 二度と　　　　　　4 ことは

5 熱が高いときは、あまり _____ _____ __★__ _____ 。

1 無理を　　　　　　2 いいです　　　　　　3 しない　　　　　　4 方が

6 この映画は今まで何度も _____ _____ __★__ _____ たびに感動してしまう。

1 何度　　　　　　2 見る　　　　　　3 見ても　　　　　　4 見たけれど

025

〜ながら ~하면서

접속 동사의 ます형＋ながら

같은 사람이 두 가지의 일이나 행동을 동시에 한다는 의미를 나타낸다. '동작의 동시 진행'으로 기억하면 좋다.

新聞を読みながらご飯を食べます。
신문을 읽으면서 밥을 먹습니다.

音楽を聞きながら勉強しました。
음악을 들으면서 공부했습니다.

プチ会話

A　このキムチおいしいですね。
B　実は私が作ったんです。
A　本当ですか。
B　YouTubeで動画を見ながら作ると簡単ですよ。

おいしい 맛있다
作る 만들다
動画 동영상
簡単だ 간단하다, 쉽다

レシピ 레시피

質問 会話の内容と合っているものはどれか。

① Bさんのキムチはレシピよりもおいしい。
② Bさんはレシピを見なくてもおいしいキムチが作れる。
③ Bさんは動画でレシピを見たあと、キムチを作った。
④ Bさんはキムチを作る時に動画を見ていた。

〜など ~등

접속 사전형＋など

제시된 것 외에도 유사한 여러 가지 내용이 있다는 의미이다.

店に行って、野菜や果物などを買いました。
가게에 가서 채소와 과일 등을 샀습니다.

つくえの上に本やノートなどがあります。
책상 위에 책이나 노트 등이 있습니다.

プチ会話

A 今までどんな国に行ったことがありますか。

B フランスやスペインなどヨーロッパが多いですね。

A アジアの国も行ったことがありますか。

B はい、タイとベトナムに行ったことがあります。

どんな 어떤
国 나라
フランス 프랑스
スペイン 스페인
ヨーロッパ 유럽
アジア 아시아
タイ 타이, 태국
ベトナム 베트남
旅行 여행
以外 이외

質問 会話の内容と合っているものはどれか。

① Bさんはヨーロッパで二ヵ国以上旅行したことがある。

② Bさんは今まで四ヵ国だけ旅行したことがある。

③ Bさんはアジアでタイとベトナム以外の国も旅行したことが
ある。

④ Aさんは海外旅行に行きたいと思っている。

～にくい ~하기 어렵다, ~하기 힘들다

접속 동사의 ます형+にくい

동사에 붙어 '어떤 일을 하는 것이 어렵고 곤란하다'는 의미를 나타낸다.

> ## この店は入口が狭くて入りにくい。
> 이 가게는 입구가 좁아서 들어가기 어렵다.

> ## このケータイは使いにくいです。
> 이 휴대전화는 사용하기 불편합니다.

プチ会話

A ケータイ変えたんですか。

B はい、最近発売された新しいモデルなんです。

A 新しいケータイはどうですか。

B それが… 思ったよりも使いにくいんですよ。

質問 会話の内容と合っているものはどれか。

① 新しいケータイのデザインはあまり良くない。

② Bさんは今すぐケータイを変えたいと思っている。

③ 新しいケータイは思ったよりも便利じゃなかった。

④ AさんもBさんと同じケータイがほしいと思っている。

発売 발매

モデル 모델

デザイン 디자인

あまり 그다지, 별로

便利だ 편리하다

同じだ 같다

ほしい
갖고 싶다, 원하다

〜はじめる ~하기 시작하다

接続 동사의 ます형+はじめる

동사에 붙어 어떠한 동작을 하기 시작한다는 의미를 나타낸다

夕飯を食べてから宿題をやりはじめました。

저녁밥을 먹고 나서 숙제를 하기 시작했습니다.

１年前からテニスを習いはじめました。

1년 전부터 테니스를 배우기 시작했습니다.

プチ会話

A もしかして最近ダイエットしてるの？

B うん。わかる？

A かなりやせたよね。

B 実は先月からジムに通い始めたんだ。

ダイエット
다이어트

かなり 꽤, 제법

やせる 살이 빠지다
先月 지난달

ジム 체육관, 헬스클럽
通う 다니다

質問 会話の内容と合っているものはどれか。

① Ｂさんは先月までジムに通っていた。

② Ｂさんは先月、ジムに通おうと思っていた。

③ Ｂさんは先月からジムに通っている。

④ Ｂさんは先月はジムに通っていなかった。

～前に ~하기 전에

접속 동사의 사전형＋前に

시간적 전후 관계, 즉 순서를 나타내는 표현이다. 앞 문장의 동작이 시작되기 전에 이루어지는 동작을 강조한다.

私は毎日寝る前に、日記を書きます。
나는 매일 자기 전에 일기를 씁니다.

薬を飲む前に、ご飯を食べます。
약을 먹기 전에 밥을 먹습니다.

プチ会話

A あ！しまった！
B どうしたの？
A 家にケータイ忘れてきちゃったみたい。
B 出かける前にちゃんと確認しないと。

しまった
맙소사, 아뿔싸
家 집
忘れる 잊다
みたい ~한 것 같다
ちゃんと 제대로
確認 확인
出かける 외출하다

質問 会話の内容と合っているものはどれか。

① Aさんはケータイがあるのに忘れてきたと思った。
② Aさんはケータイがあるか確認したのに忘れてきてしまった。
③ Aさんはケータイがあるのを確認して出かけた。
④ Aさんはケータイがあるか確認しないまま出かけた。

〜やすい ~하기 쉽다, ~하기 편하다

접속 　동사의 ます형＋やすい

'그렇게 하는 것이 쉽다', '그렇게 하는 것이 편하다'는 의미를 나타낸다.

このペンは書^かきやすいです。

이 펜은 쓰기 편합니다.

床^{ゆか}が滑^{すべ}りやすいので、気^きをつけてください。

바닥이 미끄러지기 쉬우므로 조심하세요.

プチ会話

A 新^{あたら}しい会社^{かいしゃ}はどうですか。

B 残業^{ざんぎょう}もないし給料^{きゅうりょう}も高^{たか}いし働^{はたら}きやすいです。

A それはうらやましいですね。

B よかったら、Ａさんもうちの会社^{かいしゃ}に来^きませんか。

給料^{きゅうりょう} 급료
働^{はたら}く 일하다

うらやましい
부럽다
環境^{かんきょう} 환경
代^かわりに 대신에

たまる 쌓이다

質問^{しつもん}　会話^{かいわ}の内容^{ないよう}と合^あっているものはどれか。

① Ｂさんの会社^{かいしゃ}は給料^{きゅうりょう}はいいが仕事^{しごと}は大変^{たいへん}だ。

② Ｂさんの会社^{かいしゃ}は働^{はたら}く環境^{かんきょう}がとてもいい。

③ Ｂさんの会社^{かいしゃ}は残業^{ざんぎょう}がない代^かわりに給料^{きゅうりょう}が高^{たか}くない。

④ Ｂさんの会社^{かいしゃ}は残業^{ざんぎょう}もないし給料^{きゅうりょう}も高^{たか}いがストレスがたまる。

問題1 つぎの文の（　　　　　）に入れるのに最もよいものを、1・2・3・4から一つえらびなさい。

1 息子が来年から小学校に（　　　　　）始めるなんて信じられない。

1 通わ　　　　　2 通う　　　　　3 通った　　　　　4 通い

2 車を運転（　　　　　）ながら、電話をするのはあぶないですよ。

1 する　　　　　2 し　　　　　3 して　　　　　4 します

3 このくつは、（　　　　　）足が疲れないので気に入っている。

1 歩きやすくて　　　　　　　　　　2 歩きすぎて

3 歩きやすかったら　　　　　　　　4 歩きすぎたら

4 奨学金を申請するには、申込書や成績証明書（　　　　　）書類が必要です。

1 ほどの　　　　　2 だけの　　　　　3 などの　　　　　4 たちの

5 夜は暗くて歩いている人が（　　　　　）にくいので、注意して運転します。

1 見え　　　　　2 見えた　　　　　3 見えて　　　　　4 見える

6 日本に（　　　　　）前に、ドラマを見ながら、日本のことをいろいろ勉強しました。

1 来るの　　　　　2 来る　　　　　3 来た　　　　　4 来て

問題2 つぎの文の____★____に入る最もよいものを、1・2・3・4から一つえらびなさい。

1 ここは有名な観光地で、いろいろな花が咲き _____ _____ ____★____ _____ という。

1 いちばん　　　　　2 この時期が　　　　3 美しい　　　　　　4 はじめる

2 研究を発表するとき、_____ _____ ____★____ _____ なります。

1 説明すると　　　　2 示しながら　　　　3 表やグラフを　　　4 わかりやすく

3 (書店で)
A「日本語の辞書を探しているんですが、どれがいいですか。」
B「これはどうですか。例文が _____ _____ ____★____ _____ と思いますよ。」

1 あります　　　　　2 使いやすい　　　　3 し　　　　　　　　4 たくさん

4 このカメラは _____ _____ ____★____ _____ ほしいです。

1 軽いのが　　　　　2 もっと　　　　　　3 大きくて　　　　　4 持ちにくいので

5 町の図書館には、本のほかに _____ _____ ____★____ _____ 置いてある。

1 新聞　　　　　　　2 雑誌や　　　　　　3 も　　　　　　　　4 など

6 「年をとって体が _____ _____ ____★____ _____ 旅行したい」と言って、両親は海外に行った。

1 動かなくなる　　　2 いろいろな　　　　3 国を　　　　　　　4 前に

STEP 2

～間（に） ~동안(에)

接続 동사의 사전형/부정형(ない)/진행형(ている), 명사＋の＋間(に)

기간을 나타내는 표현이다. 「～間(전체 기간에 걸친 계속적인 동작)」는 어떤 상태가 계속되고 있을 때, 다른 동작이나 상태가 전기간에 걸쳐 지속된다는 의미를 나타낸다. 「～間に(기간 중 일부 시간에 발생하는 순간적 동작)」는 어떤 상태가 계속되고 있을 때, 다른 동작이나 상태가 특정한 시기에 발생할 때 사용한다.

母が料理を作る間、テレビを見て待っていた。
엄마가 요리를 만드는 동안 텔레비전을 보면서 기다리고 있었다.

日本に留学している間に、京都に行ってみたい。
일본에서 유학하고 있는 동안에 교토에 가 보고 싶다.

プチ会話

A 顔が赤いですが大丈夫ですか。

B ちょっと熱があるみたいなんです。

A それは大変ですね。病院に行った方がいいですよ。

B そうします。お昼休みの間に行ってきます。

顔 얼굴
赤い 빨갛다
熱 열
病院 병원
お昼休み 점심시간
ランチ 런치, 점심식사
予定 예정

質問 会話の内容と合っているものはどれか。

① Bさんはお昼休みの前に病院に行くつもりだ。

② Bさんはお昼休みに病院に行くつもりだ。

③ Bさんはお昼休みの後に病院に行くつもりだ。

④ Bさんは病院に行ってからランチを食べる予定だ。

いくら／どんなに〜ても 아무리 ~해도

접속 いくら / どんなに＋동사·い형용사·な형용사의 て형＋ても
いくら / どんなに＋명사＋でも

문장 후반부의 내용이 앞 쪽에 제시한 조건이나 상황 등에 아무런 영향을 받지 않는다는 것을 나타낸다.

> **いくらメールを送っても、彼から全然返事が来ない。**
> 아무리 메일을 보내도 그에게 전혀 답장이 오지 않는다.

> **どんなに探しても財布は見つからなかった。**
> 아무리 찾아도 지갑은 보이지 않았다.

プチ会話

A　Bさんは本当にテニスが上手ですよね。

B　ありがとうございます。

A　私はいくら練習しても上手くならないんです。

B　よかったら今度一緒に練習しませんか。

質問　会話の内容と合っているものはどれか。

① Aさんはたくさん練習したけれどテニスが下手だ。

② Aさんはたくさん練習したのでテニスが上手だ。

③ Aさんはテニスのセンスがある。

④ AさんはBさんにテニスを教えてもらっている。

テニス 테니스
上手だ
잘하다, 능숙하다

練習 연습
今度 다음
下手だ
못하다, 서투르다

センス 센스, 감각

～がする　~가 난다, ~가 든다

접속　명사+がする

어떠한 감각이나 느낌이 든다는 의미를 나타낼 때 사용한다. 주로 味(맛), 音(소리), 声(목소리), 香り(향기), におい(냄새), 感じ(느낌), 気(기분) 등에 주로 붙는다.

> ## このキャンディーはイチゴの味がする。
> 이 사탕은 딸기 맛이 난다.
>
> ## どこからかパンを焼くにおいがする。
> 어디에선가 빵 굽는 냄새가 난다.

プチ会話

A ただいま。

B お帰り。

A わぁ。何だかいいにおいがする。

B クッキー焼いてみたの。ちょっと食べてみない？

クッキー 쿠키
焼く 굽다
何か 무엇인지
分かる 알다, 이해하다
気づく 알아채다
知る 알다

質問　会話の内容と合っているものはどれか。

① Aさんは何かは分からないが、おいしそうなにおいに気づいた。

② クッキーはあまりいいにおいじゃなかった。

③ Aさんはクッキーのにおいがあまり好きじゃない。

④ AさんはBさんがクッキーを焼いたことを知っていた。

～かどうか ~인지 어떤지

접속　동사·い형용사·な형용사의 보통형＋かどうか
다만 현재형의 경우, な형용사 어간·명사＋かどうか

어떠한 상황에 대하여 의문을 품거나 판단하기 어렵다는 감정을 나타낸다.

彼女（かのじょ）がこのプレゼントを喜（よろこ）ぶかどうか分（わ）かりません。
그녀가 이 선물을 좋아할지 어떨지 모르겠어요.

パーティーに行（い）くかどうかまだ決（き）まっていない。
파티에 갈지 말지 아직 정하지 않았다.

彼（かれ）は大学（だいがく）に行（い）けるかどうか心配（しんぱい）だという。
그는 대학에 갈 수 있을지 걱정이라고 한다.

プチ会話

A 試験（しけん）はどうでしたか。

B 思（おも）っていたよりもできたんですが…。

A それはよかったですね。

B でも受（う）かるかどうか自信（じしん）がないです。

受（う）かる 합격하다
自信（じしん） 자신
不合格（ふごうかく） 불합격

質問（しつもん）　会話（かいわ）の内容（ないよう）と合（あ）っているものはどれか。

① Ｂさんは思（おも）ったより試験（しけん）が簡単（かんたん）だったので、受（う）かる自信（じしん）がある。

② Ｂさんは自信（じしん）がなかったが試験（しけん）に合格（ごうかく）した。

③ Ｂさんは試験（しけん）に合格（ごうかく）するかもしれないし、不合格（ふごうかく）かもしれない。

④ Ｂさんは試験（しけん）が簡単（かんたん）だったのに不合格（ふごうかく）だった。

～かもしれない ~할지도 모른다

접속 동사·い형용사·な형용사의 보통형＋かもしれない
다만 현재형의 경우, な형용사 어간·명사＋かもしれない

어떠한 가능성이 있다는 단순한 추측을 나타낸다. 당연히 그렇지 않을 가능성이 있다는 의미도 포함하고 있다. 「～かもしれない」는 「～だろう」나 「～でしょう」보다도 어떠한 일이 발생할 가능성이 낮다. 「もしかすると/もしかしたら(혹시)」 등의 부사와 함께 사용되는 경우가 많다. 또한 「～かもしれません」은 「～かもしれない」의 정중한 표현이다.

彼の話はもしかすると本当かもしれない。
그의 이야기는 혹시 진짜일지도 모른다.

明日は雨らしいです。遠足はだめかもしれません。
내일은 비래요. 소풍은 안 될지도 모르겠어요.

今日は仕事がたくさんあって、飲み会に参加できないかもしれない。
오늘은 일이 많이 있어서 회식에 참석 못 할지도 몰라.

プチ会話

A もしもし、Bさん。今、どの辺ですか。
B 私はもうすぐお店に着きそうです。
A そうですか。実は道が込んでいて、少し遅れるかもしれません。
B わかりました。気をつけて来てくださいね。

どの辺 어디쯤
着く 도착하다
道 길
込む 혼잡하다, 붐비다
遅れる 늦다
約束 약속
時間 시간
変更 변경
間違える 틀리다
可能性 가능성

質問 会話の内容と合っているものはどれか。
① AさんはBさんに約束の時間を変更してほしいと頼んだ。
② Aさんは約束の時間を間違えてしまった。
③ Aさんはお店に少し遅れて行くつもりだ。
④ Aさんは約束の時間に少し遅れる可能性がある。

～がる ~해 하다

접속 な형용사・い형용사의 어간 + がる

い형용사와 な형용사를 동사로 만들어, '그렇게 생각한다', '그렇게 느낀다'는 의미를 나타낸다. 또한 '그렇게 행동하다, ~한 척하다'라는 의미로 쓰이기도 한다.

- おもしろい → おもしろ + がる 재미있어 하다
- ほしい → ほし + がる 갖고 싶어 하다
- いやだ → いや + がる 싫어하다

彼女は、友達ができなくて寂しがっています。
그녀는 친구가 안 생겨서 외로워하고 있습니다.

姉は外国に行きたがっています。
언니는 외국에 가고 싶어 합니다.

プチ会話

A このジェットコースター、本当に乗るんですか。

B もちろんですよ。一番人気のアトラクションなんですから。

A 私にはちょっと無理かもしれません。

B そんなに怖がらなくても大丈夫ですよ。

アトラクション
놀이 기구

無理 무리

怖い 무섭다

大好きだ
아주 좋아하다

質問 会話の内容と合っているものはどれか。

① Aさんは昔はジェットコースターが苦手だった。

② Aさんはジェットコースターが大好きだ。

③ Aさんはジェットコースターに乗るのが怖い。

④ Bさんはジェットコースターに乗るのが怖い。

問題1　つぎの文の（　　　　　）に入れるのに最もよいものを、1・2・3・4から一つえらびなさい。

1 田中先生の講演の（　　　　　）、生徒たちは熱心に話を聞いていた。

　　1 あいだで　　　　　2 あいだと　　　　　3 あいだ　　　　　4 あいだが

2 山田さんに頼めば、この仕事を（　　　　　）かもしれないよ。

　　1 手伝ってくれて　　　　　　　　　2 手伝ってくれる

　　3 手伝ってくれよう　　　　　　　　4 手伝ってくれ

3 この調査結果が本当に正しい（　　　　　）、もう一度調べてみる必要がある。

　　1 か何か　　　　　2 のに　　　　　3 かどうか　　　　　4 ように

4 A「毎日朝ご飯を食べますか。」

　　B「ええ。どんなに（　　　　　）きちんと食べます。」

　　1 いそがしくて　　2 いそがしければ　　3 いそがしいのに　　4 いそがしくても

5 近くを散歩していると、何とも言えないおいしそうなコーヒーの香り

　　（　　　　　）。

　　1 がしてきた　　　　2 がしてあった　　　　3 をしていた　　　　4 をしていった

6 娘は幼稚園に行くのを（　　　　　）が、今では友達もできて、楽しそうに通っている。

　　1 嫌なので　　　　2 嫌がっていた　　　　3 嫌だったままだ　　　　4 嫌がったそうだ

問題2 つぎの文の ___★___ に入る最もよいものを、1・2・3・4から一つえらびなさい。

1 いくら _____ ___★___ _____ _____ ぐらいは勉強するものだ。

1 勉強が　　　　2 試験の　　　　3 きらいでも　　　　4 とき

2 日本に留学して _____ _____ ___★___ _____ みたい。

1 京都に　　　　2 いる　　　　3 間に　　　　4 行って

3 昨夜、誰もいない _____ _____ ___★___ _____ 眠れなかった。

1 怖くて　　　　2 音がして　　　　3 はずの　　　　4 部屋から

4 運動会をするか _____ _____ ___★___ _____ ことにしましょう。

1 見て　　　　2 明日の天気を　　　　3 どうかは　　　　4 決める

5 部屋を整理するには、要らないものを捨てるのが一番だが、いつか _____
_____ ___★___ _____ 捨てられない。

1 しれないと　　　　2 なかなか　　　　3 使うかも　　　　4 思うと

6 子どもは何でも興味を持ち、_____ _____ ___★___ _____ ところに置く必要
があります。

1 危ないものは　　　　　　　　　2 触りたがるので

3 子どもの手の　　　　　　　　　4 届かない

～ことがある ~하는 경우가 있다

접속 동사의 사전형＋ことがある

어떤 일이 때때로 발생한다는 의미를 나타낸다. 「たまに(가끔)」, 「時々(때때로)」 등과 함께 쓰이는 경우가 많다.

> ## たまには温泉に行くことがある。
> 가끔씩 온천에 가는 경우가 있다.
>
> ## 時々自分で料理を作ることもある。
> 때때로 직접 요리를 만드는 경우도 있다.

プチ会話

A Bさん夫婦は本当に仲がいいですよね。

B あはは。そうですか。

A うちはいつもけんかばかりで…。

B うちもたまにけんかすることがありますよ。

夫婦 부부
仲 사이

けんか 싸움
見える 보이다
一度も 한 번도

質問 会話の内容と合っているものはどれか。

① Bさん夫婦はよくけんかをしている。
② Bさん夫婦は仲が良さそうに見えるが、実は仲が悪い。
③ Bさん夫婦は今まで一度もけんかをしていない。
④ Bさん夫婦は仲がいいが、時々けんかもする。

〜ことができる ~할 수 있다

接続 동사의 사전형+ことができる

무언가를 할 수 있다는 '가능'의 의미를 나타낸다. 무언가를 할 수 없다는 '불가능'을 나타낼 때는 できる를 부정형으로 만들어서 「〜ことができない」를 붙인다.

自動販売機で缶ジュースをいつでも買うことができます。
자동판매기에서 캔주스를 언제든 살 수 있습니다.

ストレスで夜眠ることができません。
스트레스 때문에 밤에 잘 수가 없습니다.

プチ会話

彼女 여자친구
できる
생기다, 가능하다
お互い 서로

A 実は最近、中国人の彼女ができたんです。

B それはおめでとうございます。彼女は日本語を話すこと
　 ができますか。

A いいえ。でもお互い英語を話すことができるので大丈夫
　 です。

B そうなんですね。

質問 会話の内容と合っているものはどれか。
① Aさんの彼女は日本語が上手だ。
② Aさんの彼女は英語が可能だ。
③ Aさんは中国語が可能だ。
④ Aさんは英語が苦手だ。

〜ことになる ~하게 되다

접속 동사의 사전형＋ことになる

자신의 의지와 관계없이 타인의 판단에 의해 어떤 일이 결정되었을 때에 사용한다. 회사, 학교 등과 같은 단체에 의한 결정에 자주 사용된다.

首相が来月、アメリカを訪問することになった。
총리가 다음 달 미국을 방문하게 되었다.

夏休みに家族で海外旅行に行くことになった。
여름 방학에 가족끼리 해외여행을 가게 되었다.

プチ会話

A 急な話なんですが、今月末で会社を辞めることになりました。
B 本当ですか。
A はい。夫の仕事の都合で、アメリカに行くことになったんです。
B それは寂しくなりますね。

急 갑작스러움
今月末 이번 달 말
夫 남편
都合 사정
寂しい 아쉽다, 쓸쓸하다
家庭 가정
事情 사정
ご主人 남편
反対 반대
夢 꿈

質問 会話の内容と合っているものはどれか。
① Aさんは会社を辞めるつもりはなかったが、家庭の事情で辞めなければならなくなった。
② Aさんは仕事が大変で会社を辞めたいと思っていた。
③ Aさんのご主人は仕事を辞めることに反対している。
④ Aさんは昔からアメリカに住むのが夢だった。

～させてください ~하게 해 주세요

접속 동사 사역형의 て형+てください

어떠한 일을 하도록 허락해 주었으면 좋겠다고 상대방에게 부탁할 때에 사용하는 표현이다.

その資料をコピーさせてください。

그 자료를 복사하게 해 주세요.

体の調子が悪いので、今日は早く帰らせてください。

몸 상태가 나쁘기 때문에 오늘은 빨리 집에 가게 해 주세요.

プチ会話

A　Bさん、お話したいことがあるのですが。

B　何ですか。

A　僕と付き合ってくれませんか。

B　気持ちはありがたいのですが、少し考えさせてください。

付き合う
사귀다, 교제하다

気持ち 마음

考える 생각하다

告白 고백

断る 거절하다

突然 갑작스러움

質問　会話の内容と合っているものはどれか。

① BさんはAさんの告白を断りたいと思っている。

② Bさんは少し考える時間がほしいと思っている。

③ BさんはAさんの突然の告白に、何も考えたくないと思っている。

④ BさんはAさんにもう一度考えてほしいと頼んだ。

〜し ~하고

접속 　동사・い형용사・な형용사・명사의 보통형 + し

여러 가지 사실을 단순히 나열하거나, 여러 가지 이유를 열거하여 결론을 설명하는 경우에 사용한다.
「〜し」는 '나열'이라는 키워드로 기억해 두면 된다.

山田さんは勉強もできるし、スポーツも得意だ。
야마다 씨는 공부도 잘하고 스포츠도 잘한다. 나열

もう遅いし、疲れたから、まっすぐ家に帰ります。
이미 늦기도 했고 피곤하니까 바로 집에 가겠어요. 설명

プチ会話

A 新しいアパートはどうですか。
B 広いし、駅からも近くて住みやすいです。
A それはよかったですね。
B 今度ぜひ遊びに来てください。

質問　会話の内容と合っているものはどれか。

① Bさんの家は広いけれども駅から遠い。
② Bさんの家は広くはないが駅から近い。
③ Bさんの家は広い代わりに駅から距離がある。
④ Bさんの家は広くて駅からも近い。

アパート
아파트, 맨션
広い 넓다
駅 역
近い 가깝다
今度 이번, 다음
ぜひ 꼭
遠い 멀다
代わり 대신
距離 거리

〜しかない・〜しか〜ない ~밖에 없다·~밖에 ~않다

接続	동사의 사전형·명사＋しか＋ない
	명사＋しか＋동사의 ない형＋ない

이 표현의 가장 중요한 포인트는 「〜しか」 뒤에 항상 부정형이 따른다는 점이다.

① **한정된 대상**: 명사나 수량 뒤에 붙어서 '그것밖에 없다'는 한정의 의미를 나타낸다.

② **한정된 방법**: 동사의 사전형에 붙어서 '그렇게 하는 것 외에는 달리 방법이 없다'는 의미를 나타낸다.

電車の出発まであと５分しかない。
전철 출발까지 앞으로 5분밖에 없다. 한정된 대상

試験に合格するには、頑張るしかない。
시험에 합격하려면 열심히 하는 수밖에 없다. 한정된 행동

プチ会話

A お腹空いた。寝坊しちゃって朝ご飯食べられなかったん
だよね。

B いつも朝ご飯食べてから出勤してるの？

A うん。Ｂさんは？

B 朝はコーヒーしか飲まないんだ。

お腹空く
배가 고프다

寝坊する 늦잠 자다

出勤 출근

毎朝 매일 아침

今朝 오늘 아침

質問 会話の内容と合っているものはどれか。

① Ｂさんは毎朝コーヒーは飲まないようにしている。

② Ｂさんは今朝はコーヒーを飲まなかった。

③ Ｂさんの朝ご飯はコーヒーだけだ。

④ Ｂさんは朝ご飯が食べられなかったので、お腹が空いている。

問題1 つぎの文の（　　　　　）に入れるのに最もよいものを、1・2・3・4から一つえらびなさい。

1 それについては私（　　　　　）説明させてください。

1 は 　　　　　 2 に 　　　　　 3 が 　　　　　 4 を

2 このバスは雨の日には時々（　　　　　）ことがある。

1 遅れる 　　　 2 遅れて 　　　 3 遅れ 　　　 4 遅れたり

3 A大学はキャンパスが狭くなったので、（　　　　　）ことになった。

1 移転し 　　　 2 移転して 　　　 3 移転する 　　　 4 移転しよう

4 たくさん買い物したので、財布に500円（　　　　　）残っていない。

1 では 　　　 2 でしか 　　　 3 ぐらいは 　　　 4 ぐらいしか

5 今のアルバイトは仕事が（　　　　　）し、もらえるお金も少ないのでやめるつもりだ。

1 大変な 　　　 2 大変 　　　 3 大変だ 　　　 4 大変の

6 気に入ったアパートを見つける（　　　　　）、時間をかけて探したいと思っている。

1 ことにするまで 　　　　　 2 ことができるまで

3 ことにするのは 　　　　　 4 ことができるのは

　つぎの文の＿＿★＿＿に入る最もよいものを、１・２・３・４から一つえらびなさい。

1　会社帰りに一つ前の ＿＿＿＿ ＿＿＿＿ ＿★＿ ＿＿＿＿ ある。

1 家まで　　　　　　2 駅で　　　　　　　3 降りて　　　　　　4 歩くことが

2　予定した時間内に ＿＿＿＿ ＿＿＿＿ ＿★＿ ＿＿＿＿ ことになった。

1 結論が　　　　　　　　　　　　　　　2 会議が

3 出なかったので　　　　　　　　　　　4 １時間延長される

3　平日なのに乗り物は ＿＿＿＿ ＿＿＿＿ ＿★＿ ＿＿＿＿ 残念でした。

1 なかなか思う通りに　　　　　　　　　2 ことができなくて

3 込んでいて　　　　　　　　　　　　　4 乗る

4　ケーキ屋に行ったら、ほとんど売り切れていて、イチゴケーキとチョコレート
ケーキが ＿＿＿＿ ＿＿＿＿ ＿★＿ ＿＿＿＿ いなかった。

1 １個　　　　　　　2 ずつ　　　　　　　3 残って　　　　　　4 しか

5　（電話で）
客「すみません。急に用事が ＿＿＿＿ ＿＿＿＿ ＿★＿ ＿＿＿＿ ください。」

1 キャンセルさせて　　　　　　　　　　2 しまったので

3 今日の予約を　　　　　　　　　　　　4 入って

6　東京はいつもうるさいという。でも朝の早い時間だけはとても静かで、＿＿＿＿
＿＿＿＿ ＿★＿ ＿＿＿＿ いる。

1 車はほとんど　　　2 いないし　　　　　3 店はしまって　　　　4 走って

〜ずに 〜하지 않고, 〜하지 말고

접속 동사의 ない형＋ずに

부정의 의미를 나타낸다. 부정적인 상태를 나타내는 「〜ないで(〜하지 않고)」의 딱딱한 표현이다.

> 🖊👀 동사 「する(하다)」에 「〜ずに」가 접속하는 경우,
> 「しずに(×)」가 아니라 「せずに(○)」라고 한다.

妹 は今朝、ご飯を食べずに学校へ行きました。
여동생은 오늘 아침 밥을 먹지 않고 학교에 갔습니다.

辞書を使わずに、英語の本を読みました。
사전을 사용하지 않고 영어 책을 읽었습니다.

プチ会話

A 先生、すみません。宿題を家に忘れてきてしまいました。
B Aさんが忘れ物だなんてめずらしいですね。
A 明日は必ず持ってきます。
B はい、明日は忘れずに持ってきてくださいね。

宿題 숙제
忘れる 잊다
忘れ物
분실물, 두고 온 물건
めずらしい
신기하다, 별일이다
必ず 반드시

質問 会話の内容と合っているものはどれか。

① Aさんは宿題をしてこなかった。
② Aさんは忘れないで宿題を持ってきた。
③ Aさんは宿題をしていないのでうそをついた。
④ BさんはAさんに忘れないで宿題を持ってくるように言った。

～せる・させる ~하게 하다, ~시키다

접속　1그룹 동사(あ단+せる), 2그룹 동사(る자리에 させる), 3그룹 동사(くる→こさせる, する→させる)

타인에게 어떠한 일을 강제하거나 어떠한 동작을 허가하는 등의 의미를 나타낸다.

お母さんは子どもに部屋の掃除をさせました。

엄마는 아이에게 방 청소를 시켰습니다.

薬は正しく飲まないと、状態を悪化させてしまう危険もある。

약은 알맞게 먹지 않으면 상태를 악화시켜 버릴 위험도 있다.

プチ会話

A　準備できた？

B　ごめん。もう少しかかりそう。

A　外にタクシー待たせてるんだけど…。

B　本当？ 急いで準備するね！

かかる 걸리다
外 바깥
タクシー 택시
待つ 기다리다
急ぐ 서두르다
運転手 운전 기사
呼ぶ 부르다

質問　会話の内容と合っているものはどれか。

① Aさんはタクシーの運転手に待っていてほしいと頼んだ。
② 外で待っているタクシーは早くしないと行ってしまう。
③ Bさんはもう少し待ってほしいとタクシーの運転手に頼んだ。
④ Bさんは新しいタクシーを呼ぶつもりだ。

～そうだ ~라고 한다

接続 동사·い형용사·な형용사·명사의 보통형＋そうだ

다른 사람에게 듣거나 얻은 정보를 또 다른 사람에게 전달할 때 사용한다. 이때 정보의 출처를 나타낼 때는 주로「～によると」나「～によれば」를 사용한다.

天気予報によると、今日は強い雨が降るそうだ。
일기예보에 따르면 오늘은 강한 비가 내린다고 한다.

暗いところで本を読むのは、目に悪いそうですよ。
어두운 곳에서 책을 읽는 것은 눈에 나쁘다고 합니다.

プチ会話

運動会 운동회
夕方 저녁
止む 멎다, 그치다
天気 날씨
予想 예상

A 明日の運動会は大丈夫でしょうか。
B 天気予報によると明日は雨だそうですよ。
A 本当ですか。
B でも夕方から降るそうなので、大丈夫じゃないですか。

質問 会話の内容と合っているものはどれか。
① 天気予報では明日の夕方から雨が止むだろうと言っている。
② Bさんは天気を見て、明日は雨が降るかもしれないと予想して
いる。
③ 天気予報では明日の夕方から雨になると言っている。
④ 明日の運動会は雨が降っても大丈夫だ。

～そうだ ~할 것 같다, ~해 보이다

접속 　동사의 ます형 · い형용사의 어간 · な형용사 어간 + そうだ

어떤 사물의 모양이나 상태를 보고, 순간적인 화자의 느낌을 나타내는 추측 관련 문법이다. 이 「～そうだ」를 '양태'라고 한다. 주로 시각적인 정보에 근거를 둔 표현이다.

① 양태의 そうだ는 명사에는 붙지 않는다.
② い형용사 중에서, いい(よい)와 ない의 경우, 「い(よ)＋そうだ」와 「な＋そうだ」가
　아니라, 각각 「よ＋さ＋そうだ」「な＋さ＋そうだ」의 형태로 나타낸다.

テーブルの上においしそうなケーキがあります。
탁자 위에 맛있어 보이는 케이크가 있습니다.

こんな不規則な生活では、すぐ病気になりそうだ。
이런 불규칙한 생활에서는 금방 병에 걸릴 것 같다.

プチ会話

A　そのカバンとても素敵だね。
B　ありがとう。
A　高そうなカバンだけどどうしたの？
B　姉にプレゼントしてもらったんだ。

カバン 가방
素敵だ 멋지다
姉 언니, 누나

プレゼント 선물
値段 가격
安い 싸다, 저렴하다
高価 고가

質問　会話の内容と合っているものはどれか。
① Bさんのカバンの値段は高い。
② Bさんのカバンは高く見えるが実は安い。
③ Bさんのカバンは高価に見える。
④ Bさんのカバンは高いようには見えない。

〜そうにない 〜할 것 같지 않다

접속 동사의 ます형+そうにない

양태의 「〜そうだ」는 사물의 모양이나 상태를 보고, 순간적인 화자의 느낌을 나타내는 추측 관련 문법이다. 이때 동사에 접속하는 「〜そうだ」의 부정 표현은, 「동사 ます형+そうにない」, 「동사 ます형+そうもない」이다. 강조할 때는 「동사 ます형+そうにもない」의 형태로 쓰기도 한다.

> 急いで約束の場所に向かっているが、道が込んでいて、約束の時間に間に合いそうにない。
> 서둘러 약속 장소로 향하고 있지만 길이 막혀서 약속 시간에 맞을 것 같지 않다.

> この問題は難しくて、私にはできそうにもありません。
> 이 문제는 어려워서 내게는 가능할 것 같지 않습니다.

プチ会話

工場 공장
トラブル 트러블
大変だ 힘들다
可能性 가능성

A Bさん、まだ帰らないんですか。
B ちょっと工場でトラブルがあってね。
A それは大変ですね。
B うん。今日は帰れそうにないよ。

質問 会話の内容と合っているものはどれか。
① Bさんは今日は家に帰れない可能性が高い。
② Bさんはもうすぐ家に帰るつもりだ。
③ Bさんは今日は家に帰りたくない。
④ Bさんはもうすぐ家に帰ることができる。

～だけ ~뿐, ~만

접속 　동사·い형용사·な형용사의 명사 수식형＋だけ, 명사＋だけ

'그것뿐'이라는 느낌으로 어떤 대상이나 동작을 한정하여 나타낸다.

ジュースだけ買いました。
주스만 샀습니다.

このお菓子は小麦粉と卵と砂糖だけでできている。
이 과자는 밀가루와 달걀과 설탕만으로 이루어져 있다.

プチ会話

A　あれ？ Bさん、ワイン飲まないんですか。

B　はい。

A　お酒が好きだと聞いていたので、意外ですね。

B　実はワインだけ飲めないんです。

ワイン 와인
聞く 듣다, 묻다
意外 의외
他 다름
以外 이외

質問　会話の内容と合っているものはどれか。

① Bさんはワインは飲めるが他のお酒は飲めない。

② Bさんはワイン以外のお酒は何でも飲める。

③ Bさんはお酒は何でも好きだ。

④ Bさんは実はお酒が飲めない。

問題1　つぎの文の（　　　　　　）に入れるのに最もよいものを、1・2・3・4から一つえらびなさい。

1　この曲は、私には難しすぎて（　　　　　　）そうにない。

1 弾く　　　　　　2 弾いて　　　　　　3 弾ける　　　　　　4 弾け

2　田中さんは、2時までは会議なので、電話に（　　　　　　）そうです。

1 出るの　　　　　2 出た　　　　　　3 出られて　　　　　4 出られない

3　昨日は、とても忙しくて、遅い時間まで何も（　　　　　　）に仕事をした。

1 食べない　　　　2 食べて　　　　　3 食べず　　　　　4 食べく

4　高橋「眠そうね。」

　　木村「うん、夕べずっと起きてて、今朝少し寝た（　　　　　　）なんだよ。」

1 しか　　　　　　2 だけ　　　　　　3 おかげ　　　　　4 とき

5　子どもには、親ではなく、子どもの興味があるものを（　　　　　　）方がいいと思う。

1 習わせた　　　　2 習われた　　　　3 習わされた　　　　4 習おう

6　台風が近づいて非常に風が強く、公園の木は今にも（　　　　　　）。

1 倒れてしまった　　　　　　　　　　2 倒れたようだ

3 倒れそうだ　　　　　　　　　　　　4 倒れなかったそうだ

問題2 つぎの文の ___★___ に入る最もよいものを、1・2・3・4から一つえらびなさい。

1 このお菓子は、すべての _____ _____ __★__ _____ から、誰でも簡単に作れます。

1 材料を　　　　　　　2 焼く　　　　　　　3 よく混ぜて　　　　4 だけだ

2 大雨の中を _____ __★__ _____ _____ しまったようだ。

1 風邪をひいて　　　2 傘も差さずに　　　3 帰った　　　　　　4 せいか

3 私は、友達が _____ _____ __★__ _____ 見て、声をかけた。

1 顔を　　　　　　　2 言いたそうな　　　3 しているのを　　　4 何か

4 A「娘が運転免許をとりたいと言うんですが、いろいろと心配なんです。」
　B「その気持ち、よく分かります。でも、後で _____ _____ __★__ _____ どうですか。」

1 必要に　　　　　　　　　　　　　　　　2 あげたら

3 とらせて　　　　　　　　　　　　　　　4 なるかもしれないので

5 鈴木「明日はピクニックですね。食べ物は中村さん、カメラは山田さん、いいですか。」
　中村「あのう、山田さんから _____ _____ __★__ _____ そうです。」

1 行けない　　　　2 電話が来て　　　　3 さっき　　　　　　4 明日は

6 (教室で)
　生徒「先生、すみません。明日までに _____ __★__ _____ _____ 待っていただけませんか。」

1 もう少し　　　　2 できそうに　　　　3 ないんですが　　　4 宿題が

～たことがある ~한 적이 있다

접속 　동사의 た형+たことがある

과거의 경험을 나타낸다. 횟수를 명확하게 제시하지 않는 경우에는 1회적인 경험이라는 느낌을 준다. 또한 어떤 경험이 전혀 없는 경우에는 「동사의 た형+たことがない」의 형태로 나타낸다.

富士山に登ったことがあります。
후지산에 오른 적이 있습니다.

私は今まで一度も外国には行ったことがない。
나는 지금까지 한번도 외국에는 간 적이 없다.

プチ会話

A　夏休みに沖縄に行こうと思ってるんだ。

B　それはうらやましいな。

A　Bさんも行ったことある？

B　福岡までは行ったことがあるんだけど、
　　沖縄はまだなんだ。

夏休み
여름휴가, 여름 방학

うらやましい
부럽다

経験 경험

質問 会話の内容と合っているものはどれか。

① Bさんは昔、沖縄に旅行に行った経験がある。

② Bさんは昔、福岡に旅行に行った経験がある。

③ Bさんは今まで福岡と沖縄に行った経験がある。

④ Bさんはまだ福岡にも沖縄にも行った経験がない。

050

～たところだ (막) ~한 참이다

어떤 동작을 지금 막 마쳤다는 의미를 나타낸다.

今、食事が終わったところです。

지금 식사를 마친 참입니다.

今、会社から帰ってきたところです。

지금 회사에서 돌아온 참입니다.

プチ会話

A　もしもし。今、どの辺？

B　ちょうどお店に着いたところだよ。

A　私も今、駅に着いたところだから、すぐ行くね。

B　わかった。

ちょうど 바로, 마침
着く 도착하다
駅 역
到着 도착
お店 가게
経つ 지나다

質問　会話の内容と合っているものはどれか。

① Aさんはもうすぐ駅に着きそうだ。

② Bさんはもうすぐお店に着きそうだ。

③ Bさんは今、お店に到着した。

④ Bさんがお店に着いてからしばらく経っている。

〜たばかりだ (막) ~한 참이다

접속 　동사의 た형+たばかりだ

지금 어떤 동작을 지금 막 마쳤다는 의미를 나타낸다. 바로 앞에서 배운 「〜た＋ところだ」는 어떤 일이 발생한 직후에 한정해서 사용한다. 하지만 「〜た＋ばかりだ」는 어떤 일이 발생한 직후는 물론 과거를 포함하여 사용할 수 있다. 즉, 말하는 사람이 짧다고 느끼는 경우라면 상대적으로 긴 시간이어도 「〜た＋ばかりだ」를 사용할 수 있다.

> このパン、焼いたばかりです。おいしいですよ。
>
> 이 빵 막 구웠습니다. 맛있어요.

> 先月結婚したばかりです。
>
> 지난달에 결혼한 참이에요.

プチ会話

A　あれ？ おかしいな。

B　どうしたんですか。

A　ケータイが急に動かなくなっちゃって。

B　そのケータイ、まだ買ったばかりですよね。

おかしい 이상하다
動く
작동하다, 움직이다
同じだ 같다
長い 길다, 오래다

質問 会話の内容と合っているものはどれか。

① Aさんは最近、ケータイを新しくした。

② Bさんはケータイを買ってからあまり時間が経っていない。

③ Aさんは同じケータイを長く使っている。

④ Bさんはケータイを新しく買いたいと思っている。

～たまま ~한 채

接続 동사의 た형+たまま

어떠한 상태가 유지되거나 방치되고 있는 상황을 나타낸다.

> 窓を開けたまま寝てしまった。
>
> 창문을 연 채 자 버렸다.
>
> 地震で電車が止まったまま、動かない。
>
> 지진 때문에 전철이 멈춘 채 움직이지 않는다.

プチ会話

A あれ？ 林さん、またお休み？

B そうなんですよ。先週からずっと休んだままで、
心配ですね。

A ちょっと連絡してみたら？

B そうします。

お休み 쉼, 휴일
先週 지난주
連絡 연락
元気だ
건강하다, 활기차다
今週 이번 주
ずっと 쭉

質問 会話の内容と合っているものはどれか。

① 林さんは先週から会社を休んでいる。

② 林さんは先週は元気だったが、今週は会社を休んでいる。

③ 林さんの会社は先週からずっと休みだ。

④ Bさんは先週からずっと会社を休みたがっている。

81

～だろう ~할 것이다

接続 동사·い형용사·な형용사의 보통형+だろう
다만 현재형의 경우, な형용사 어간·명사+だろう

「～だろう」는 미래의 일이나 불확실한 내용에 대하여 사용한다. 「たぶん(아마)」, 「きっと(분명)」 등의 부사와 함께 사용되는 경우가 많다. 「～かもしれない」보다 가능성이 높다는 느낌을 준다.

> この雪はもうすぐ止むだろう。
> 이 눈은 금방 그칠 것이다.

> 彼は今度の試験にたぶん合格するだろう。
> 그는 이번 시험에 아마 합격할 거야.

プチ会話

A お帰り。ずいぶん遅かったね。
B ちょっと仕事がたまっていて。
A 今日は疲れてるだろうから、家事は僕がやっておくよ。
B ありがとう。

ずいぶん 제법
遅い 늦다
たまる 쌓이다
家事 가사, 집안일
残業 야근, 잔업
疲れる 지치다, 피곤하다

質問 会話の内容と合っているものはどれか。
① Bさんはいつもより早く帰ってきた。
② Bさんは残業だったがあまり疲れていない。
③ AさんはBさんが残業で疲れていると思っている。
④ Bさんは残業でとても疲れていると言った。

～つもりだ ~할 생각이다, ~할 작정이다

접속 동사의 사전형＋つもりだ

말하는 사람의 예정을 적극적으로 상대방에게 전달하는 표현이다.「동사의 의지형＋と思う」와 같은 의미이다.

> デパートで新しいカバンを買うつもりです。
> 백화점에서 새 가방을 살 생각입니다.
>
> 夏休みに北海道に行くつもりです。
> 여름휴가에 홋카이도에 갈 생각입니다.

プチ会話

A 週末のパーティーですが、何人くらい来る予定ですか。

B 今のところ10人くらいですね。
　他にももっと誘うつもりです。

A 私も友達を誘ってみますね。

B ありがとうございます。

週末 주말

パーティー 파티

何人 몇 명

予定 예정

他にも 그외에도

誘う 초대하다

十分だ 충분하다

質問 会話の内容と合っているものはどれか。

① Bさんはパーティーに友達をたくさん誘わなかった。

② Bさんはパーティーに友達をたくさん誘ったので、もう十分だと思っている。

③ Bさんはパーティーに友達をたくさん呼ぼうと思っている。

④ Bさんはパーティーに友達をたくさん呼びたくないと思っている。

問題1 つぎの文の（　　　　　）に入れるのに最もよいものを、1・2・3・4から一つえらびなさい。

1 今の仕事をやめてどう（　　　　　）つもりですか。

1 する　　　　　　2 した　　　　　　3 したい　　　　　4 しょう

2 私は時々電気を（　　　　　）朝まで寝てしまうことがある。

1 つくまま　　　　2 ついたまま　　　3 つけるまま　　　4 つけたまま

3 まだこのマンガを（　　　　　）ことがありません。

1 読んで　　　　　2 読んだ　　　　　3 読むの　　　　　4 読みます

4 A「この漢字、どう読むの？」
B「何だ。さっき習った（　　　　　）どうして忘れちゃうの？」

1 あとなのに　　　2 あとでなく　　　3 ばかりなのに　　4 ばかりでなく

5 子ども「いただきます、え？ 肉の料理はないの？ 野菜だけだよ。」
母「ちょっと待って。今（　　　　　）ところだから。」

1 できる　　　　　2 できた　　　　　3 できない　　　　4 できなかった

6 彼はお酒が好きだから、今ごろはまた飲み屋で（　　　　　）だろう。

1 飲んでいた　　　2 飲んでいよう　　3 飲んでいるか　　4 飲んでいる

つぎの文の ___★___ に入る最もよいものを、1・2・3・4から一つえらびなさい。

1 今、_____ _____ ___★___ _____ 10分ぐらいで会社に着くと思う。

1 あと 2 ところなので 3 電車を 4 降りた

2 先週、デパートで _____ _____ ___★___ _____ どこかで落としてしまった。

1 新しい 2 傘を 3 ばかりの 4 買った

3 A「私は、明日 _____ _____ ___★___ _____ 一緒に行きませんか。」
B「ええ。あなたが行くなら、私も行きたいです。」

1 コンサートに行く 2 あなたも

3 つもり 4 ですが

4 今の私の気持ちは、きっとあなたには _____ _____ ___★___ _____ ない。

1 あなたに 2 だろうし 3 わからない 4 わかってほしくも

5 駅の売店で新聞を買った。電車の席が _____ _____ ___★___ _____ 新聞を読んだ。

1 立った 2 空いていなかった

3 まま 4 ので

6 竹内「山田さん。ムラタ商事の山下さんを知っていますか。」
山田「山下さんと言えば、_____ _____ ___★___ _____ ありません。」

1 会ったことは 2 聞いたことが 3 ありますが 4 お名前は

～てあげる (남에게) ~해 주다

접속　동사의 て형+てあげる

어떠한 동작을 다른 사람에게 해 줄 때 사용한다. 이때 동작의 내용은 받는 사람에게 이득이 되는 내용인 경우가 많다. 남에게 물건을 주는 あげる가 남에게 동작을 해 주는 내용으로 응용된 것으로 이해하면 쉽다.

私は友達にプレゼントを買ってあげました。

나는 친구에게 선물을 사 주었습니다.

林さんは中山さんにお菓子を作ってあげました。

하야시 씨는 나카야마 씨에게 과자를 만들어 주었습니다.

プチ会話

お弁当 도시락
毎日 매일

A このお弁当、とてもおいしいね。
B 本当？ よかった。
A 毎日食べたいくらいよ。
B それじゃあ、明日も作ってきてあげるよ。

質問 会話の内容と合っているものはどれか。
① 明日はAさんがBさんのためにお弁当を作るつもりだ。
② Bさんは明日もAさんのためにお弁当を作るつもりだ。
③ Bさんは明日はAさんのお弁当が食べたいと言った。
④ 明日はAさんがお弁当を買ってくるつもりだ。

～である ~이다

接続 동사의 종지형＋の＋である, い형용사의 사전형＋の＋である, な형용사의 어간·명사＋である

단정의 의미를 나타내는「～だ(～이다)」의 딱딱한 표현이다. 접속 방법이 복잡하다고 생각한다면 우선 「명사＋である」로 기억해 두자.

税金を納めるのは、国民の義務である。
세금을 납부하는 것은 국민의 의무이다.

説明会に参加するかしないかは、自由である。
설명회에 참석할지 여부는 자유이다.

プチ会話

A 最近、無理しすぎじゃないですか。

B 一千万円貯めるまでは頑張らないといけないんです。

A お金がたくさんあることよりも健康であることの方が大事ですよ。

B それはそうなんですが…。

最近 최근, 요즘
無理 무리
貯める 모으다, 저축하다
健康 건강
大事だ 중요하다, 소중하다
お金持ち 부자

質問 会話の内容と合っているものはどれか。

① Bさんは健康だ。

② Bさんはお金持ちだ。

③ AさんはBさんにお金より健康が大事だと言った。

④ Bさんは健康のためにお金がほしいと思っている。

〜でいい ~로 충분하다, ~면 된다

접속　명사+でいい

자신이 선택한 것이 충분히 만족스럽다는 의미를 나타낸다.

> 私は今のままでいいと思っている。
>
> 나는 지금대로라면 충분하다고 생각하고 있다.

> レポートのタイトルの書き方はこれでいいですか。
>
> 보고서 제목은 이렇게 쓰면 됩니까?

プチ会話

部長 부장(님)
予約 예약
利用 이용
提案 제안
任せる 맡기다

A　明日の飲み会のお店はどこがいいでしょうか。

B　いつものお店でいいんじゃない？ 部長、あそこ好きだし。

A　わかりました。

B　予約お願いね。

質問　会話の内容と合っているものはどれか。

① Bさんは飲み会の場所にいつも利用しているお店を提案した。

② Bさんは飲み会のお店はAさんに任せると言った。

③ Bさんは部長と一緒に飲みたくないと思っている。

④ いつも行くお店は部長は好きだが、Bさんは好きじゃない。

〜ているところだ ~하는 중이다

接続 동사의 て형+ているところだ

어떠한 일이 한창 진행 중이라는 상황을 나타낸다.

今、レポートを書いているところです。
지금 보고서를 쓰는 중입니다.

今、会議をしているところですから、あとでお電話します。
지금 회의를 하는 중이니까 이따가 전화하겠습니다.

プチ会話

A もしもし。今、どの辺ですか。

B すみません。今、向かっているところです。

A 約束の時間、だいぶ過ぎてるんですが…。

B 本当に申し訳ないです。

向かう 향하다

だいぶ 꽤

過ぎる 지나다

待ち合わせ 만나기로 함

場所 장소

出発 출발

途中 도중

質問 会話の内容と合っているものはどれか。

① Bさんは今から待ち合わせの場所へと向かうつもりだ。

② Bさんは今、会社を出発した。

③ Bさんは待ち合わせの場所に今、到着した。

④ Bさんは待ち合わせの場所に行く途中だ。

～てくれる (남이 나에게) ~해 주다

접속 동사의 て형+くれる

다른 사람이 나(또는 우리)에게 유익한 행위를 해 준다는 의미를 나타낸다. 주고 받는 내용이 동작이나 행위라는 것을 제외하면 동사 くれる의 응용 형태로 이해하면 된다.

> 山田さんは私に本を貸してくれました。
> 야마다 씨는 내게 책을 빌려 주었습니다.

> 田中さんは私にパソコンの使い方を教えてくれました。
> 다나카 씨는 내게 컴퓨터 사용법을 알려 주었습니다.

プチ会話

A そのピアス、とても素敵ですね。

B ありがとうございます。

A プレゼントですか。

B はい。彼氏が買ってくれたんです。

ピアス 피어스
素敵だ 멋지다

プレゼント 선물
彼氏 남자친구
先日 지난 날, 며칠 전
誕生日 생일

質問 会話の内容と合っているものはどれか。
① Bさんは彼氏にピアスを買ってあげた。
② Bさんの彼氏はBさんにピアスを買ってあげた。
③ Bさんは彼氏にピアスを買わせた。
④ Bさんは先日、誕生日だった。

〜てほしい   ~해 주었으면 좋겠다, ~해 주기를 바란다

접속   동사의 て형＋てほしい

말하는 사람이 듣는 사람이나 다른 사람이 자신에게 어떠한 일을 해 주기를 바란다는 의미를 나타낸다.
즉, 말하는 사람의 희망이나 요구를 나타내는 표현이다.

図書館の中がうるさい。もっと静かにしてほしい。

도서관 안이 시끄럽다. 더 조용히 해 주면 좋겠다.

よく分かりません。この問題をもう少し詳しく説明してほしいです。

잘 모르겠습니다. 이 문제를 조금 더 자세히 설명해 주었으면 좋겠습니다.

プチ会話

A 今、暇？

B うん。どうかした？

A ちょっと机動かすの手伝ってほしいんだけど。

B いいよ。

暇 한가함
机 책상
動かす 움직이다
手伝う 돕다
助け 도움
必要だ 필요하다
借りる 빌리다
忙しい 바쁘다

質問 会話の内容と合っているものはどれか。

① AさんはBさんを手伝うつもりだ。
② BさんはAさんの助けが必要だ。
③ AさんはBさんの助けを借りたい。
④ Bさんは今、忙しい。

問題1 つぎの文の（　　　　　）に入れるのに最もよいものを、1・2・3・4から一つえらびなさい。

1 田中部長は、いつも出張帰りに、お土産を買ってきて（　　　　　）。

1 くれます　　　　　2 もらいます　　　　3 あげます　　　　4 やります

2 A「お礼の手紙はもう出しましたか。」
B「いいえ、今、（　　　　　）です。」

1 書いているはず　　　　　　　　2 書いているつもり

3 書いているよう　　　　　　　　4 書いているところ

3 すみません。今、勉強しているのであまり大きな音を（　　　　　）んですが。

1 出してほしい　　　　　　　　　2 出さないでほしい

3 出させてほしい　　　　　　　　4 出せないでほしい

4 日本は雨が多い国なので、水が豊か（　　　　　）と言われているが、実はそうでもない。

1 てある　　　　　2 とある　　　　　3 である　　　　　4 のある

5 弟が悩んでいたのは知っていたけれど、そのとき私は論文が忙しくて、何も話を（　　　　　）。

1 聞いたかもしれない　　　　　　2 聞いてあげられなかった

3 聞いただけでよかった　　　　　4 聞いてもらえなかった

6 A「借りてた本返すの、今度大学で会った（　　　　　）かな。
　　今日、うっかりして持ってきてないんだ。」
B「うん。いいよ。」

1 ときでいい　　　2 ときではない　　　3 からでいい　　　4 からではない

問題2　つぎの文の　＿★＿　に入る最もよいものを、1・2・3・4から一つえらびなさい。

1　「下水」というのは、台所 ＿＿＿＿ ＿＿＿＿ ★ ＿＿＿＿ である。

1 などで　　　　　　2 のこと　　　　　　3 使った　　　　　　4 汚れた水

2　水不足で困っている国が多い。みんな ＿＿＿＿ ＿＿＿＿ ★ ＿＿＿＿ いる。

1 知って　　　　　　　　　　　　2 ほしいと

3 水の大切さを　　　　　　　　　4 願って

3　山下さんは何か心配事があるのか、元気がない。何が ＿＿＿＿ ＿＿＿＿ ＿＿＿＿ ★

＿＿＿＿ 何もしてあげられない。

1 答えて　　　　　　　　　　　　2 くれないので

3 聞いても　　　　　　　　　　　4 あったのか

4　後輩「この会社は給料はよさそうなんだけど、人間関係が面倒くさいらしいです。

＿＿＿＿ ★ ＿＿＿＿ ＿＿＿＿ が、先輩はどう思いますか。

先輩「人間関係か？ それは注意した方がいいね。」

1 今　　　　　　2 ところ　　　　　　3 なんです　　　　　　4 迷っている

5　（花屋で）

店の人「この花に水をやるのは、普通は ＿＿＿＿ ＿＿＿＿ ★ ＿＿＿＿ 夏の間

は暑いですから、一週間に二度ぐらいやってください。」

1 一度で　　　　　　2 一週間に　　　　　　3 いいと　　　　　　4 思いますが

6　子どもは3歳ぐらいになると、あれこれ質問が多くなりますが、＿＿＿＿ ＿＿＿＿

＿★＿ ＿＿＿＿ ようにしましょう。

1 きちんと　　　　　2 面倒くさいと　　　　　3 答えてあげる　　　　　4 思わないで

～でも～でも ~라도 ~라도, ~든 ~든

接続 명사+でも

두 개 이상의 내용 중 어느 것이든 상관없다는 의미를 나타낸다. 주로 듣는 사람의 선택을 나타낸다.

> **この茶葉は、ホットでもアイスでもおいしく飲めます。**
> 이 찻잎은 뜨겁게든 아이스든 맛있게 마실 수 있습니다.
>
> **買い物は明日でも明後日でもいい。**
> 쇼핑은 내일이든 내일모레든 좋아.

プチ会話

A すみません。急に仕事が入ってしまって、
　会うのは来週でも大丈夫でしょうか。
B それは仕方がないですね。来週でも大丈夫ですよ。
A 来週はいつが空いていますか。
B 平日でも週末でもいつでも大丈夫です。

入る 들어오다
会う 만나다
来週 다음 주
仕方がない
어쩔 수 없다, 소용 없다
空く 시간이 비다
平日 평일

質問 会話の内容と合っているものはどれか。
① Bさんは来週は平日も週末も忙しい。
② Bさんは来週、平日が空いている。
③ Bさんは来週、週末だけ大丈夫だ。
④ Bさんは来週、いつでも時間が作れる。

〜てもらう ~해 받다(상대방이 ~해 주다)

接続　동사의 て형+てもらう

다른 사람으로부터 어떤 동작의 영향을 받는 경우를 나타낸다. 이때, 동작의 내용은 동작을 받는 사람에게 이익이 되는 경우가 많다. 물건을 주고 받는 もらう의 동작을 대상으로 한 응용 표현이라고 이해하면 된다.

友達にケーキの作り方を教えてもらいました。

친구에게 케이크 만드는 법을 배웠습니다.

この書類を山田さんに渡してもらえませんか。

이 서류를 야마다 씨에게 전해 주지 않겠어요?

プチ会話

A　Bさん、このキムチの味はどうですか。

B　とてもおいしいです。どこで買ったんですか。

A　実は手作りなんです。韓国人の友達に教えてもらい

　　ました。

B　それは驚きました！

味 맛

実は 실은

手作り
수제, 직접 만듦

驚く 놀라다

質問　会話の内容と合っているものはどれか。

① Bさんは Aさんにキムチの作り方を教えてあげた。

② Aさんは Bさんにキムチの作り方を教えてあげた。

③ Aさんは韓国人の友達からキムチの作り方を習った。

④ キムチは実は Aさんの韓国人の友達が作ったものだ。

～という ~라는, ~라고 불리는

접속 명사 + という

어떤 사물이나 사람, 장소 등의 어떤 대상의 이름을 말할 때에 사용한다. 이때 그 대상에 대해 이야기를 듣는 상대방이 모를 것이라고 전제하고 말하는 경우가 많다.

「ヤマナカ」という和食の店を知っていますか。
'야마나카'라는 일식집 알아요?

スーパーにトマトのジャムという珍しいものがあった。
슈퍼에 토마토 잼이라는 신기한 것이 있었다.

プチ会話

A ただ今、戻りました。
B お疲れ様です。課長、先ほどC社の山本さんという方からお電話がありました。
A 了解。山本さん何だって？
B 後でまたお電話くださるそうです。

課長 과장
先ほど 조금 전, 방금 전
電話 전화

質問 会話の内容と合っているものはどれか。

① Aさんに山本さんから電話があった。
② Aさんに電話をかけたのはたぶん、山本さんだ。
③ Aさんに山本さんの課長から電話があった。
④ Aさんに電話をかけたのは山本さんではなかった。

～とか～とか ~라든가 ~라든가

접속 동사의 사전형·명사＋とか

비슷한 종류 중에서 대표적인 예를 들어 나타낸다.

> デパートでシャツとかくつ下とか、いろいろ買いました。
> 백화점에서 셔츠라든가 양말이라든가 이것 저것 샀습니다.

> 休みの日は、部屋の掃除をするとか買い物に行くとかして過ごして
> いる。 쉬는 날에는 방 청소를 하든가 쇼핑을 가든가 하면서 보내고 있다.

プチ会話

A　Bさん、ちょっと相談があるんだけど。

B　どうしたの？

A　今度彼女の誕生日なんだけど、プレゼントは何がいいと
思う？

B　ネックレスとか指輪とか、アクセサリーがいいんじゃな
い？

相談 상담
今度 이번, 다음
誕生日 생일
プレゼント 선물
ネックレス 목걸이
指輪 반지
アクセサリー
액세서리
アドバイス 조언

質問 会話の内容と合っているものはどれか。

① Bさんはプレゼントはネックレスと指輪じゃないものがいいと
アドバイスした。

② Bさんはプレゼントはネックレスや指輪などのアクセサリーが
いいとアドバイスした。

③ Bさんはプレゼントはアクセサリー以外のものがいいとアドバ
イスした。

④ Bさんはプレゼントはネックレスと指輪がいいとアドバイスした。

～ところだ ~하려는 참이다

접속 동사의 사전형+ところだ

지금 어떤 동작을 하기 직전이라는 시간적 의미를 나타낸다.

> **これから開会式が行われるところです。**
> 이제부터 개회식이 거행될 참입니다.

> **飛行機に乗るところなので、着いたら連絡します。**
> 비행기에 타려는 참이라서 도착하면 연락할게요.

プチ会話

A ちょっと今、時間ある？

B どうしたの？

A 実は相談したいことがあって。

B ごめん。今から出かけるところだから、
また後でもいいかな。

出かける 외출하다
外出 외출
直前 직전
辞める
그만두다, 끊다

質問 会話の内容と合っているものはどれか。

① Bさんは今、出かけたばかりだ。

② Bさんは今、外出から帰ってきたばかりだ。

③ Bさんは出かける直前だ。

④ BさんはAさんのために出かけるのを辞めるつもりだ。

〜な ~하지 마

접속　동사의 사전형 + な

어떠한 동작을 하지 말라는 강한 금지의 의미를 나타낸다.

ここに車を止めるな。
여기에 차를 세우지 마.

医者にお酒を飲むなと言われた。
의사에게 술을 마시지 말라는 말을 들었다.

プチ会話

A 最近、練習に来てないけどどうかした？
B 実はもうサッカーは辞めようと思ってるんだ。
A 何でだよ。ここまで頑張ったのに、あきらめるなよ。
B 僕もできれば続けたいんだけど…。

質問　会話の内容と合っているものはどれか。

① BさんはAさんにサッカーはもう辞めたと言った。

② AさんはBさんにサッカー選手の夢はあきらめた方がいいと
言った。

③ AさんはBさんにサッカーを辞めないでほしいと言った。

④ AさんはBさんにサッカーを辞めたいと言った。

練習 연습

サッカー 축구

頑張る
열심히 하다, 노력하다

あきらめる
포기하다, 단념하다

続ける 계속하다

選手 선수

夢 꿈

問題1 つぎの文の（　　　　　）に入れるのに最もよいものを、1・2・3・4から一つえらびなさい。

1 「ここにゴミを（　　　　　）な！」と書いてある。

1 捨てろ　　　　　2 捨てる　　　　　3 捨てます　　　　　4 捨てよう

2 このお皿はデザインがいいので、（　　　　　）どんな料理にも使える。

1 和食か洋食か　　　2 和食と洋食かに　　　3 和食など洋食には　　4 和食でも洋食でも

3 今週土曜日の交流会は、「ベネチア」（　　　　　）イタリア料理のレストランにしました。

1 という　　　　　2 をいう　　　　　3 の　　　　　4 のことの

4 A「セミナーはもう始まりましたか。」
B「これから発表が（　　　　　）。」

1 行ったところです　　　　　　　　2 行われるところです

3 行われているところです　　　　　4 行うところです

5 A「スーパーで何か買いましたか。」
B「ええ、（　　　　　）いろいろ買いました。」

1 牛肉や野菜や　　　　　　　　　　2 牛肉など野菜など

3 牛肉とか野菜とか　　　　　　　　4 牛肉という野菜という

6 困っている時、あの人に（　　　　　）、涙が出るほどありがたかった。

1 助けてあげて　　　　　　　　　　2 助けようと思って

3 助けてくださって　　　　　　　　4 助けてもらって

問題2　つぎの文の　★　に入る最もよいものを、1・2・3・4から一つえらびなさい。

1　今度のレポートは ＿＿＿＿＿ ＿＿＿＿＿ ★ ＿＿＿＿＿ 思っています。

　　1 書こうと　　　　2 という　　　　3 国際貿易　　　　4 テーマで

2　（区役所のホームページで）

　　毎日の生活で困ったことがあったら、＿＿＿＿＿ ＿＿＿＿＿ ★ ＿＿＿＿＿ ください。相談窓口は区役所の2階にあります。

　　1 何でも　　　　2 相談に　　　　3 来て　　　　4 育児のことでも

3　＿＿＿＿＿ ＿＿＿＿＿ ★ ＿＿＿＿＿ 寝る前にあまり飲まないようにしています。

　　1 カフェインが　　2 お茶とか　　3 コーヒーとかの　　4 入った飲み物は

4　悩んでいる時は、誰かに ＿＿＿＿＿ ＿＿＿＿＿ ★ ＿＿＿＿＿ 楽になる場合もある。

　　1 気持ちが　　　　2 ことで　　　　3 話を　　　　4 聞いてもらう

5　この公園の池は深くて危ないので、管理事務所が何年か ＿＿＿＿＿ ＿＿＿＿＿ ★ ＿＿＿＿＿ 看板を立てた。

　　1 前に　　　　2 池に　　　　3 という　　　　4 入るな

6　（電話で）

　　A「もしもし、ちょっと相談したいことがあるんですが、今よろしいですか。」
　　B「あ、ごめん。ちょうど ＿＿＿＿＿ ＿＿＿＿＿ ★ ＿＿＿＿＿ 方から電話するから。」

　　1 私の　　　　2 ところで　　　　3 電車を降りたら　　　　4 電車に乗る

～ないといけない ~해야 한다, ~하지 않으면 안 된다

접속 동사의 ない형+ないといけない

그렇게 해야 할 '의무'나 '필요성'이 있다는 의미를 나타낸다. 「～なければならない」, 「～なくてはいけない」와 비슷한 의미이다.

> 今日中にメールの返事を出さないといけない。
>
> 오늘 중으로 메일 답장을 보내야 한다.
>
> 約束は守らないといけない。
>
> 약속은 지켜야 한다.

プチ会話

A 最近顔色が良くないけど、大丈夫？

B 実はあまり寝てなくて。

A 試験勉強も大事だけど、ちゃんと寝ないといけないよ。

B ありがとう。

顔色 안색, 낯빛
寝る 자다
試験 시험
勉強 공부

ちゃんと 제대로
合格 합격

しっかり 확실히

質問 会話の内容と合っているものはどれか。

① AさんはBさんに試験に合格するまで寝てはいけないと言った。

② AさんはBさんにしっかり寝なければならないと言った。

③ BさんはAさんに試験に合格するまで寝られないと言った。

④ BさんはAさんに今日も寝ないつもりだと言った。

〜なおす　다시 ~하다

접속　동사의 ます형＋なおす

어떠한 동작을 한 번 더 진행하거나, 원래 상태로 되돌리거나 하는 경우에 사용한다.

実験がうまくいかなかったので、やりなおした。
실험이 제대로 되지 않았기 때문에 다시 했다.

新しいデータを入れて、グラフを作りなおした。
새 정보를 넣어 그래프를 다시 만들었다.

プチ会話

作文 작문
かかる 걸리다
納得 납득
何度 몇 번
修正 수정

A　この作文、とてもよく書けていますね。

B　ありがとうございます。

A　時間かかったでしょう。

B　はい。納得するまで何度も書きなおしました。

質問　会話の内容と合っているものはどれか。

① Bさんは作文を何度も修正した。
② Bさんは作文をまた修正したいと思っている。
③ AさんはBさんの作文を直してあげるつもりだ。
④ Bさんは作文を一度も修正しなかった。

～なさい ① ~하시오 ② ~하거라, ~하렴

접속 동사의 ます형+なさい

명령을 나타내는 표현이지만 정중한 느낌을 준다. 글말에서 사용하는 경우에는 '~하시오'에 가까운 지시 표현으로, 회화에서 사용하는 경우에는 '~하거라, ~하렴'처럼 부드러운 명령으로 이해하면 된다.

> **食事の前に、ちゃんと手を洗いなさい。**
> 식전에 손을 제대로 씻으렴.
>
> **次の文章をよく読んで、質問に答えなさい。**
> 다음 글을 잘 읽고 질문에 답하시오.

プチ会話

A まだテレビ見てるの？

B これだけ見たら寝るから！

A 明日も学校なんだから、早く寝なさい。

B はーい。

テレビ 텔레비전
見る 보다
学校 학교
命令 명령
番組 프로그램
早く 빨리

質問 会話の内容と合っているものはどれか。

① AさんはBさんに早く寝るように命令した。

② AさんはBさんに番組が終わるまで寝なくてもいいと言った。

③ AさんはBさんに早く寝た方がいいとアドバイスした。

④ Bさんは早く寝たいと思っている。

～にする ~로 하다

접속　명사+にする

말하는 사람 자신의 의지나 판단에 의한 주관적 결정을 나타낸다. 여러 개의 선택지 중에서 하나를 고르는 '선택'이라고 기억하면 된다.

お風呂は夕食の後にするよ。
목욕은 저녁 식사 이후에 할게.

お父さんの誕生日プレゼント、何にする？
아빠 생일 선물 뭐로 할까?

プチ会話

A　何にしますか。

B　どれもおいしそうで悩みますね。

A　私はチーズケーキにします。

B　じゃあ、私はアップルパイにします。

悩む 괴롭다, 고민이다

チーズケーキ
치즈케이크

アップルパイ
애플파이

作る 만들다
注文 주문

質問 会話の内容と合っているものはどれか。

① Aさんはチーズケーキを作るつもりだ。

② Aさんはアップルパイを作るつもりだ。

③ Bさんはチーズケーキを注文するつもりだ。

④ Bさんはアップルパイを注文するつもりだ。

〜には ① ~하려면 ② ~하는 경우에는

접속 동사의 사전형 + には

목적이나 조건 등을 가벼운 느낌으로 나타낸다.

試験に合格するには、頑張るしかない。
시험에 합격하기 위해서는 열심히 하는 수밖에 없다.

東山郵便局へ行くにはどのバスに乗ればいいですか。
히가시야마 우체국에 가려면 어느 버스를 타야 합니까?

プチ会話

A すみません。ちょっとお聞きしたいのですが。

B どうしましたか。

A 新宿駅まで行くには、どこで乗り換えればいいの
   でしょうか。

B 東京駅で乗り換えるのが一番いいですよ。

新宿駅 신주쿠 역
乗り換える 갈아타다
一番 가장
方法 방법
通る 지나다, 통과하다
目的地 목적지

質問 会話の内容と合っているものはどれか。

① Bさんは今、新宿駅にいる。
② Bさんは新宿駅まで行くための方法を教えてあげた。
③ Bさんは新宿駅を通らずに目的地に行きたい。
④ Bさんは新宿駅まで行くための方法を聞いている。

〜のだ　~인 것이다

接続 동사・い형용사・な형용사・명사의 보통형＋のだ
단, な형용사, 명사가 현재 긍정인 경우에는 な형용사의 어간・명사＋なのだ의 형태로 접속

어떠한 상황의 원인이나 근거 등에 대한 설명을 강조하여 나타낸다. 「〜のだ」는 회화체에서는 「〜んだ」로 나타내는 경우가 많다. 또한 정중하게 나타낼 때는 「〜のです」나 「〜んです」로 나타내기도 한다.

ちょっと気分が悪いのです。先に帰ってもいいでしょうか。

몸이 좀 안 좋습니다. 먼저 가도 될까요?

A なぜ遅れたのですか。 왜 늦었나요?

B すみません、事故で電車が止まってしまったんです。

죄송합니다. 사고 때문에 전철이 멈춰 버렸어요.

プチ会話

A そんなにくしゃみして、もしかして風邪？
B ううん。風邪じゃなくて花粉症なんだ。
A もうそんな季節か。
B 毎年大変だよ。

くしゃみ 기침

もしかして 혹시

風邪 감기

花粉症
꽃가루 알레르기

季節 계절

毎年 매년

ひどい 심하다

止まる 멈추다

質問 会話の内容と合っているものはどれか。
① Bさんは風邪でくしゃみが止まらない。
② Bさんは花粉症で大変だ。
③ Bさんはくしゃみがひどいので花粉症かもしれない。
④ Bさんは今年、花粉症になるかもしれない。

問題1 つぎの文の（　　　　　）に入れるのに最もよいものを、1・2・3・4から一つえらびなさい。

1 母「今日は寒いから、暖かい服を（　　　　　）なさいね。」
子ども「うん。わかった。」

1 着る　　　　　　　　2 着て　　　　　　　　3 着　　　　　　　　4 着よう

2 （レストランで）
A「何がいいかな。私、スパゲッティとコーヒー。」
B「私は、お腹がすいてないから、ミルクティー（　　　　　）する。」

1 だけが　　　　　　2 だけを　　　　　　3 だけで　　　　　　4 だけに

3 発表で使う資料に間違いがあったが、今から（　　　　　）もう時間がない。

1 作りなおすには　　　　　　　　　2 作ったばかりで
3 作っていなくて　　　　　　　　　4 作りださなくて

4 今日中に（　　　　　）レポートがまだ終わっていないので大変だ。

1 出さないかもしれないだ　　　　　2 出さないといけない
3 出すようになる　　　　　　　　　4 出してはならない

5 （電話で）
A「申し訳ありませんが、ただいま田中は別の電話に出ております。少々お待ちいただけませんか。」
B「それでは、10分ぐらいしたら、また（　　　　　）。」

1 かけ出します　　2 かけなおします　　3 かけたばかりです　　4 かけたところです

6 山田「中村さんのそのネックレス、かわいいですね。どこで買ったんですか。」
中村「ああ、これは（　　　　　）、自分で作ったんです。」

1 買ったんだって　　2 買ってもよくて　　3 買わなくても　　　　4 買ったんじゃなくて

問題2 つぎの文の＿★＿に入る最もよいものを、1・2・3・4から一つえらびなさい。

1 当サイトの ＿＿＿＿ ＿＿＿＿ ＿★＿ ＿＿＿＿ 必要な情報を入力しなければ
なりません。

1 登録に　　　　2 会員に　　　　3 には　　　　4 なる

2 計算が間違っているようなので、もう一度 ＿＿＿＿ ＿＿＿＿ ＿★＿ ＿＿＿＿
した。

1 最初から　　　　2 なおす　　　　3 ことに　　　　4 計算し

3 せっかく ＿＿＿＿ ＿＿＿＿ ＿★＿ ＿＿＿＿ ところをゆっくり見て回りたい。

1 だから　　　　2 いろいろな　　　　3 旅行に　　　　4 来たの

4 A「今度のパーティーで着る服なんだけど、これはどう？」
B「う～ん。その服はやめた方がいいと思う ＿＿＿＿ ＿＿＿＿ ＿★＿ ＿＿＿＿
しようよ。」

1 の　　　　2 から　　　　3 に　　　　4 ほか

5 大人から ＿＿＿＿ ＿＿＿＿ ＿★＿ ＿＿＿＿ 言われても、子どもがケガをしたり
怖くなる経験がないと、なぜ危ないのかを理解することができないらしい。

1 危ない　　　　2 やめなさい　　　　3 と　　　　4 から

6 A「明日の会議のために、 ＿＿＿＿ ＿＿＿＿ ＿★＿ ＿＿＿＿ んで、ちょっと
手伝ってほしんだけど。」
B「うん、いいよ。」

1 パソコンの準備を　　　　　　　　2 資料のコピーや

3 いけない　　　　　　　　　　　　4 しないと

〜ので ~이어서, ~이므로

접속 동사·い형용사·な형용사·명사의 보통형＋ので
단, な형용사, 명사가 현재 긍정인 경우에는 な형용사의 어간·명사＋なので의 형태로 접속

원인, 이유를 나타낸다. 전후 상황을 설명하는 느낌을 나타내므로「〜から(자신의 의견이나 주장을 나타내는 경우가 많음)」보다 정중하고 부드러운 느낌을 준다.

> ちょっと用事があるので、お先に失礼します。
> 볼일이 좀 있어서 먼저 실례할게요.
>
> 明日早く起きなければならないので、もう寝ます。
> 내일 일찍 일어나야 하므로 이제 잘게요.

プチ会話

A 部長、お忙しいところすみません。

B Aさん、どうした？

A 実は体調があまり良くないので、今日の飲み会は欠席し

てもよろしいでしょうか。

B 大丈夫か？ 残念だが仕方ないな。

体調 몸 상태
飲み会 회식, 술자리
欠席 결석
残念だ
아쉽다, 유감스럽다
仕方ない
어쩔 수 없다

〜せいで ~탓에

うそをつく
거짓말을 하다

質問 会話の内容と合っているものはどれか。

① Aさんは飲み会のせいで体調が良くない。

② Aさんは飲み会に行きたくないため、うそをついた。

③ Aさんは体調が良くないが、飲み会には行くつもりだ。

④ Aさんは体調が悪いため、飲み会には行かないつもりだ。

〜のに ~인데도

접속　동사·い형용사·な형용사·명사의 보통형＋のに
단 な형용사, 명사가 현재 긍정인 경우에는 な형용사의 어간·명사＋なのに의 형태로 접속

앞의 내용과 뒤의 내용이 서로 대립되는 경우를 나타낸다.

弟は試験が近いのに、まだぜんぜん勉強していない。
남동생은 시험이 가까운데도 아직 전혀 공부하고 있지 않다.

もう10分以上待っているのに、バスがなかなか来ない。
벌써 10분 이상 기다리고 있는데 버스가 좀처럼 오지 않는다.

プチ会話

A　うわ！このクッキーしょっぱい！
B　レシピどおりに作ったのにおかしいな。
A　本当？
B　あ！砂糖と塩、間違えちゃったのかも。

クッキー 쿠키
しょっぱい 짜다
レシピ 레시피
砂糖 설탕
塩 소금
間違える
틀리다, 실수하다

〜どおりに ~대로
結果 결과

質問 会話の内容と合っているものはどれか。

① レシピどおりに作ったので、クッキーはおいしかった。
② レシピどおりに作ったと思ったけれども、クッキーはおいしく
　 なかった。
③ レシピどおりに作ったせいで、クッキーはおいしくなかった。
④ レシピどおりに作った結果、クッキーはおいしくなかった。

〜はずだ (틀림없이) ~할 것이다

접속 동사, い형용사, な형용사, 명사의 명사접속형 ＋はずだ

어떤 객관적인 이유에 근거하여 어떤 결과가 필연적으로 발생한다는 의미를 나타낸다. '단정적인 확신'으로 기억하자. 참고로 '부정적인 확신'에는 「〜はずがない(〜할 리가 없다)」를 사용한다.

> 彼は頭がいいから、こんな簡単な問題はすぐ分かるはずだ。
> 그는 머리가 좋으니까 이런 간단한 문제는 금방 이해할 것이다. 단정적인 확신
>
> 今日は日曜日だから、銀行は閉まっているはずだ。
> 오늘은 일요일이니까 은행은 닫혀 있을 것이다. 단정적인 확신
>
> 練習しないんだから、上手になるはずがない。
> 연습하지 않으니 능숙해질 리가 없다. 부정적인 확신
>
> やさしい彼がそんな悪いことをするはずがない。
> 다정한 그가 그런 나쁜 짓을 할 리가 없다. 부정적인 확신

プチ会話

A　あれ？ あそこにいるの鈴木さんじゃない？
B　まさか。鈴木さんなら出張で大阪にいるはずだけど。
A　じゃあ、似てる人なのかな。
B　どこにいる人？

まさか 설마
出張 출장
似る 닮다
人 사람
間違いない 틀림없다

質問 会話の内容と合っているものはどれか。

① BさんはAさんが見た人は鈴木さんかもしれないと思っている。
② BさんはAさんが見た人は鈴木さんに間違いないと思っている。
③ Bさんは鈴木さんは今、大阪にいると思っている。
④ Bさんは鈴木さんが出張には行っていないと思っている。

〜ほど〜はない ~만큼 ~하지 않는다

접속 　명사+ほど 명사+は+ない

'~이 최고다'라고 생각하는 화자의 주관적인 생각을 나타낸다. 객관적인 사실에 대해서는 사용하지 않는다.

スマホほど便利なものはないと思う。

스마트폰만큼 편리한 것은 없다고 생각한다.

私にとって、家族ほど大切なものはない。

내게 가족만큼 소중한 것은 없다.

プチ会話

A 新しい家はどうですか。

B 会社までは少し遠くなりましたが、ソウルよりも
家賃が安いので助かっています。

A ソウルほど家賃の高い所はないですよね。
私もできることなら引っ越したいです。

B ちょうど隣の部屋が空いているみたいなんですが、
よかったら一度見に来ませんか。

遠い 멀다
家賃 집세
助かる 도움이 되다
引っ越す 이사하다
ちょうど 마침, 바로
隣 옆
部屋 방
空く 비다
所 곳
比べる 비교하다

質問 会話の内容と合っているものはどれか。
① 韓国で家賃が一番高い所はソウルだ。
② Bさんの住んでいる所はソウルと同じくらい家賃が高い。
③ Bさんの住んでいる所は韓国で一番家賃が安い。
④ Bさんの住んでいる所はソウルと比べて家賃が高い。

〜までに ~까지

접속　동사의 사전형·명사＋までに

제시된 시간이나 날짜가 되기 전에 어떤 동작을 완료하는 경우를 나타낸다. 즉, '기한(시간적 한도)'를 나타내는 표현이다.

レポートは来週の火曜日までに出してください。
리포트는 다음주 화요일까지 제출해 주세요.

会議は9時開始の予定だったが、開始時刻までに来たのは3人だけだった。
회의는 아홉 시 시작 예정이었는데 시작 시각까지 온 사람은 세 명뿐이었다.

プチ会話

A　Bさん、今度の飲み会来られますか。

B　それがまだスケジュールの調整中でして。

A　お店の予約が必要なので、すみませんがあさってまでにお返事いただけますか。

B　わかりました。

今度 이번, 다음

スケジュール 스케줄

調整中 조정 중

予約 예약

あさって 내일 모레

返事 답장

待つ 기다리다

連絡 연락

質問　会話の内容と合っているものはどれか。

① AさんはBさんの返事をあさってまで待つつもりだ。

② AさんはBさんにあさって返事がほしいと言った。

③ AさんはBさんに今日中に返事がほしいと言った。

④ BさんはAさんに明日、連絡しようと思っている。

〜ようだ ~인 것 같다, ~하는 것 같다

접속 동사·い형용사·な형용사·명사의 명사접속형＋ようだ

① **불확실한 단정**: 확실하게 단정할 수는 없지만, 자신의 직감이나 경험을 토대로 추측하거나 판단하는 경우에 사용한다. '근거 있는 추측'이라는 키워드로 기억해도 좋다.

② **비유**: 비슷한 것을 비유한다. 비유란 어떤 사물이나 사항을 제시하여, 그것과 같은 성질이나 상태라는 의미를 나타낸다. 이 경우, 「まるで(마치)」와 함께 사용되는 경우가 많으며, 명사에 붙는 경우가 대부분이으로 「명사＋の＋ようだ」로 기억하도록 하자.

③ **예시**: 같은 종류 중에서 그 전형적인 예를 들어 말하는 표현법이다. 같은 종류의 내용 중 구체적인 예를 들어 설명할 때 사용한다. 접속에 대해서는 주로 명사에 붙는 경우가 대부분이므로, 「명사＋の＋ように(～와 같이)」 또는 「명사＋の＋ような(～와 같은)」의 형태로 기억해 두자.

風が冷たい。今日は昨日より寒いようだ。
바람이 차다. 오늘은 어제보다 추운 것 같다. 불확실한 단정

仕事が山のようにあって、このまま帰ることはできない。
일이 산처럼 있어서 이대로 집에 갈 수 없다. 비유

スキーのような冬のスポーツが好きだ。 스키 같은 겨울 스포츠를 좋아한다. 예시

プチ会話

A 最近、あまり寝ていないようだけど大丈夫？

B え！わかる？

A うん。目の下のクマがすごいよ。

B 実は隣の部屋がうるさくて眠れないんだよね。

質問 会話の内容と合っているものはどれか。
① Bさんは最近、授業中によく寝ている。
② AさんはBさんの顔を見て、睡眠不足ではないかと予想した。
③ AさんはBさんから夜眠れなくて困っていると相談された。
④ AさんはBさんが睡眠不足だということに気がついていない。

目 눈
下 아래, 밑
クマ 다크서클
すごい 굉장하다
授業中 수업 중
顔 얼굴
睡眠不足 수면 부족
予想 예상
夜 밤
眠る 자다
困る 곤란하다, 난감하다
相談 상담
気がつく 알아차리다

問題1 つぎの文の（　　　　　　）に入れるのに最もよいものを、1・2・3・4から一つえらびなさい。

1　気をつけていた（　　　　　　）、電車の中に傘を忘れてしまった。

　　1 のに　　　　　　2 から　　　　　　3 ので　　　　　　4 でも

2　彼女は魚がきらいだから、すしは食べない（　　　　　）だ。

　　1 つもり　　　　　2 はず　　　　　　3 こと　　　　　　4 ため

3　あのカレー屋のカレー（　　　　　）おいしいカレーはない。

　　1 だけ　　　　　　2 はず　　　　　　3 でもと　　　　　4 ほど

4　りんごをたくさんもらった（　　　　　）、はんぶん友達にあげました。

　　1 でも　　　　　　2 しか　　　　　　3 ので　　　　　　4 には

5　中山「私、田中先輩の（　　　　　　）俳優になりたいと思っているんです。
　　　　　よろしければ少しお話を聞きたいんですが。」
　　田中「ああ、いいよ。」

　　1 ようで　　　　　2 ような　　　　　3 ようだ　　　　　4 ようの

6　A「青木さんはどこですか。」
　　B「青木さんは今会議中ですが、会議は4時半（　　　　　）終わると思いますよ。」

　　1 までも　　　　　2 までにも　　　　3 までは　　　　　4 までには

問題2　つぎの文の　★　に入る最もよいものを、1・2・3・4から一つえらびなさい。

1 この料理は ＿＿＿＿ ＿＿＿＿ ★ ＿＿＿＿ 作ることができます。

　　1 簡単　　　　　　2 でも　　　　　　3 だれ　　　　　　4 なので

2 中山さんは今入院して ＿＿＿＿ ＿＿＿＿ ★ ＿＿＿＿ ないだろう。

　　1 明日の旅行に　　2 いるので　　　　3 はずが　　　　　4 来る

3 弟は、先月新しいケータイを買った ＿＿＿＿ ＿＿＿＿ ★ ＿＿＿＿ ほしいと言っている。

　　1 もう　　　　　　2 別のが　　　　　3 ばかり　　　　　4 なのに

4 自分の人生の中で ＿＿＿＿ ＿＿＿＿ ★ ＿＿＿＿ ない。

　　1 日は　　　　　　　　　　　　　　　2 日ほど

　　3 子どもが生まれた　　　　　　　　　4 うれしかった

5 田中部長がアメリカの ＿＿＿＿ ＿＿＿＿ ★ ＿＿＿＿ この資料を完成させなければならない。

　　1 くるまでに　　　2 なんとか　　　　3 出張から　　　　4 戻って

6 この ＿＿＿＿ ＿＿＿＿ ★ ＿＿＿＿ 複雑でわかりにくい。何度来ても間違えてしまう。

　　1 道は　　　　　　2 辺りの　　　　　3 迷路の　　　　　4 ように

〜ようと思う ~하려고 생각하다

접속 동사의 의지형+と思う

동사의 의지형은 자신의 '의지'나 상대방에 대한 '권유'를 나타낸다. 이때 말하는 사람이 자신의 의지를 상대방에게 전달하려고 할 때는 동사의 의지형에 「〜と思う」를 붙여서 사용하는 것이 보통이다. 참고로 자신의 의지가 일정 기간 지속되고 있는 경우에는 동사의 의지형에 「〜と思っている」를 붙인다.

夕飯はハンバーグを作ろうと思います。

저녁밥은 햄버거 스테이크를 만드려고 생각합니다.

その本は買わずに、図書館で借りようと思っている。

그 책은 사지 않고 도서관에서 빌리려고 생각하고 있다.

プチ会話

A 今日のランチは外に食べに行こうと思うんですが、
　一緒にどうですか。

B いいですね。

A お店どこにしましょうか。

B それならいいお店がありますよ。

ランチ 점심식사
一人で 혼자서

質問 会話の内容と合っているものはどれか。

① Aさんは今日は一人でランチを食べるつもりだ。
② Aさんは今日のランチは外で食べてきた。
③ Aさんは今日のランチは外に食べに行くつもりだ。
④ Bさんは本当は今日のランチは一人で食べたかった。

～ようとする ~하려고 하다

접속 | 동사의 의지형+とする

자신의 생각을 행동으로 옮기려고 노력하는 모습을 나타낸다.

彼が何をやろうとしているのか分かりません。

그가 무엇을 하려고 하고 있는지 모르겠어요.

この猫は、私が触ろうとすると、すぐ逃げる。

이 고양이는 내가 만지려고 하면 바로 도망친다.

プチ会話

A Bさん、遅いじゃないですか。

B ごめん、ごめん。

A 今日は残業ないって言ってたのに。

B 帰ろうとしたら部長に呼ばれちゃってさ。

部長 부장(님)

呼ぶ 부르다

出る 나가(오)다

電話 전화

かかる 걸리다

ちょうど 마침

質問 会話の内容と合っているものはどれか。

① Bさんは早く帰りたかったので、仕事を部長に頼んだ。

② Bさんは会社を出てすぐ、部長から電話がかかってきた。

③ 部長がBさんを呼んだ時、ちょうどBさんは帰るところだった。

④ Bさんが帰る時、部長も帰るところだった。

～より～ほうが ~보다 ~가, ~보다 ~하는/한 편이

[접속]　명사＋より＋명사＋の＋ほうが, 동사의 사전형＋より＋동사의 보통형＋ほうが

두 가지 내용을 비교하여, 어느 한쪽을 선택할 때 사용하는 표현이다. '비교에 의한 평가'로 기억해 두자.

野菜は、この店より駅前の店の方が安いですよ。

채소는 이 가게보다 역 앞 가게가 싸요. 명사의 비교

メールを送るより電話をした方が早いと思うよ。

메일을 보내는 것보다 전화를 하는 편이 빠르다고 생각해. 동작의 비교

プチ会話

A　このワンピース、どう思う？

B　うーん。Aさんは黒より白の方が似合うと思うよ。

A　そうかな。それじゃあ、白も着てみようかな。

B　うん。それがいいよ。

ワンピース 원피스
黒 검은색
白 하얀색
似合う 어울리다
着る 입다
すすめる
추천하다, 권하다
服 옷

質問　会話の内容と合っているものはどれか。

① Bさんは黒よりも白いワンピースが良さそうだとすすめた。

② Aさんは白いワンピースを買うつもりだ。

③ Bさんは黒い服が好きだ。

④ Aさんは黒よりも白い服が似合うと思っている。

〜らしい ~답다

접속   명사+らしい

설명하고자 하는 어떤 대상이 그 고유의 특징이나 속성을 갖추고 있어서, 정말 그러한 느낌이 난다는 의미를 나타낸다. 「春らしい(봄답다)」의 경우, 따뜻하거나 날씨가 좋거나 꽃이 피는 것과 같은 봄의 특징이 잘 느껴지는 상황을 가르킨다.

> 今日は春らしいいい天気だ。
> 오늘은 봄다운 좋은 날씨이다.

> そのような学生らしくない派手な服装はやめましょう。
> 그런 학생답지 않은 화려한 복장은 그만둡시다.

プチ会話

A あれ？ 吉田君は？

B まだ来ていないんですが、ケータイも繋がらなくて。

A 連絡もなしにバイトを休むなんて、彼らしくないね。

B そうですね。何かあったんでしょうか。

繋がる 연결되다

バイト 아르바이트

時々 때때로

途中 도중

事故にあう 사고를 당하다

遅刻する 지각하다

質問 会話の内容と合っているものはどれか。

① 吉田君が連絡をしないで休むことは今までなかった。

② 吉田君はケータイが繋がらないことが時々ある。

③ 吉田君はアルバイトに行く途中で事故にあったみたいだ。

④ 吉田君が遅刻するのはいつものことだ。

～らしい ① ~같다 ② ~라는 것 같다

접속 동사·い형용사·な형용사의 보통형＋らしい (다만, 현재형의 경우, な형용사 어간＋らしい, 명사＋らしい)

① 추측: 외부로부터 듣거나 획득한 객관적인 근거를 토대로, 상당한 확신을 갖고 추측하는 경우에 많이 쓴다. 「～ようだ」보다 객관성이 강한 편이며, 바꾸어 쓸 수 있는 경우가 많다.

② 전문: 어떠한 사실을 '조심스럽게 전달'하는 느낌으로 사용한다. '전문(전달)'을 나타내는 「～そうだ」를 대체하는 경우가 많다. 다만, 「～らしい」는 「～そうだ」와는 달리, 전달자의 추측이 조금은 들어 있다는 느낌을 준다.

部屋の電気が消えている。だれもいないらしい。

방 전깃불이 꺼져 있다. 아무도 없는 모양이다. 추측

道路がぬれている。昨夜、雨が降ったらしい。

도로가 젖어 있다. 지난밤에 비가 내린 모양이다. 추측

田中さんがけがをして入院したらしいよ。 다나카 씨가 다쳐서 입원했대. 전문

天気予報によると、午後から雪が降るらしい。

일기예보에 의하면 오후부터 눈이 내린대. 전문

プチ会話

A 伊藤さん、最近飲み会に来ないけどどうしたのかな？

B Aさん、知らないの？

A 何が？

B 伊藤さん、最近彼女ができたらしいよ。

誰か 누군가
内緒 비밀
付き合う 사귀다, 교제하다

質問 会話の内容と合っているものはどれか。

① Bさんは伊藤さんに彼女ができたと予想している。

② Bさんは伊藤さんに彼女ができたという話を誰かから聞いた。

③ Aさんは伊藤さんに彼女ができたことを知っていた。

④ Bさんと伊藤さんは、Aさんには内緒で付き合っている。

〜れる・られる ~하게 되다, ~당하다

접속　1그룹 동사(あ단+れる), 2그룹 동사(る자리에 られる), 3그룹 동사(くる→こられる, する→される)

수동이란 다른 외부 요소에 의해서 어떠한 동작이나 작용을 받게 되는 경우를 말한다. 이때 동작이나 작용을 받는 쪽이 주어가 된다.

会議の資料がみんなに配られた。
회의 자료가 모두에게 분배되었다.

店の前に止めておいた自転車を盗まれてしまった。
가게 앞에 세워 놓은 자전거를 도둑 맞았다.

プチ会話

A 娘さん、春からイギリスに留学するんですって？

B そうなんです。学校で交換留学生に選ばれまして。

A それは優秀ですね。

B 英語の勉強を頑張っていたので、いいチャンスをもらえて本当に良かったです。

娘さん 따님

春 봄

イギリス 영국

交換 교환

留学生 유학생

選ぶ 선택하다, 고르다

優秀だ 우수하다

チャンス 기회

もらう 받다

応募 응모

質問　会話の内容と合っているものはどれか。

①Bさんの娘さんは今年の春、交換留学生に応募する予定だ。

②Bさんの娘さんは優秀なので交換留学生に選んでもらえるだろう。

③Bさんの娘さんは交換留学生としてイギリスに行く予定だ。

④Bさんの娘さんは交換留学でイギリスに行く学生を選んだ。

問題1　ぎの文の（　　　　　）に入れるのに最もよいものを、1・2・3・4から一つえらびなさい。

1 この国では砂糖（　　　　　）塩のほうが高いです。

1 でも　　　　　　　2 まで　　　　　　　3 では　　　　　　　4 より

2 朝晩はだいぶ涼しくなってきてだんだん秋（　　　　　）なってきましたね。

1 そうに　　　　　　2 ほど　　　　　　　3 らしく　　　　　　4 でも

3 弟は今日が初めての（　　　　　）、朝から落ち着かないようだ。

1 デートらしく　　　2 デートそうで　　　3 デートなのに　　　4 デートのまま

4 バスに（　　　　　）としたとき、財布がないことに気がついた。

1 乗る　　　　　　　2 乗っている　　　　3 乗ろう　　　　　　4 乗れる

5 A「夏休みは何するの？」
　　B「旅行に行くつもりなんだ。特に計画は立てずに、向こうに着いてから、
　　　いろいろ（　　　　　）思っているよ。」

1 決まろうと　　　　2 決まらないと　　　3 決めようと　　　4 決めないと

6 （教室で）
　　先生「ええ、これから出席をとりますから、自分の（　　　　　）、「はい」と返
　　　　事をしてください。いいですか。」

1 名前を呼んだので　　　　　　　　　　2 名前を呼んだために
3 名前を呼んだが　　　　　　　　　　　4 名前を呼ばれたら

問題2 つぎの文の ___★___ に入る最もよいものを、1・2・3・4から一つえらびなさい。

1 彼は、何でも _____ _____ ___★___ _____ 積極的な人だ。

1 自分から　　　　　2 みようと　　　　　3 やって　　　　　4 する

2 この野菜ジュースは、_____ _____ ___★___ _____ から、毎日飲んでいます。

1 体にいい　　　　　2 けど　　　　　3 おいしくない　　　　　4 らしい

3 カバンのようによく使う物は _____ ___★___ _____ _____ いいんじゃないでしょうか。

1 安いものを　　　　　　　　　　　　2 少し高くてもいいものを

3 買うより　　　　　　　　　　　　　4 買った方が

4 ここは車の通りが多くてうるさい。それで、_____ _____ ___★___ _____いる。

1 どこか　　　　　2 引っ越そう　　　　　3 と思って　　　　　4 静かなところに

5 山下さんの部屋の壁には世界各国の写真が飾ってある。_____ _____ ___★___ _____ 部屋だ。

1 山下さん　　　　　2 旅行が　　　　　3 好きな　　　　　4 らしい

6 日本人は、魚をあまり食べなくなり、肉を食べるように _____ _____ ___★___ _____、実際はどうなのだろうか。

1 と　　　　　2 けれど　　　　　3 なった　　　　　4 言われている

STEP 3

～以上（は）　~하는 이상(에는)

접속　동사·い형용사의 보통형＋以上は'な형용사의 어간·명사＋である＋以上は

어떠한 이유를 들어 문장 후반부의 내용이 당연하다는 의미를 나타낸다. 「～以上(は)」 뒤에는 「～なければならない」, 「～はずだ」, 「～つもりだ」와 같은 강한 의지나 단정을 나타내는 표현이 자주 사용된다. 「～は」를 빼고 「～以上」로 사용하는 경우가 많다.

> **会社側が禁煙を決めた以上は、守るしかない。**
> 회사 측이 금연을 결정한 이상에는 지키는 수밖에 없다.

> **一人でやると言った以上、他の人には頼めない。**
> 혼자서 한다고 말한 이상 다른 사람에게는 부탁할 수 없다.

プチ会話

A どうしてもアメリカの大学に行きたいの？

B うん。ずっと前からの夢だったんだ。

A 行くと決めた以上は、必ず卒業できるように頑張らなきゃいけないよ。

B うん。わかってる。

ずっと 훨씬
決める 결정하다
必ず 반드시
卒業 졸업
反対 반대

質問 会話の内容と合っているものはどれか。

① アメリカの大学に行くために、必ず卒業しなければならない。

② アメリカの大学に行きたいが、卒業できるかはわからない。

③ Bさんはアメリカの大学に行きたいが、Aさんは反対している。

④ アメリカの大学に行くと決めたのだから、Bさんは必ず卒業できるように頑張るつもりだ。

〜一方で ~하는 한편으로

접속 동사·い형용사의 보통형＋一方で, な형용사의 어간·명사＋である＋一方で

두 가지의 서로 다른 일이 병행하여 이루어진다는 의미를 나타낸다. 즉, 앞에 제시된 내용과는 다른 측면이 있다는 것을 강조한다. 「〜で」를 빼고「〜一方」라고만 하는 경우도 많다.

彼女は歌手である一方で、俳優としても活躍している。
그녀는 가수인 한편 배우로서도 활약하고 있다.

彼は大学に通う一方で、学費のためにアルバイトをしている。
그는 대학에 다니는 한편으로 학비를 위해 아르바이트를 하고 있다.

プチ会話

A　Bさんは日本に住んでどのくらいですか。

B　もう5年になります。

A　日本での生活はどうですか。

B　楽しい一方で、大変なこともももちろんあります。

生活 생활
楽しい 즐겁다
実際 실제

質問　会話の内容と合っているものはどれか。

① Bさんの日本での生活は楽しいことよりも大変なことの方が多い。

② Bさんの日本での生活は楽しいこともあれば大変なこともある。

③ Bさんの日本での生活は楽しくて大変ではなかった。

④ Bさんは日本での生活は楽しいと思っていたが、実際は大変だった。

～上で ~한 후에

【接続】 동사의 た형+た上で, 명사+の+上で

순서를 나타내는 표현으로 「동사의 た형＋たあとで」와 비슷한 의미이다. 다만 단순한 순서가 아니라 앞의 내용이 뒷부분의 내용이 발생하기 위한 전제 조건이라는 의미를 강조한다는 점을 기억해 두자.

上司と相談した上でお返事します。
상사와 상담한 후에 답변하겠습니다.

アパートは部屋の中を見た上で借りるかどうかを決めたい。
아파트는 방 안을 본 후에 빌릴지 여부를 정하고 싶다.

プチ会話

A 林さんの送別会、参加できますか。
B 来週の金曜日でしたよね？
A はい。
B すみませんが、スケジュールを確認した上でまたお返事させていただきます。

送別会 송별회
参加 참가, 참석
金曜日 금요일
スケジュール 스케줄
確認 확인

質問 会話の内容と合っているものはどれか。

① Bさんはスケジュールを確認してからAさんに連絡するつもりだ。
② Bさんはスケジュールを確認する前にAさんに連絡するつもりだ。
③ Bさんはスケジュールを確認しなくてもAさんに連絡するつもりだ。
④ Bさんは忙しいので、送別会には行けない。

〜うちに　~하는 동안에, ~하는 사이에

[接続]　동사의 사전형＋うちに, い형용사·な형용사·명사의 명사 수식형＋うちに

지금의 상태가 유지되는 동안에 무언가 동작을 한다는 상황을 묘사한다.

どうぞ、温かいうちにお召し上がりください。
부디 따뜻할 때 드세요.

赤ちゃんが寝ているうちに、洗濯をした方がいいだろう。
아기가 자고 있는 동안 빨래를 하는 편이 좋을 거야.

プチ会話

A　家族で会うのは久しぶりですね。
B　本当ですね。娘さん、何歳になりましたか。
A　5歳になりました。
B　しばらく見ないうちに大きくなりましたね。

家族 가족
久しぶり 오래간만
何歳 몇 살, 몇 세
しばらく 오랫동안
大きい 크다
娘 딸
成長 성장
間 사이
太る 살이 찌다

質問　会話の内容と合っているものはどれか。

① Bさんがしばらく会わなかったので、Aさんの娘は成長した。

② Bさんがしばらく会わない間に、Aさんの娘は成長した。

③ Bさんがちょっと見ていない間に、Aさんの娘は大きくなった。

④ Aさんの娘は太っている。

〜おかげだ ~덕분이다

接続 동사·い형용사·な형용사·명사의 명사 접속형 + おかげだ

자신에게 유익한 이유를 제시한다. 주로 어떠한 이유로 인하여 좋은 결과가 발생할 때 사용한다.

> コンビニが近いおかげで、いつでも買い物ができる。
> 편의점이 가까운 덕분에 언제라도 물건을 살 수 있다.

> 毎日運動をしているおかげで体の調子がよくなりました。
> 매일 운동을 하는 덕분에 몸 상태가 좋아졌습니다.

プチ会話

A 先生、C大学に合格しました！

B それはおめでとう！

A 合格できたのも先生のおかげです。
　本当にありがとうございます。

B 私も本当にうれしいよ。

合格 합격
先生 선생(님)
うれしい 기쁘다
熱心に 열심히
教える 가르치다
感謝 감사
頼む 부탁하다

質問 会話の内容と合っているものはどれか。
① Aさんは先生が熱心に教えてくれたのに合格できなかった。
② Aさんは先生がいてもいなくても合格できたと思っている。
③ Aさんは先生が熱心に教えてくれたので合格できたと感謝して

　いる。
④ 先生はAさんが合格できるように大学に頼んだ。

〜かというと／かといえば ~인가 하면

동사·い형용사의 보통형＋(の)かというと／かといえば
な형용사·명사＋(なの)かというと／かといえば

어떤 일에 대하여 단정적으로 설명할 때 사용하는 표현이다.「〜かというと・〜かといえば」앞에는
「何(무엇), いつ(언제), だれ(누구), どちら(어느 쪽), どうして(어째서), なぜ(왜)」등의 의문사가 오는 경
우가 많다.

弟 はどちらかというと、父の方に似ている。
남동생은 어느 쪽인가 하면 아빠를 닮았다.

なぜ試験に失敗したかといえば、計画的に勉強しなかったからだ。
왜 시험에 실패했는가 하면 계획적으로 공부하지 않았기 때문이다.

プチ会話

A 実は最近、彼氏と別れたんです。

B え！ どうして？

A 何か不満があったのかというと、そういうわけではなかっ
たんですが…。

B それなら、どうして？

彼氏 남자친구
別れる 헤어지다
不満 불만
わけ 이유
悩む 괴로워하다, 고민하다
特に 특별히

質問 会話の内容と合っているものはどれか。
① Aさんの彼氏は悩んでいた。
② Aさんは彼氏に不満があったので別れた。
③ Aさんは彼氏に特に不満はなかったが、別れた。
④ Aさんの彼氏はAさんに不満があった。

問題1　つぎの文の（　　　　　）に入れるのに最もよいものを、1・2・3・4から一つえらびなさい。

1　ふるさとの母からの手紙を読んでいる（　　　　　）、思わず涙がこぼれた。

　　1 うちに　　　　　2 以上　　　　　3 一方で　　　　　4 さきに

2　収入が（　　　　　）、教育費などの支出は増えていくのだから大変だ。

　　1 減るせいで　　　　　　　　　　2 減る一方で

　　3 減るおかげで　　　　　　　　　4 減ったことで

3　この学校の学生である（　　　　　）、校則は守らなければならない。

　　1 以上　　　　　2 くらい　　　　　3 すえ　　　　　4 一方

4　実際に商品を見た（　　　　　）買うかどうか考えます。

　　1 一方で　　　　　2 おかげで　　　　　3 うちに　　　　　4 上で

5　なぜ彼女はケーキ作りが（　　　　　）、料理教室に通っているからだ。

　　1 上手な一方で　　　　　　　　　2 上手なだけではなく

　　3 上手なのかというと　　　　　　4 上手かもしれないと

6　A「風邪はもう大丈夫ですか。」

　　B「ええ、薬の（　　　　　）だいぶよくなりました。」

　　1 上で　　　　　2 おかげで　　　　　3 くせに　　　　　4 ようで

問題2　つぎの文の＿＿＿★＿＿に入る最もよいものを、1・2・3・4から一つえらびなさい。

1　一度やると ＿＿＿＿＿ ＿＿＿＿＿ ＿★＿ ＿＿＿＿＿ つもりだ。

　　　1 最後まで　　　　　2 やる　　　　　　3 決めた　　　　　4 以上は

2　両親が ＿＿＿＿＿ ＿＿＿＿＿ ＿★＿ ＿＿＿＿＿ 旅行に行きたいです。

　　　1 元気な　　　　　2 いろいろな　　　3 うちに　　　　　4 ところに

3　鈴木さんが ＿＿＿＿＿ ＿＿＿＿＿ ＿★＿ ＿＿＿＿＿ 仕事を無事に終わらせることができ
ました。

　　　1 この　　　　　　2 くれた　　　　　3 手伝って　　　　4 おかげで

4　最近、＿＿＿＿＿ ＿＿＿＿＿ ＿★＿ ＿＿＿＿＿ かというと、天気が悪かったからだ。

　　　1 値段が　　　　　　　　　　　　　2 どうして

　　　3 上がっているのは　　　　　　　　4 野菜の

5　どの大学を受験するか ＿＿＿＿＿ ＿＿＿＿＿ ＿★＿ ＿＿＿＿＿ 決めたいと思います。

　　　1 相談した　　　　2 両親　　　　　　3 上で　　　　　　4 とも

6　海外旅行は外国の文化を体験できることから、楽しいと ＿＿＿＿＿ ＿★＿ ＿＿＿＿＿
＿＿＿＿＿ 不安なこともある。

　　　1 ことが　　　　　2 感じる　　　　　3 一方で　　　　　4 多い

〜きる 완전히 ~하다, 몹시 ~하다

접속 동사의 ます형+きる

동작을 나타내는 「동사의 ます형」 뒤에 붙어서 '완료' 또는 '극단적 상황'의 의미를 강조하여 나타낸다. きる의 가능형인 きれる를 사용한 형태로도 많이 쓴다. 「동사의 ます형+きる(완전히 ~하다)」, 「동사의 ます형+きれる(완전히 ~할 수 있다)」, 「동사의 ます형+きれない(완전히 ~할 수 없다)」로 기억해 두자.

> 持っているお金は全部使いきってしまった。
> 가지고 있는 돈은 전부 다 써 버렸다.

> 料理の量があまりにも多くて食べきれなかった。
> 요리 양이 너무 많아서 다 못 먹었다.

プチ会話

A よかったらこのミカン、食べてください。

B こんなにたくさん、いいんですか。

A はい。実家の母が送ってくれたんですが、一人では食べきれなくて。

B ありがとうございます。

ミカン 귤
実家 본가
母 엄마
送る 보내다
分ける 나누다
あげる 주다
全部 전부

質問 会話の内容と合っているものはどれか。

① Aさんはミカンを全部食べられないと思ったので、Bさんに少し分けてあげた。

② Aさんは送られてきたミカンを全部食べるつもりだ。

③ Aさんはミカンがあまり好きじゃない。

④ AさんがあげたミカンをBさんは全部食べてしまった。

～ことだ ~해야 한다, ~하는 것이 좋다

접속 동사의 사전형＋ことだ

어떠한 행동을 할 필요가 있다고 충고하거나 권유할 때 사용하는 표현이다. 그렇게 할 필요가 없다는 경우에는 「동사의 ない형＋ことだ」의 형태로 나타낸다.

試験に合格したいなら、一生懸命勉強することだ。

시험에 합격하고 싶다면 열심히 공부해야 한다.

この薬を飲んでいるときは、絶対お酒は飲まないことです。

이 약을 먹을 때는 절대 술은 마시면 안 됩니다.

プチ会話

A 無理したらだめですよ。

B すみません。仕事のことが気になってしまって。

A 早く治したいなら、しっかり休むことですよ。

B わかりました。

質問 会話の内容と合っているものはどれか。

① Bさんは仕事がたまっているので、無理をしてでも会社に行く
つもりだ。

② Bさんは早く元気になるために、もっと休みたいと言った。

③ AさんはBさんに仕事のために休んではいけないと言った。

④ AさんはBさんに早く元気になるために、しっかり休んだ方が
いいと言った。

無理 무리

だめだ 안되다

気になる
신경 쓰이다

治す 낫다

しっかり
제대로, 확실히

たまる 쌓이다

元気だ
건강하다, 활기 차다

～ことにしている ~하기로 하고 있다

접속　동사의 사전형＋ことにしている

자신의 의지로 결청한 습관이나 예정을 나타낸다. '～하지 않기로 하고 있다'라는 부정 표현은 「동사의 ない형＋ない＋ことにしている」의 형태로 나타낸다.

毎朝 7 時に起きることにしている。
매일 아침 일곱 시에 일어나기로 하고 있다.

やせるために甘いものは食べないことにしている。
살을 빼기 위해서 단 것은 먹지 않기로 하고 있다.

プチ会話

A 今夜、一杯どうですか。

B すみません、今夜はちょっと…。

A 何か約束があるんですか。

B 健康のために最近は飲まないことにしているんです。

今夜 오늘밤
一杯 한잔
約束 약속
健康 건강
決める 정하다
医者 의사
我慢 참음

質問　会話の内容と合っているものはどれか。

① Bさんはお酒は飲まないと決めている。

② Bさんはお酒を飲んではいけないと医者に言われている。

③ Bさんは最近お酒を我慢しているので、とても飲みたがっている。

④ Bさんはお酒は飲めないが飲み会には行くつもりだ。

～ことになっている ~하게 되어 있다

접속 동사의 사전형＋ことになっている

주로 사회나 회사 등의 단체에서 정한 규칙이나 관습을 나타낸다. '～하지 않기로 되어 있다'라는 부정 표현은 「동사의 ない형＋ない＋ことになっている」의 형태로 나타낸다.

> 明日の会議は２時半に始まることになっている。
>
> 내일 회의는 두 시 반에 시작하기로 되어 있다.
>
> ここには駐車できないことになっています。
>
> 이곳에는 주차할 수 없게 되어 있습니다.

プチ会話

A　すみませんが、このゴミは持って帰ってくれませんか。

B　どうしてですか。

A　燃えないゴミは毎週月曜日に出すことになっているんです。

B　そうでしたか。まだ引っ越してきたばかりで、すみません。

ゴミ 쓰레기
燃える 타다
毎週 매주
月曜日 월요일
出す 내다
ルール 규칙
捨てる 버리다

質問　会話の内容と合っているものはどれか。

① Bさんは燃えないゴミをわざと捨てた。
② 燃えないゴミは毎週月曜日に出すルールだ。
③ 燃えないゴミは月曜日に出してはいけない。
④ Aさんはこれからゴミを捨てようと思っている。

〜ことはない ~할 필요는 없다

접속 　동사의 사전형 + ことはない

그럴 필요가 없다고 다짐하거나 충고할 때 사용한다. 회화에서는 「ことは」의 조사 「は」를 생략하는 경우도 많다.

> 時間はまだ十分あるから急ぐことはありません。
> 시간은 아직 충분히 있으니 서두를 필요는 없습니다.

> お父さんの病気はすぐによくなるから、何も心配することはない。
> 아버지 병은 금방 좋아질 테니 아무것도 걱정할 필요는 없다.

プチ会話

A　まだ落ち込んでるの？
B　だって…。
A　気にすることないよ。誰でも失敗はするんだから。
B　なぐさめてくれてありがとう。

落ち込む 침울해지다

気にする
신경을 쓰다

誰 누구

失敗 실패

なぐさめる
위로하다

質問 질문

励ます 격려하다

伝える 전하다

質問　会話の内容と合っているものはどれか。

① Aさんは Bさんに気にしていることはないか質問した。
② Aさんは Bさんに少しは気にした方がいいとアドバイスした。
③ Aさんは気にしなくて大丈夫だと Bさんを励ました。
④ Aさんは Bさんに気にしていることはないと伝えた。

～さえ ~조차

接続 　명사＋さえ

극단적이며 의외라는 느낌이 드는 표현을 예를 들어 나타낸다. 풀어서 설명하자면, 앞에 오는 것까지도 그러하니, 다른 것은 더욱 더 말할 필요도 없다는 의미를 나타낸다.

다음과 같은 키워드로 기억해두자. ①「～も」로 대체할 수 있다. ② 문장 뒤에는 주로 부정적인 내용이 뒤따른다. ③ 사람을 나타내는 표현 뒤에는 「～でさえ」로 쓰인다.

今日は忙しくて、ご飯を食べる時間さえなかった。

오늘은 바빠서 밥을 먹을 시간조차 없었다.

私は料理が下手で、卵焼きさえ作れない。

나는 요리가 서툴러서 달걀말이조차 못 만든다.

プチ会話

A 日本出張はどうだった？

B 忙しすぎてコンビニに行く時間さえなかったよ。

A え！ じゃあ、お願いしてたものは？

B それは空港で買ってきたから大丈夫。

出張 출장

コンビニ 편의점

お願いする
부탁하다

空港 공항

ショッピング 쇼핑

お土産
여행 선물, 기념품

質問 会話の内容と合っているものはどれか。

① Bさんはとても忙しくてコンビニに行く時間もなかった。

② Bさんはとても忙しくてコンビニに行く時間しかなかった。

③ Bさんはショッピングをするために日本に行った。

④ Bさんはとても忙しくて、Aさんにお土産を買って来られなかった。

問題1 つぎの文の（　　　　　）に入れるのに最もよいものを、1・2・3・4から一つえらびなさい。

1 A「はい、資料はこれで全部です。」

B「ええっ？ こんなにたくさんの資料、1週間じゃ（　　　　　）よ。」

1 読みかけます 　　　　　　　　　　　　　2 読みつづけます

3 読みきれません 　　　　　　　　　　　　4 読みだせません

2 A「私のせいでこんなことになっちゃって。本当にごめん。」

B「あなたが悪いわけじゃないので、そんなに謝る（　　　　　）よ。」

1 ことはない 　　　　2 ことはある 　　　　3 ことだろう 　　　　4 ことである

3 健康が心配なら、好ききらいをしないで何でも食べる（　　　　　）。

1 そうだ 　　　　　　2 せいだ 　　　　　　3 ことだ 　　　　　　4 おかげだ

4 休みの日は家で仕事を（　　　　　）ことにしているが、急ぎの仕事が入ったので、家に持って帰ってきた。

1 しない 　　　　　　2 しよう 　　　　　　3 して 　　　　　　　4 した

5 A「山田さんは、待ち合わせに30分も遅れたのに、電話（　　　　　）して
こなかったんだよ。」

B「そう？ それはひどいね。」

1 ばかり 　　　　　　2 だけ 　　　　　　　3 こそ 　　　　　　　4 さえ

6 旅行中には、有名な日本料理店で食事をしたり、料理を作っているところを見学したり（　　　　　）ことになっています。

1 し 　　　　　　　　2 する 　　　　　　　3 しよう 　　　　　　4 した

問題2 つぎの文の___★___に入る最もよいものを、1・2・3・4から一つえらびなさい。

1 今日は3時に東京駅で _____ _____ ___★___ _____ ので、そろそろ出ます。

1 ことに 2 会う 3 なっている 4 友達と

2 50分という限られた時間では、授業の _____ _____ ___★___ _____ ある。

1 ところが 2 内容を 3 説明し 4 きれない

3 そのカバンは確かに便利そうだが、_____ _____ ___★___ _____ ことはない。

1 わざわざ買う 2 のだから 3 なくても 4 困らない

4 これが口で言うほど簡単なことか _____ _____ ___★___ _____ ことだ。

1 まず自分で 2 どうか 3 やって 4 みる

5 天気のいい日は一駅前で _____ _____ ___★___ _____ いるが、これがなかなか運動になる。

1 家まで 2 歩いて帰る 3 降りて 4 ことにして

6 最初は怖くて _____ _____ ___★___ _____ が、今では50メートルも泳げるようになった。

1 さえ 2 こと 3 プールに入る 4 できなかった

143

097

～させていただく ~하겠다

접속 　동사 사역형의 て형＋て＋いただく

자신이 어떠한 행동을 하겠다는 의사를 상대방에게 겸손하게 전달하는 표현이다.

> 今日はお先に失礼させていただきます。
> 오늘은 먼저 실례하겠습니다.

> その件については、私の方から説明させていただきます。
> 그 건에 대해서는 제게 설명하게 해 주세요.

プチ会話

A 明日の会議なんだけど、Bさんも出てもらえないかな。

B はい。ぜひ出席させていただきます。

A ありがとう。資料は後でメールで送っておくから。

B 承知しました。

出席 출석, 참석
資料 자료
出る 나오(가)다
承知する 알다
命令 명령
伝える 전하다

質問 会話の内容と合っているものはどれか。

① AさんはBさんに会議に出席するよう命令した。

② AさんはBさんを会議に出席させなかった。

③ BさんはAさんに会議に出席してもいいか質問した。

④ BさんはAさんに会議に出席したいと伝えた。

〜せいで・〜せいか ~탓에, ~때문에 · ~탓인지

> **접속** 동사·い형용사·な형용사·명사의 명사접속형＋せいで / せいか

「〜せいで」는 어떠한 일이 원인이 되어 좋지 않은 결과가 생겼다는 의미를 나타낸다. 반대로 어떠한 일이 원인이 되어 뒤 문장에 좋은 결과가 생겼다고 할 때는 「〜おかげで」를 사용한다. 「〜せいか」는 「せい(탓)」에 か를 붙여 분명하지 않은 이유나 원인이 없이 자기 자신만 그렇게 느끼는 경우를 나타낸다. 「〜せいで」와 달리 나쁜 결과뿐 아니라 좋은 결과에도 사용할 수 있다. 「気のせいか(기분 탓인지)」로 기억해 두자.

熱があるせいで何を食べてもおいしくない。

열이 있는 탓에 무엇을 먹어도 맛있지 않다.

雨のせいで、楽しみにしていた旅行が中止になった。

비 때문에 기대하고 있던 여행이 중지되었다.

プチ会話

A ちょっと休んでから行ってもいいかな。

B はい。もちろんです。

A 年のせいか、最近疲れやすくてね。

B そんな、まだまだお若いじゃないですか。

> もちろん 물론
> 疲れる 지치다, 피곤하다
>
> まだまだ 아직
> 若い 젊다
> 年を取る 나이를 먹다

質問 会話の内容と合っているものはどれか。

① 年を取ったので、Ａさんは最近疲れやすい。

② 年を取ったためか、Ａさんは最近疲れやすい。

③ まだ若いのに、Ａさんは最近疲れやすい。

④ ＡさんもＢさんももう若くない。

145

〜だけでなく ~뿐 아니라

接続　동사·い형용사의 보통형＋だけでなく, な형용사·명사＋である＋だけでなく

그것뿐 아니라 다른 것도 더 있다는 '추가, 첨가'의 의미를 나타낸다. 즉, 범위를 보다 넓게 확대시키는 강조 용법이다.「〜だけでなく」는「〜だけではなく」로 나타내기도 한다.

漢字は中国だけでなく、日本でも使われている。
한자는 중국뿐만 아니라 일본에서도 사용되고 있다.

中山さんは、国内だけでなく、海外でも活躍している。
나카야마 씨는 국내뿐 아니라 해외에서도 활약 중이다.

プチ会話

A　パクさんは本当に日本語が上手ですよね。

B　そうですね。でもパクさんは英語の方がもっと得意らしいですよ。

A　日本語だけでなく英語も話せるんですか。

B　そうみたいですよ。うらやましいですよね。

上手だ 잘하다, 능숙하다
得意だ 잘하다, 자신 있다
話す 이야기하다
うらやましい 부럽다
外国語 외국어

質問　会話の内容と合っているものはどれか。

① パクさんは英語より日本語の方が得意だ。
② パクさんは外国語は日本語だけできる。
③ パクさんは英語も日本語も話せる。
④ パクさんは英語も日本語も上手じゃない。

～だって ～도, ～라도

접속 명사＋だって

어떤 대상을 예로 들어 나타내는 표현이다. 특히, 의문사에 붙는 경우에는 모든 것이 예외없이 전부 그러하다는 전면 긍정의 의미를 나타낸다.

> ## そんなこと、誰_{だれ}だって知_しってるよ。
> 그런 건 누구든 알고 있어.
>
> ## 結果_{けっか}だけがすべてじゃなくて過程_{かてい}だって大切_{たいせつ}だ。
> 결과만이 전부가 아니라 과정도 중요하다.

プチ会話

A Bさん、このデータ、計算_{けいさん}が合_あわないんですが。
B 本当_{ほんとう}ですか。すぐ確認_{かくにん}します。
A Bさんがミスするなんてめずらしいですね。
B 僕_{ぼく}だって人間_{にんげん}ですから、間違_{まちが}うこともありますよ。

データ 데이터, 자료
計算_{けいさん} 계산
合_あう 맞다
ミスする 실수하다
めずらしい
신기하다, 별일이다
人間_{にんげん} 인간
間違_{まちが}う 틀리다
完璧_{かんぺき}だ 완벽하다

質問 会話の内容と合っているものはどれか。
① Bさんは時々_{ときどき}ミスをする。
② いくら完璧_{かんぺき}なBさんでも間違_{まちが}うことはある。
③ 会社_{かいしゃ}ではいつもBさんだけミスをする。
④ Bさんは今_{いま}まで一度_{いちど}もミスをしたことがない。

たとえ～ても　비록 ~해도, 설령 ~할지라도

接続　たとえ＋동사의 て형＋ても, い형용사 어간＋くても, な형용사 어간·명사＋でも

만약의 경우를 가정하여 자신의 의지를 강조하는 문장이 뒤에 온다.

> **たとえ失敗しても、あきらめることなくまた挑戦する。**
> 비록 실패하더라도 포기하지 말고 또 도전한다.
>
> **たとえ貧しくても、親子一緒に暮らせるのが一番だ。**
> 비록 가난하더라도 부모자식 함께 살 수 있는 것이 가장 좋다.

プチ会話

A　そんなに落ち込まないでよ。

B　思ったより全然できなくて…。

A　たとえ今回落ちたとしても、また次があるよ。

B　それはそうなんだけど…。

落ち込む 침울하다
今回 이번
落ちる 떨어지다
次 다음

チャンス 기회
難しい 어렵다
確信 확신

がっかり 실망

質問　会話の内容と合っているものはどれか。

① もし今回合格できなくても、まだチャンスはある。

② もし今回落ちてしまったら、次のチャンスはない。

③ 試験が難しかったので、AさんはBさんが試験に落ちると確信
している。

④ Bさんは試験に落ちてとてもがっかりしている。

〜たびに ~할 때마다

접속 | 동사의 사전형＋たびに／명사＋の＋たびに

어떤 동작을 할 때는 항상 그 일이 따라다닌다는 의미를 나타낸다. 다만 습관적인 동작의 반복을 나타내는 데는 사용하지 않는다.

この写真を見るたびに家族のことを思い出す。
이 사진을 볼 때마다 가족을 떠올린다.

テストのたびに緊張する。
테스트 때마다 긴장한다.

プチ会話

A　この歌、懐かしいですね。
B　久しぶりに聞きました。
A　この歌を聞くたびに、学生時代を思い出しますね。
B　私もです。

歌 노래
懐かしい 그립다
久しぶりに
오랜만에
学生時代 학창시절

質問　会話の内容と合っているものはどれか。
① この歌を聞くと、いつも学生時代を思い出す。
② この歌は学生時代についての歌だ。
③ この歌を聞く時は、いつも学生時代の友達と一緒だ。
④ この歌は最近の歌だ。

問題1　つぎの文の（　　　　　）に入れるのに最もよいものを、1・2・3・4から一つえらびなさい。

1 電車が遅れた（　　　　　）会議に遅刻してしまった。

1 はずで　　　　　2 一方で　　　　　3 せいで　　　　　4 場合

2 あの会社の新しい工場は、設備（　　　　　）周りの環境もすばらしい。

1 だけでも　　　　2 だけでなく　　　　3 だけなので　　　　4 だけなら

3 たとえどんなに（　　　　　）、我が家より楽しいところはない。

1 せまくても　　　2 せまいのに　　　3 せまければ　　　4 せまいなら

4 （メールで）
山下さん、すてきなプレゼント、ありがとうございました。かわいいスマホケースで、とても気に入りました。大切に（　　　　　）。

1 使ってくださいます　　　　　　　2 使わせていただきます

3 使っていらっしゃいます　　　　　4 使ってみましょう

5 最近のスマホは、写真がとれるだけじゃなくて、編集（　　　　　）簡単にできるんだよ。

1 だけ　　　　　2 にまで　　　　　3 よりは　　　　　4 だって

6 A「最近、鈴木さん、会う（　　　　　）忙しいって言ってるけど。そんなに忙しいの？」
B「ええ？ 言ってるほどじゃないよ。」

1 うちに　　　　2 ぶり　　　　　3 たびに　　　　　4 だけに

問題2　つぎの文の＿＿＿★＿＿＿に入る最もよいものを、1・2・3・4から一つえらびなさい。

1　そんなつまらないことは ＿＿＿＿＿ ＿＿★＿＿ ＿＿＿＿＿ ＿＿＿＿＿ 言ってしまった。

　　　1 いいとか　　　　　2 本心とは違う　　　3 どうだって　　　4 ことを

2　出張に ＿＿＿＿＿ ＿＿＿＿＿ ＿＿★＿＿ ＿＿＿＿＿ 先週から改装中なので、今回は　別のホテルに泊まることにした。

　　　1 Aホテルが　　　　2 泊まっている　　　3 たびに　　　　　4 行く

3　部下「課長、すみません。明日、＿＿＿＿＿ ＿＿＿＿＿ ＿＿★＿＿ ＿＿＿＿＿ のですが。」
　　　課長「明日か。うーん。ちょっと急で困るんだけど。」

　　　1 仕事を休ませて　　　　　　　　　2 いただきたい

　　　3 ので　　　　　　　　　　　　　　4 用事がある

4　北海道は冬のスポーツが楽しめる ＿＿＿＿＿ ＿＿★＿＿ ＿＿＿＿＿ ＿＿＿＿＿ さまざまな温泉も楽しめます。

　　　1 ことで　　　　　　　　　　　　　2 スキーやスノーボード

　　　3 有名ですが　　　　　　　　　　　4 だけでなく

5　この辺は、静かな住宅地で自然も素晴らしいが、＿＿＿＿＿ ＿＿＿＿＿ ＿＿★＿＿ ＿＿＿＿＿ 1時間半かかる。

　　　1 会社まで　　　　2 交通が　　　　　3 せいで　　　　　4 不便な

6　A「もし大きな地震が起きたら、この建物はどうなるのでしょう？」
　　　B「たとえ大きな地震が ＿＿＿＿＿ ＿＿＿＿＿ ＿＿★＿＿ ＿＿＿＿＿ ことはありません。」

　　　1 心配する　　　　2 この建物なら　　　3 起きたとしても　　　4 丈夫なので

～だらけ ~투성이

접속 명사＋だらけ

어떠한 대상이 매우 많다는 느낌을 표현한다. 주로 불결하거나 바람직하지 못한 것이 많이 있음을 강조한다.

> **子どもたちは泥だらけになって遊んでいる。**
> 아이들은 흙 투성이가 되어 놀고 있다.

> **彼の答案は間違いだらけだった。**
> 그의 답안은 오답 투성이였다.

プチ会話

A おじゃまします。

B どうぞ。

A うわぁ。この部屋、ゴミだらけじゃないですか。

B すみません。最近、ちょっと忙しくて。

部屋 방
ゴミ 쓰레기
掃除 청소
いくつ 몇 개
いっぱい 가득

質問 会話の内容と合っているものはどれか。

① AさんはBさんの部屋を掃除するために来た。

② Bさんの部屋にはゴミがいくつかある。

③ Bさんの部屋はゴミでいっぱいだ。

④ Bさんの部屋はゴミが一つもない。

～って ① ~라고 ② ~라는 ③ ~는 ④ ~라고 한다

접속　명사+って, 전달/전문의 용법으로 사용되는 경우에는 동사·い형용사·な형용사·명사+って

「って」는 조사이며 의미와 용법이 다양하다. 회화에서 자주 사용되므로 다음 용례를 잘 익혀 두자.

① ~라고(인용): 어떤 내용을 인용한다. (= と)

② ~라는(설명): 앞에 나오는 단어나 문장의 내용을 설명하여 나타낸다. (= という)

③ ~는(화제 제시): 어떤 대상을 화제로 거듭하여 나타내는 일종의 강조 표현이다. 대화의 내용에 동조하거나 감탄할 때, 대화의 대상에 궁금한 것이 있는 경우에 사용한다. (= というものは)

④ ~라고 한다(전달/전문): 어떠한 사실을 전달할 때 사용한다. (= そうだ)

今日は天気がよくなるって言ってたよ。 오늘은 날씨가 좋아진다고 하던데. 인용

さっき、木村さんって人が訪ねてきましたよ。
아까 기무라 씨라는 사람이 찾아 왔어요. 설명

やっぱり旅行って楽しいですね。 역시 여행은 즐겁네요. 화제 제시

今日、鈴木は用事があって、来られないって。
오늘 스즈키는 볼일이 있어서 못 온대. 전달/전문

プチ会話

A お待たせ。

B 私もちょうど今、着いたところ。

A 井上さんは？

B 少し遅れるって。

待つ 기다리다
ちょうど 마침
着く 도착하다
遅れる 늦다
遅刻 지각
約束 약속
守る 지키다
連絡 연락

質問 会話の内容と合っているものはどれか。

① 井上さんは遅刻するかもしれない。

② 井上さんはいつも約束を守らない。

③ Aさんは井上さんは少し遅れるだろうと思っている。

④ 少し遅れると井上さんからBさんに連絡があった。

🌱 105

〜てからでないと ~하고 나서가 아니면

접속 　동사의 て형 + てからでないと

앞의 문장의 일이 실행되지 않으면, 뒤에 오는 내용을 실행하는 것이 곤란하거나 불가능하다는 의미를 나타낸다. 「〜てからでないと」는 「〜てからでなければ」의 형태로 바꿔쓸 수 있다.

> この仕事が終わってからでないと、帰ることはできない。
> 이 일이 끝나고 나서가 아니면 집에 갈 수 없다.
>
> この件は、上司の意向を聞いてからでないと、決められません。
> 이 건은 상사의 의향을 묻지 않고는 결정할 수 없습니다.

残業 야근, 잔업
作業 작업
終わる 끝나다
無理 무리

プチ会話

A　Bさん、今日は残業ですか。

B　はい。この作業が終わってからでないと帰れないんです。

A　あまり無理しないでくださいね。

B　ありがとうございます。

質問 会話の内容と合っているものはどれか。
① Bさんは作業が終わる前に帰らなければならない。
② Bさんは作業が終わっても終わらなくても今日は帰れない。
③ Bさんは作業が終わらなければ帰れない。
④ Bさんは作業が終わってからでは帰れない。

154

〜て仕方がない

너무 ~하다, 견딜 수 없을 정도로 ~하다

접속 | 동사·い형용사·な형용사의 て형＋仕方がない

어떤 상태가 매우 강하거나 심각하다는 것을 강조하여 나타낸다. 「寂しい(쓸쓸하다), 気になる(신경 쓰이다), 楽しい(즐겁다), かわいい(귀엽다), 痛い(아프다), 暑い(덥다), 寒い(춥다), 眠い(졸리다), 欲しい(갖고 싶다), 好きだ(좋아하다), いやだ(싫어하다)」 등의 상태를 나타내는 표현 뒤에 붙는다.

> テストの結果が気になって仕方がない。
> 시험 결과가 너무 신경 쓰인다.

> 夕べは徹夜したので、今朝は眠くて仕方がない。
> 어젯밤에는 밤샜기 때문에 오늘 아침은 졸려 죽겠다.

プチ会話

A　Bさんの彼氏、今アメリカにいるんですって？

B　そうなんです。もう一年になります。

A　それはさみしいですね。

B　はい。毎日会いたくて仕方がないです。

さみしい
서운하다, 쓸쓸하다
毎日 매일
会う 만나다
方法 방법

質問　会話の内容と合っているものはどれか。

① Bさんは彼氏にとても会いたがっている。

② Bさんは彼氏に会えないのは仕方がないと思っている。

③ Bさんは彼氏に会う方法がない。

④ Bさんは彼氏に会えなくても大丈夫だ。

～てもおかしくない ~해도 이상하지 않다

접속　동사의 て형+てもおかしくない

어떤 일이 발생하는 것이 전혀 이상할 것이 없을 정도로 너무나 당연하다는 상황을 나타낸다.

> この車はいつ故障してもおかしくない状態だ。
> 이 차는 언제 고장나도 이상하지 않은 상태이다.
>
> どちらが勝ってもおかしくない試合だった。
> 어느 쪽이 이겨도 이상하지 않은 시합이었다.

プチ会話

A 先生、父の具合はどうでしょうか。
B 大変申し上げにくいのですが…。
A そんなに悪いんですか。
B はい。いつまた倒れてもおかしくない状態です。

具合 상태
大変 대단히
申し上げる
말씀드리다
悪い 나쁘다
倒れる 쓰러지다
状態 상태
長い 오래다, 길다
生きる 살다
不思議だ
이상하다, 신기하다
笑う 웃다

質問　会話の内容と合っているものはどれか。
① Aさんの父親の具合は思ったよりも悪いが、倒れても大丈夫だ。
② Aさんの父親はあまり長く生きられない。
③ Aさんの父親はいつ倒れても不思議ではないほど具合が悪い。
④ Aさんの父親は今度倒れたら笑うことができない。

〜とおり／どおり ~대로

접속 동사의 사전형/た형＋とおり, 명사＋の＋とおり, 명사＋どおり

상태와 방법이 똑같다는 의미를 나타내며 「予定(예정), 指示(지시), 命令(명령), 計画(계획), 思う(생각하다), 予想する(예상하다), 考える(생각하다)」 등의 단어 뒤에 오는 경우가 많다. 접속의 경우, 동사 뒤에 붙을 때는 「予想した＋とおり(예상했던 대로)」, 명사 뒤에 붙을 때는 「予想＋どおりに(예상대로)」와 같은 형태로 기억해 두면 좋다.

今回は私の言うとおりにしてください。
이번에는 내가 말하는 대로 해 주세요.

試合の結果はみんなの予想どおりだった。
시합 결과는 모두의 예상대로였다.

プチ会話

A 留学の準備はどうですか。

B 予定どおりに進んでいます。

A それはよかったです。何か手伝えることがあったら
   言ってくださいね。

B ありがとうございます。

留学 유학
準備 준비
進む 진행되다
何か 무언가
手伝う 돕다
変わる 바뀌다

質問 会話の内容と合っているものはどれか。

① Bさんは留学から帰ってくるところだ。
② Bさんの留学の準備は予定していたように進んでいる。
③ Bさんの留学の準備は予定よりも遅れている。
④ Bさんは留学するつもりだったが、予定が変わった。

問題1　つぎの文の（　　　　　）に入れるのに最もよいものを、1・2・3・4から一つえらびなさい。

1　海の青くてきれいな海水浴場だが、観光客が帰った後はいつもゴミ（　　　　　）だ。

1 ばかり　　　　　　2 だらけ　　　　　　3 くらい　　　　　　4 おかげ

2　A「ねえ、（　　　　　）どんな人？」
B「とても親切で明るい人だよ。」

1 鈴木さんが　　　　2 鈴木さんだけ　　　3 鈴木さんでも　　　4 鈴木さんって

3　A「大山さん。早く来ないかな。」
B「まったく、時間（　　　　　）来たことがないんだから。」

1 あいだに　　　　　2 うえに　　　　　　3 たびに　　　　　　4 どおりに

4　A「空が暗くなってきましたね。」
B「そうですね。雨がいつ（　　　　　）ですね。」

1 降ってもおかしくない　　　　　　　　2 降ってはいけない

3 降ったらいい　　　　　　　　　　　　4 降ったことがない

5　このカメラはプロ用なので、撮影の知識や技術を（　　　　　）うまく
使えません。

1 覚えたからには　　　　　　　　　　　2 覚えたかと思ったら

3 覚えてからでないと　　　　　　　　　4 覚えるあまり

6　久しぶりに友達に会って朝までお酒を飲んだりカラオケで歌ったりした。
それで今は、眠くて（　　　　　）がない。

1 はず　　　　　　　2 しかた　　　　　　3 とおり　　　　　　4 くらい

問題2 つぎの文の ___★___ に入る最もよいものを、1・2・3・4から一つえらびなさい。

1 本製品は、説明書に _____ _____ ___★___ _____ 簡単に使うことができます。

1 とおりに　　　　　2 すれば　　　　　　3 だれでも　　　　　4 書いてある

2 A「今日のパーティーに山下さんも来るのでしょうか。」
B「山下さんは _____ _____ ___★___ _____ いましたよ。」

1 来られない　　　　2 今日は　　　　　　3 って　　　　　　　4 言って

3 昨日、家に商品が届いたが、_____ _____ ___★___ _____ だった。それで
返品することにした。

1 新品の　　　　　　2 なのに　　　　　　3 はず　　　　　　　4 傷だらけ

4 実際の商品を _____ _____ ___★___ _____ できない。

1 決める　　　　　　　　　　　　　　　2 ことは
3 買うか買わないか　　　　　　　　　　4 見てからでないと

5 A「先月からバドミントンを始めたんですが、_____ _____ ___★___ _____
よ。」
B「バドミントンですか。新しい楽しみができてよかったですね。」

1 これが　　　　　2 仕方が　　　　　　3 楽しくて　　　　　4 ないんです

6 あのチームは他のチームより若く、パワーも体力もある。今回の _____ _____
___★___ _____ はずだ。

1 チームの　　　　　2 優勝しても　　　　3 全国大会で　　　　4 おかしくない

～としたら／とすれば ～라고 한다면

접속 동사·い형용사·な형용사·명사의 보통형＋としたら／とすれば

어떤 일이 실현된다고 가정하거나, 어떤 일이 사실이라고 가정하는 표현이다. 「もし(혹시)」와 함께 사용하는 경우가 많다.

もしそれがうそだとしたら、大変なことになる。
만약 그게 거짓말이라고 한다면 큰일이 난다.

大学を受験するとしたら、どんな準備が必要でしょうか。
대학을 수험한다면 어떤 준비가 필요할까요?

プチ会話

A 宝くじに当たったとしたら何がしたいですか。
B 私は家を建てたいですね。
A どんな家に住みたいですか。
B 庭が広くてプールがある家に住みたいです。

宝くじ 복권
当る 당첨되다
建てる 세우다, 짓다
庭 마당, 정원

プール 수영장
分ける 나누다
場合 경우

質問 会話の内容と合っているものはどれか。

① Aさんは宝くじに当たったので、Bさんにも少し分けてあげようと思っている。
② 宝くじに当たった場合、Bさんは家を建てたいと思っている。
③ 宝くじに当たったので、Bさんは家を建てたいと思っている。
④ Bさんはもうすぐ新しい家を建てるつもりだ。

〜として ~로서

접속 명사＋として

'〜라는 입장에서'의 의미를 나타내며, 주로 신분이나 자격을 강조한다. 「〜として」 뒤에 명사가 올때는
조사 の를 붙여서 「〜としての＋명사(~로서의 ~)」의 형태로 나타낸다.

彼は現在、テレビアナウンサーとして活動している。
그 사람은 현재 텔레비전 아나운서로서 활동 중이다.

日本はアジアの一員としての役割を果さなければならない。
일본은 아시아 일원으로서의 역할을 해야만 한다.

プチ会話

A 実は来月から日本に住むことになりました。

B え！ 留学するんですか。

A いいえ。エンジニアとして日本の会社で働く予定です。

B それはおめでとうございます。

来月 다음 달
エンジニア
엔지니어
働く 일하다
職業 직업

質問 会話の内容と合っているものはどれか。

① Aさんはエンジニアになるために日本で勉強する予定だ。

② Aさんは日本でエンジニアの仕事をする予定だ。

③ Aさんの今の職業はエンジニアだ。

④ Aさんは来月、留学する予定だ。

🌱 111

〜ないうちに ~하기 전에

접속 동사의 ない형+ないうちに

보통 '~하기 전에'라고 해석하며, 지금의 상태가 다른 상태로 변하기 전에 어떤 동작을 한다는 시간적 상황을 나타낸다.

> **暗くならないうちに家に帰りましょう。**
> 어두워지기 전에 집에 돌아갑시다.

> **寒くならないうちにストーブを出しておく。**
> 추워지기 전에 난로를 내놓는다.

プチ会話

A ご飯できたわよ。

B わぁ、おいしそう！

A 冷めないうちに早く食べなさい。

B いただきます。

ご飯 밥
冷める 식다
熱い 뜨겁다
冷ます 식히다
冷たい 차갑다

質問 会話の内容と合っているものはどれか。

① Aさんはご飯が冷める前に食べるように言った。
② Aさんはご飯が熱いので、冷めてから食べるように言った。
③ Aさんはご飯が熱いので、冷ましながら食べるように言った。
④ 今日のご飯は冷たくした方がおいしい。

〜に関して　~에 관해서

接続　명사＋に関して

주제로 제시하고자 하는 내용을 거론하는 표현이다. 「〜について」보다 격식을 차린 표현으로 논문이나 보고서 등에서 많이 사용한다. 뒤에 명사가 올 때는 「〜に関する＋명사」의 형태로 쓰인다.

> **アジアの経済に関して論文を書く。**
> 아시아 경제에 관해 논문을 쓴다.
>
> **この本には旅行に関する情報がたくさんある。**
> 이 책에는 여행에 관한 정보가 많이 있다.

プチ会話

A　Bさん、ちょっとお聞きしたいことがあるのですが。

B　どうしましたか。

A　部長が退職されるって、本当ですか。

B　その件に関しては、私の口からはまだ何も言えないんです。

部長 부장(님)
退職 퇴직
その件 그 건
口 입
何も 아무것도
理由 이유
関係 관계, 관여

質問　会話の内容と合っているものはどれか。

① Bさんは部長を辞めさせようとしている。
② 部長の退職についてBさんは何も知らない。
③ Bさんは部長の退職理由に関係している。
④ 部長の退職についてBさんは何か知っている。

〜に比べて　~와 비교해서, ~에 비해

접속　명사+に比べて

두 가지를 서로 비교하여 정도의 차이가 있다는 것을 강조하여 나타낸다. 「〜より(〜보다)」와 같은 의미이다.

> 去年に比べて、今年の冬はかなり寒い。
> 작년에 비해 올해 겨울은 꽤 춥다.

> そばは、ラーメンに比べてカロリーが低い。
> 메밀국수는 라면에 비해 칼로리가 낮다.

プチ会話

A　最近、外国人観光客が増えましたよね。
B　去年に比べて1.5倍も増えたそうですよ。
A　そんなに増えてるんですか。
B　今年はオリンピックもありますし、まだまだ増えそうですね。

外国人 외국인
観光客 관광객
増える 늘다, 증가하다
オリンピック 올림픽
少ない 적다
数 수
減る 줄다

質問　会話の内容と合っているものはどれか。
① 去年はよかったが、今年は外国人観光客が少ない。
② 去年から外国人観光客が増え始めた。
③ 去年よりも外国人観光客の数が増えている。
④ 去年よりも外国人観光客の数が減っている。

〜にしたがって ~에 따라

접속 동사의 사전형+にしたがって, 명사+にしたがって

한쪽이 변화함에 따라 다른 쪽도 변화한다는 의미를 나타낸다. 인과관계를 나타내는 표현으로 기억해 두면 좋다.

経済が発展するにしたがって、人々の暮らしも豊かになってきた。
경제가 발전함에 따라 사람들의 생활도 윤택해졌다.

医学が進歩するにしたがって平均寿命が延びた。
의학이 진보하면서 평균 수명이 늘었다.

プチ会話

A 日本語学校の授業はどうですか。

B 最初はおもしろかったんですが…。

A どうかしたんですか。

B クラスが上がるにしたがって、段々難しくなってきたので 大変です。

授業 수업	
最初 최초, 처음	
おもしろい 재미있다	
クラス 학급, 반	
上がる 오르다	
段々 점점	
〜につれて ~에 따라	
上 위	

質問 会話の内容と合っているものはどれか。

① クラスが上がると授業は難しくなくなった。

② クラスが上がったのに授業は簡単だ。

③ クラスが上がるにつれて授業も難しくなってきた。

④ 上のクラスに上がることは難しい。

問題1 つぎの文の（　　　　　　）に入れるのに最もよいものを、1・2・3・4から一つえらびなさい。

1 予定どおりだ（　　　　　　）、飛行機は6時に着くはずだ。

1 とすれば　　　　　2 というより　　　　　3 といっても　　　　　4 ところで

2 来週、社長がアメリカに出張するので、私も通訳（　　　　　　）一緒に行くことになりました。

1 にして　　　　　2 として　　　　　3 にまで　　　　　4 とまで

3 弟「お兄ちゃん、もう6時過ぎたよ。暗く（　　　　　　）帰ろうよ。」
兄「そうだね。急ごう。」

1 なるせいで　　　　　2 ならない間　　　　　3 なるときで　　　　　4 ならないうちに

4 宅地開発が進むに（　　　　　　）、自然破壊が問題になっている。

1 とって　　　　　2 対して　　　　　3 関して　　　　　4 したがって

5 これから、コピー機の使い方に（　　　　　　）説明します。

1 関して　　　　　2 よって　　　　　3 したがって　　　　　4 とって

6 ランチメニューは、夜に（　　　　　　）価格が安い場合が多い。

1 ついて　　　　　2 よって　　　　　3 比べて　　　　　4 したがって

問題2　つぎの文の＿★＿に入る最もよいものを、1・2・3・4から一つえらびなさい。

1　A「なんか急にくもってきましたね。」
B「あ、本当ですね。雨が ＿＿＿＿ ＿＿＿＿ ＿★＿ ＿＿＿＿ よさそうです。」

　　1 降らない　　　　2 ほうが　　　　　3 うちに　　　　4 帰った

2　あの人はまじめでいい人ではあるが、＿＿＿＿ ＿＿＿＿ ＿★＿ ＿＿＿＿ 思わない。

　　1 社長　　　　　2 仕事ができる　　3 とは　　　　　4 として

3　この旅行サイトには ＿＿＿＿ ＿＿＿＿ ＿★＿ ＿＿＿＿ ので、とても役に立つ。

　　1 情報が　　　　2 旅に　　　　　3 たくさんある　　4 関する

4　今回発売されたケータイは、今までの ＿＿＿＿ ＿＿＿＿ ＿★＿ ＿＿＿＿ ため、
とても見やすくなった。

　　1 もの　　　　　2 画面が　　　　3 に比べて　　　　4 大きくなった

5　約束の ＿＿＿＿ ＿＿＿＿ ＿★＿ ＿＿＿＿、店の信用は大きく失われてしまう。

　　1 日までに　　　　　　　　　　2 用意できないと
　　3 品物を　　　　　　　　　　　4 したら

6　パソコンの ＿＿＿＿ ＿＿＿＿ ＿★＿ ＿＿＿＿ 人は確実に増えている。

　　1 したがって　　　　　　　　　2 手書きをしない
　　3 増えるに　　　　　　　　　　4 利用人口が

〜にすぎない ~에 지나지 않는다

접속 동사의 보통형＋にすぎない, な형용사 어간・명사＋である＋にすぎない

제시된 내용 이상의 특별한 의미나 가치가 없다는 뜻을 나타낸다. 표현 대상이 대단한 것이 아니라는 느낌을 나타내는 표현이다.

料理の勉強を始めたといっても、まだ２か月にすぎない。
요리 공부를 시작했다고 해도 아직 두 달에 지나지 않는다.

ただの風邪にすぎないので、心配は要りません。
단순한 감기에 지나지 않으므로 걱정은 필요 없습니다.

プチ会話

A うちの会社、大丈夫かな？

B どうして？

A 社長が逮捕されるかもしれないって聞いたんだけど。

B まさか！そんな話、ただのうわさにすぎないよ。

社長 사장
逮捕 체포
ただ 그저, 단지
うわさ 소문
真実 진실
なくなる 없어지다
広める 퍼뜨리다

質問 会話の内容と合っているものはどれか。
① 社長が逮捕されるという話はうわさでしかない。
② 社長が逮捕されるという話は真実だ。
③ 社長が逮捕されるといううわさは、もうすぐなくなるだろう。
④ 社長が逮捕されるという話はＡさんが広めた。

168

〜に対して ~에 대하여

접속 | 명사+に対して

주로 어떤 사람이나 어떤 일을 상대로 대응한다는 의미를 나타낸다. 예를 들어 「お客さんに対して〜」는 '손님에 대해서(손님을 상대로) 〜'라는 의미를 나타낸다. 뒤에 명사가 올 때는 「〜に対する＋명사」의 형태로 쓰인다.

質問に対して詳しく答える。
질문에 대해 상세히 대답한다.

お客に対する言葉づかいに気をつけなければならない。
손님에 대한 말씨에 주의해야 한다.

プチ会話

A 一人暮らしを始めてからどのくらいですか。

B もう５年目になります。

A 一人暮らしをしてよかったことは何ですか。

B たくさんありますが、一番は両親に対する感謝の気持ち
をより強く持てたことですね。

一人暮らし
독신 생활

始める 시작하다

どのくらい
어느 정도, 얼마나

５年目 5년째

たくさん 많이

両親 부모님

感謝 감사

気持ち 마음

強い 강하다

持つ 들다, 가지다

反対 반대

質問 会話の内容と合っているものはどれか。

① Bさんは一人暮らしを始める時に両親に感謝した。

② Bさんは一人暮らしを始める時に両親から反対されたが、今は
感謝している。

③ Bさんは一人暮らしをしながら、前よりも両親に感謝の気持ち
を持つことができるようになった。

④ Bさんは一人暮らしをしながら、両親にはない感謝の気持ちを
持つことができるようになった。

117

～に違いない ~임에 틀림없다

접속 동사·い형용사의 보통형＋に違いない, な형용사 어간·명사＋に違いない

어떠한 근거를 바탕으로 틀림없이 그렇게 될 것이라는 의미를 나타낸다. '확신'이라는 키워드로 기억해 두면 좋다.

> 彼女の実力なら、今度の試験に合格するに違いない。
> 그녀의 실력이라면 이번 시험에 틀림없이 합격할 것이다.

> 連休だから、遊園地はどこも込んでいるに違いない。
> 연휴니까 유원지는 어디든 붐빌 것이다.

プチ会話

A 刑事さん、この足跡を見てください。

B これはあの男のものだ。

A ということは…。

B やっぱりあいつが犯人に違いない。

刑事 형사
足跡 발자국
男 남자

やっぱり 역시

あいつ 그놈, 그 녀석
犯人 범인
誰か 누구인지
確信 확신
間違える
잘못 알다, 착각하다

質問 会話の内容と合っているものはどれか。
① Bさんは犯人が誰か確信している。
② Bさんは犯人が誰かまだ予想できていない。
③ Bさんは犯人を間違えた。
④ BさんはAさんが犯人だと思っている。

～について ~에 대해서

접속 명사+について

어떠한 주제를 제시할 때 사용한다. 명사를 수식할 때에는 「～についての+명사」의 형태로 쓰인다.

この商品について説明します。
이 상품에 대해 설명할게요.

日本の歴史について研究したい。
일본 역사에 대해 연구하고 싶다.

無計画 무계획
不安 불안

プチ会話

A　Aさん、会社辞めちゃうんですか。

B　実は…そうなんです。

A　辞めた後はどうするんですか。

B　これから先のことについては、まだ何も考えていません。

質問 会話の内容と合っているものはどれか。

① 会社を辞めた後のことを考えると、Bさんは頭が痛い。

② 会社を辞めた後のことはBさんはまだ無計画だ。

③ 会社のこれからが不安でBさんは会社を辞めるつもりだ。

④ これから先のことを考えて、Bさんは会社を辞めるつもりだ。

〜にとって ~에게 있어서, ~입장에서

접속 명사＋にとって

누군가의 입장이나 관점에서 어떤 일을 판단하거나 평가할 때 사용한다. 명사를 수식하는 경우에는 조사 の를 붙여서「〜にとっての」의 형태로 나타낸다.

> **この古い時計は、私にとってとても大切なものです。**
> 이 낡은 시계는 내게 무척 소중한 것입니다.
>
> **日本語を勉強する人にとって、やはり漢字は大変だ。**
> 일본어를 공부하는 사람에게 역시 한자는 힘들다.

プチ会話

A Bさん家のペット、かわいいですね。

B ペットじゃないですよ。

A え？

B 私にとっては大事な家族の一員なんです。

ペット
반려동물, 애완동물

かわいい 귀엽다

大事だ
소중하다, 중요하다

家族 가족

一員 일원

立場 입장

血 피

つながる 이어지다

増える 늘다

質問 会話の内容と合っているものはどれか。

① Bさんの立場ではペットも家族だ。

② Bさんの立場ではペットはかわいいが、家族ではない。

③ Bさんとペットは血のつながった家族だ。

④ 最近、Bさんの家には家族が増えた。

〜によって ~에 의해서, ~에 따라서

접속 명사+によって

수단이나 원인을 나타내거나, 각각의 차이를 나타내는 표현 등이 있다. 수단이나 원인을 나타내는 경우에는 '〜에 의해서'로 해석하며, 차이를 나타내는 경우에는 '〜에 따라서'로 해석하는 것이 자연스럽다.

台風によって雨と風がさらにひどくなった。
태풍에 의해 비와 바람이 더욱 거세졌다. 원인

話し合いによって問題を解決していきましょう。
논의에 따라 문제를 해결해 갑시다. 수단

人によって考え方が違うものだ。
사람에 따라 생각이 다른 법이다. 차이

プチ会話

A どうしていつも山田さんとは意見が合わないんでしょうか。

B まあまあ、落ち着いて。

A でも…。

B 人によって考え方が違うから仕方がないよ。

質問 会話の内容と合っているものはどれか。
① 人それぞれ考え方が違うので、意見が合わないことは仕方がない。
② 山田さんは相手に合わせて意見を変える人だ。
③ 山田さんはいつも周りの人と違う意見を持っている。
④ 人それぞれ考え方は違うが、時には合わせることも必要だ。

意見 의견
合う 맞다
落ち着く 침착하다
それぞれ 각각
相手 상대방
合わせる 맞추다
周り 주변
時には 때로는

問題1 つぎの文の（　　　　　）に入れるのに最もよいものを、1・2・3・4から一つえらびなさい。

1 古くから、日本人に（　　　　　）お米はなくてはならない主食である。

1 とって　　　　　2 よって　　　　　3 対して　　　　　4 比べて

2 英語ができるといっても、簡単な会話ができるに（　　　　　）。

1 すぎない　　　　2 ようがない　　　3 違いない　　　　4 仕方がない

3 東山市は、高校生の働くことに対する考え方に（　　　　　）、アンケート調査を行った。

1 したがって　　　2 とって　　　　　3 ついて　　　　　4 よって

4 常識のある人なら、目上の人に（　　　　　）失礼なことを言わないだろう。

1 とって　　　　　2 したがって　　　3 対して　　　　　4 比べて

5 いくつかの国を旅行してみて、食事の習慣が国に（　　　　　）違うことに驚いた。

1 とって　　　　　2 よって　　　　　3 関して　　　　　4 比べて

6 遅刻をしない田中さんがまだ来ない。何かあったに（　　　　　）。

1 違いない　　　　2 かぎらない　　　3 ほかでもない　　4 たまらない

問題2　つぎの文の　＿★＿　に入る最もよいものを、1・2・3・4から一つえらびなさい。

1 学校の勉強が将来 ＿＿＿＿ ＿★＿ ＿＿＿＿ 対象に調査した。

1 役に立つか　　　2 について　　　3 どうか　　　4 小学生を

2 山下さんのプレゼントは ＿＿＿＿ ＿★＿ ＿＿＿＿ ＿＿＿＿ 違いない。

1 店の　　　2 有名な　　　3 高かったに　　　4 ものだから

3 社会人になると ＿＿＿＿ ＿★＿ ＿＿＿＿ ＿＿＿＿ いけない。

1 自分の発言に　　　2 責任を　　　3 対して　　　4 持たなくては

4 今回の事件で明らかに ＿＿＿＿ ＿＿＿＿ ＿★＿ ＿＿＿＿ すぎない。もっと詳しく調べる必要があるだろう。

1 一部に　　　2 多くの　　　3 不正の　　　4 なったことは

5 （教室で）
上級英語のクラスは、＿＿＿＿ ＿＿＿＿ ＿★＿ ＿＿＿＿ が決まります。必ず今週中に受けておくようにしてください。

1 よって　　　　　　　　　　2 どうか

3 テストの点数に　　　　　　4 参加できるか

6 最近の冷凍食品は種類も多いしおいしい。一人暮らしをしている ＿＿＿＿ ＿＿＿＿ ＿★＿ ＿＿＿＿ 存在なのだ。

1 私に　　　　　　　　　　2 冷凍食品は

3 非常にありがたい　　　　4 とって

〜ば〜ほど　~하면 ~할수록

접속 동사·い형용사·な형용사의 ば형＋동사의 사전형·い형용사·な형용사의 명사 수식형＋ほど

「〜ほど」 앞의 내용에 비례하여 뒤의 결과가 나타난다는 의미로 쓰인다. 어떤 상태가 변화하면 다른 쪽도 더욱 정도가 높아져 가는 느낌을 강조하여 나타낸다. 앞에 오는 「〜ば」를 생략하고 「〜ほど」만 써서 '~할수록'의 의미를 나타내기도 한다. 「〜すれば〜するほど」로 기억해 두면 쉽다.

この本は読めば読むほどおもしろくなる。
이 책은 읽으면 읽을수록 재미있어진다.

練習すればするほど上手になる。
연습하면 할수록 능숙해진다.

プチ会話

A　Bさん、頭痛ですか。

B　いいえ、ちょっと悩みがあって。
　　考えれば考えるほどわからなくなるんです。

A　私でよければ相談に乗りますよ。

B　ありがとうございます。

頭痛 두통
悩み 고민, 걱정
相談に乗る
상담을 하다
解決 해결

質問　会話の内容と合っているものはどれか。

① Bさんは悩みを解決するためにもっと考えた方がいい。

② Bさんはたくさん考えたのにまだ悩んだままだ。

③ Bさんは何を悩んでいるのかわからない。

④ Bさんは体調が悪くて頭が痛い。

〜ばいい ~하면 된다

접속 동사의 ば형+いい

다른 사람에게 어떤 행동을 하도록 조언하거나 권유할 때 사용하는 표현이다. 「〜ば+いい」는 「〜たら +いい」로 바꿔쓸 수 있다. 예를 들어, 「先生に聞けばいい(선생님에게 물어보면 된다)」는 「先生に聞いた らいい」로 바꿔쓸 수 있다.

分からないところは先生に質問すればいいですよ。
모르는 부분은 선생님에게 질문하면 됩니다.

この薬は食後に飲めばいいです。
이 약은 식후에 먹으면 됩니다.

プチ会話

A 明日引越しだよね。僕も手伝うよ。

B それは助かる！ありがとう。

A 何時に行けばいい？

B 11時までに来てくれればいいよ。

引越し 이사
僕 나
手伝う 돕다
助かる 도움이 되다
何時 몇 시

質問 会話の内容と合っているものはどれか。

① Bさんは Aさんに11時までに連絡がほしいと言った。

② Bさんは Aさんに11時までに来なければならないと言った。

③ Bさんは Aさんに11時までに来てくれたら大丈夫だと言った。

④ Bさんは Aさんに11時までに来なくても大丈夫だと言った。

～ばかりでなく ~뿐 아니라

接続 동사의 보통형·い형용사/な형용사의 명사 접속형·명사＋ばかりでなく

앞에 서술한 것에 국한되지 않고 그것보다 더 정도가 강한 것이 더 있다는 의미이다. 명사에 붙는 경우가 일반적이다. 단순하게 '추가'라는 키워드로 기억해도 좋다.

> その記事は新聞ばかりでなく週刊誌にも出ていた。
> 그 기사는 신문뿐 아니라 주간지에도 나와 있었다.
>
> 彼はサッカーばかりでなく、水泳もテニスも上手ですよ。
> 그는 축구뿐만 아니라 수영도 테니스도 잘해요.

プチ会話

A この映画、知ってますか。

B もちろんです。Aさんはまだ見ていないんですか。

A はい。

B ぜひ見てください。日本ばかりでなく海外でも人気の映画なんですよ。

映画 영화

ぜひ 반드시, 꼭

海外 해외

人気 인기

質問 会話の内容と合っているものはどれか。

① この映画は日本だけでなく海外でも人気がない。

② この映画は日本よりも海外で人気だ。

③ この映画は日本でだけ人気だ。

④ この映画は日本はもちろん海外でも人気ある。

〜みたいだ ~인 것 같다, ~하는 것 같다

接続 동사·い형용사·な형용사의 보통형＋みたいだ (다만, 현재형의 경우, な형용사 어간·명사＋みたいだ)

「〜みたいだ」의 용법은 대체적으로「〜ようだ」와 같다. 따라서「〜みたいだ」는 감각이나 경험에 근거한 추측(불확실한 단정)이나 판단을 나타낸다. 또한 어떤 것의 내용이나 모습이 비슷하다는 것을 나타내거나 구체적인 예를 들 때도 사용한다.「〜ようだ」가 글말이나 격식 차린 회화에서 사용되는 경우가 많은 것에 비해,「〜みたいだ」는 일상적인 회화에서 자주 사용된다.

外は雪が降っているみたいだ。
밖에는 눈이 내리고 있는 것 같다. 추측

彼女は歌手みたいに歌が上手だ。
그녀는 가수처럼 노래를 잘한다. 비유

君みたいにまじめな社員は少ない。
너 같이 성실한 사원은 적다. 예시

使う 사용하다
何度か 몇 번인가
新品 새 물건

きれいだ
깨끗하다, 예쁘다

プチ会話

A Bさん、もしよかったらこのカバン使いませんか。

B わぁ、いいんですか。

A はい。何度か使った物なんですが。

B 本当ですか。新品みたいにきれいですけど。

質問 会話の内容と合っているものはどれか。

① カバンは新しくはないが、新品のようにきれいな状態だ。

② カバンはAさんが新しく買った物だ。

③ カバンはAさんがBさんのために作った物だ。

④ BさんはAさんにカバンを買ってほしいと頼んだ。

～ようがない ~할 수가 없다

접속 동사의 ます형+ようがない

아무런 방법이 없어서 어떤 일을 하는 것이 불가능하다는 의미를 나타낸다. 주로 심정적으로는 그 일을 하고 싶지만 어떤 이유로 그것을 할 수 없는 경우에 사용한다. 직역하면 '~할 방법이 없다'는 의미이지만 '~할 수가 없다'고 해석하는 것이 자연스럽다.

料理の材料がないので作りようがない。

요리 재료가 없어서 만들 수 없다.

彼の住所も電話番号も分からないので、知らせようがない。

그의 주소도 전화번호도 모르기 때문에 알릴 수가 없다.

プチ会話

A これはひどいですね。

B 何とか直せませんか？

A こんなにひどい状態では直しようがありませんね。

B やっぱりパソコンを買い換えるべきでしょうか。

質問 会話の内容と合っているものはどれか。

① Bさんのパソコンは Aさんなら直すことができる。

② Bさんのパソコンは直すことが不可能な状態だ。

③ Bさんのパソコンは Aさんは無理だが、他の人なら直せるかも
しれない。

④ Bさんのパソコンは直すところがないのに動かない。

ひどい 심하다
何とか
어떻게든, 그럭저럭
状態 상태
直す 고치다

やっぱり 역시

パソコン 컴퓨터
買い換える
새로 사서 바꾸다

べき ~해야 한다
不可能 불가능
他の人 다른 사람
動く
움직이다, 작동하다

〜ように ~하도록

접속 ① 동사의 사전형+ように
② 동사의 ない형+ないように

어떠한 동작의 의도나 목표를 나타낸다. 보통은 '무의지동사(사람의 의지와 관계없이 발생하는 동작)' 뒤에 사용되는 경우가 많다. 동사의 사전형 외에도 가능동사, 동사의 부정형에 붙기도 한다. 「するように(하도록)」, 「しないように(하지 않도록)」라는 형태로 기억해 두자.

列車に間に合うように早く家を出た。
열차 시간에 맞게 빨리 집을 나왔다.

医者にタバコを辞めるように言われた。
의사에게 담배를 끊으라는 말을 들었다.

プチ会話

A 明日はマイナス10度になるそうですよ。

B そんなに寒くなるんですか。

A 風邪をひかないように気をつけてくださいね。

B はい。Aさんも。

マイナス 마이너스
度 ~도
寒い 춥다
風邪をひく
감기에 걸리다
気をつける
조심하다, 주의하다
流行る 유행하다
忠告 충고

質問 会話の内容と合っているものはどれか。

① AさんはBさんに明日は寒くなるので風邪をひきそうだと言った。

② AさんはBさんに今、風邪が流行っていると言った。

③ AさんはBさんに風邪に気をつけてくださいと忠告している。

④ AさんはBさんに風邪をひいてしまったと言った。

問題1 つぎの文の（　　　　　）に入れるのに最もよいものを、1・2・3・4から一つえらびなさい。

1 この国の歴史は、（　　　　　）知るほどおもしろいような気がする。

1 知るから　　　　2 知っても　　　　3 知って　　　　4 知れば

2 今度の試験に合格できる（　　　　　）一生懸命頑張ります。

1 みたいに　　　　2 うえに　　　　3 ことに　　　　4 ように

3 あのレストランは、味がいい（　　　　　）値段も安いので、いつも込んでいる。

1 ほどでなく　　　　2 ばかりでなく　　　　3 くらいでなく　　　　4 ので

4 A「昨日も暑くて寝られなかったよ。」
　　B「だったら、エアコンを（　　　　　）いいでしょう。」

1 使ったが　　　　2 使おうと　　　　3 使いたくて　　　　4 使えば

5 彼はさっきからすごく（　　　　　）、ちょっと話しかけにくい。

1 怒っているせいなので　　　　　　　2 怒るばかりでなく
3 怒っているみたいなので　　　　　　4 怒る一方で

6 台風で電車もバスも動かなくなってしまったので、会社へ（　　　　　）。

1 行きようがない　　　　　　　2 行くだけだ
3 行くはずだ　　　　　　　　　4 行くにちがいない

問題2　つぎの文の ___★___ に入る最もよいものを、1・2・3・4から一つえらびなさい。

1 観光案内は _____ _____ ___★___ _____ あるので、旅行が楽しめる。

1 英語で書いて　　　2 ように　　　　3 分かる　　　　4 外国人でも

2 A「このドラマ、おもしろいよね。」
　　B「あっ、そういえば、ドラマの最後に _____ _____ ___★___ _____
　　　けど。」

1 人気　　　　　2 流れる歌も　　　3 みたいだ　　　　4 なかなか

3 A「最近、ゴルフを始めたそうですね。」
　　B「ええ。始めて _____ _____ ___★___ _____ 楽しいんですよ。」

1 上達して　　　　2 みたら　　　　3 練習すれば　　　4 するほど

4 山下「池田さんに借りた本、今日返そうと思っていたのに、持ってくるの忘れ
　　　　ちゃった。ごめんね。」
　　池田「別に急がないから、次に _____ _____ ___★___ _____ いいよ。」

1 ときに　　　　2 くれれば　　　3 会う　　　　4 持ってきて

5 今年でデビュー5年目になる山田ヒカル。今は _____ _____ ___★___ _____
　　かなり人気がある。

1 俳優として　　　2 としても　　　3 歌手　　　　4 ばかりでなく

6 （修理センターで）
　　客「この掃除機、直りますか。」
　　店員「うーん、こんなに _____ ___★___ _____ _____ ないですね。」

1 いると　　　　2 直しようが　　　3 ひどく　　　　4 壊れて

～ようになる ~하게 되다

접속　동사의 가능형 +ようになる

예전에는 할 수 없었던 일이 가능해졌다는 상황 변화를 나타낸다.

> 一人暮らしを始めて、料理ができるようになった。
> 혼자 살기 시작하고 요리를 할 수 있게 되었다.

> 練習を続けて、上手に運転できるようになりました。
> 연습을 계속하여 능숙하게 운전할 수 있게 되었습니다.

プチ会話

A　このスープ、おいしいね。

B　けっこう辛いけど大丈夫？

A　うん。韓国に住んでから辛い物が食べられるように
　　なったんだ。

B　すごいな。僕は辛くて食べられないよ。

スープ 수프, 국물

けっこう 제법, 꽤

辛い物
매운 것, 매운 음식

質問　会話の内容と合っているものはどれか。

① Bさんは辛い物が大好きだ。

② Aさんは昔から辛い物が大好きだ。

③ Aさんは辛い物が苦手だ。

④ Aさんは昔は辛い物が食べられなかった。

〜わけがない ~할 리가 없다

接続 동사·い형용사·な형용사·명사의 명사 접속형 + わけがない

그럴 리가 없다고 강하게 부정하는 화자의 감정을 표현한다. 「〜はずがない」와 비슷한 의미이다.

勉強もしないで試験に受かるわけがない。
공부도 하지 않고 시험에 합격할 리가 없다.

彼が好きな酒をやめられるわけがない。
그가 좋아하는 술을 끊을 수 있을 리가 없다.

プチ会話

A この猫、家に連れて帰れないかな。
B 僕もそうしたいけど…。
A このままだとかわいそうだよ。
B でもお母さんは動物が嫌いだから、許してくれるわけが
　 ないよ。

猫 고양이
連れる 데리고 가다
かわいそうだ 불쌍하다
動物 동물
嫌いだ 싫어하다
許す 허락하다
飼う 키우다
きっと 분명

質問 会話の内容と合っているものはどれか。
① お母さんは猫を飼うことを許してくれないだろう。
② お母さんは猫を飼うことをきっと許してくれるだろう。
③ お母さんは猫を飼うことを許してくれないはずがない。
④ 家にはもう猫がいるので、この猫は連れて帰れない。

〜わけにはいかない ~할 수는 없다

接続 동사의 사전형＋わけにはいかない, 동사의 ない형＋ない＋わけにはいかない

사람의 입장이나 도의적인 이유 때문에 문장 후반부의 행위를 할 수 없다는 의미이다. 후반부의 내용은 보통 '의무, 당연성'을 나타낸다.

明日は試験があるから、遊んでいるわけにはいかない。
내일은 시험이 있으니까 놀고 있을 수는 없다.

お世話になったあの人の頼みなら、断るわけにはいかない。
신세를 진 그 사람의 부탁이라면 거절할 수는 없다.

プチ会話

A あまり無理しない方がいいですよ。

B 今が大事な時期なので、会社を休むわけにはいかないんです。

A それはそうですが。

B ご心配いただきありがとうございます。

大事だ
중요하다, 소중하다

時期 시기

状態 상태

探す 찾다

質問 会話の内容と合っているものはどれか。

① Bさんには会社を休む理由がない。

② Bさんは今は会社を休むことができない状態だ。

③ Bさんは会社を休むための理由を探している。

④ AさんはBさんが会社を休むわけがわからない。

〜をきっかけに ~을 계기로

接続 　명사＋をきっかけに

어떠한 일이 동기나 계기가 되어 새로운 사건이나 행위가 발생한다는 의미를 나타낸다.

子どもが生まれたのをきっかけに、お酒を辞めた。
아이가 태어난 것을 계기로 술을 끊었다.

彼は結婚をきっかけにまじめに働くようになった。
그는 결혼을 계기로 성실하게 일하게 되었다.

プチ会話

A Bさん、タバコ辞めたんですか。
B 実は病気をきっかけに辞めたんです。
A そうだったんですね。
B Aさんも健康のために辞めた方がいいですよ。

タバコ 담배
病気 병
健康 건강
隠れる 숨다
吸う 피우다

質問　会話の内容と合っているものはどれか。

① Bさんは病気になりそうだったのでタバコを辞めた。
② Bさんは病気になりたくなかったのでタバコを辞めた。
③ Bさんは病気になってタバコを辞めた。
④ Bさんは実は隠れてタバコを吸っている。

～をしている ~을 하고 있다

접속　명사+をしている

어떠한 사물의 상태나 형태를 묘사한다. 주로 색(赤い色 빨간색, 青い色 파란색 등)이나 모양(丸い形 둥근 모양, ハートの形 하트 모양)을 나타내는 경우가 많다.

あの雲は、まるでクマのような形をしています。
저 구름은 마치 곰 같은 모양을 하고 있습니다.

庭の花はとてもきれいな色をしている。
정원의 꽃은 무척 예쁜 색을 띠고 있다.

プチ会話

A 奥さんはどちらの国の方なんですか。
B 妻は日本人ですよ。
A え！青い目をしているので、外国人かと思っていました。
B 実はブルーのコンタクトレンズをつけているんです。

奥さん 부인
国 나라
方 분
妻 아내
青い 파랗다
目 눈

ブルー 파란색

コンタクトレンズ
콘택트렌즈

つける 끼다, 끼우다

質問　会話の内容と合っているものはどれか。

① Bさんの奥さんは青い目の外国人だ。
② Bさんの奥さんは青色のコンタクトレンズをつけている。
③ Bさんの奥さんの目は青色だ。
④ Bさんのお父さんは外国人だ。

〜を中心に ~을 중심으로

접속 명사+を中心に

앞에 제시된 내용을 가장 중요한 것으로 하여 어떠한 일이 이루어질 때 사용한다.

今回の旅行は大阪を中心に関西地方をまわるつもりだ。
이번 여행은 오사카를 중심으로 간사이 지방을 돌 생각이다.

駅を中心にいろんなお店が並んでいる。
역을 중심으로 여러 가게가 늘어서 있다.

プチ会話

A この歌好きなんですか。

B はい！

A 初めて聞いたんですが、人気なんですか。

B Aさん知らないんですか。今、若者を中心に大人気の
歌手なんですよ。

歌 노래
初めて 처음
若者 젊은이
大人気 인기가 많음
歌手 가수

ファン 팬
主に 주로
間 사이

質問 会話の内容と合っているものはどれか。
① この歌手は若者以外に人気がある。
② この歌手は若者にだけ人気がある。
③ AさんもBさんもこの歌手のファンだ。
④ この歌手は主に若者の間で人気がある。

問題1 つぎの文の（　　　　　）に入れるのに最もよいものを、１・２・３・４から一つえらびなさい。

__1__ あの正直な彼がうそをついて人をだます（　　　　　）。

1 わけがない　　　　2 はずだ　　　　　　3 にちがいない　　　4 そうもない

__2__ 私たちが使っているお皿には、丸い形（　　　　　）しているものが多い。

1 が　　　　　　　2 の　　　　　　　3 を　　　　　　　4 も

__3__ 今回の旅行は京都（　　　　　）大阪などの関西地方を回るつもりです。

1 によって　　　　2 にとって　　　　3 を中心に　　　　4 をきっかけに

__4__ 私は、豆腐が嫌いでしたが、今は食べられる（　　　　　）。

1 ことになりました　　　　　　　2 ことにしました

3 ようにしました　　　　　　　　4 ようになりました

__5__ 雑誌で紹介されたこと（　　　　　）店に客がたくさん来るようになった。

1 ほどではなく　　　　　　　　　2 をきっかけに

3 について　　　　　　　　　　　4 ばかりでなく

__6__ 妻「え、出かけるの？　まだ熱があるんでしょう。」
夫「うん。今日、大事な会議があるから、（　　　　　）んだ。」

1 休むわけにはいかない　　　　　2 休むにすぎない

3 休まないといけない　　　　　　4 休むにちがいない

問題2　つぎの文の＿★＿に入る最もよいものを、1・2・3・4から一つえらびなさい。

1　まだ習っていない問題が試験に ＿＿＿＿ ＿＿＿＿ ＿★＿ ＿＿＿＿ だろう。

　　1 出された　　　　　2 できる　　　　　　3 のだから　　　　　4 わけがない

2　このクラスでは、午後は ＿＿＿＿ ＿＿＿＿ ＿★＿ ＿＿＿＿ なっている。

　　1 ことに　　　　　2 中心に　　　　　　3 文法を　　　　　　4 勉強する

3　少しずつ ＿＿＿＿ ＿＿＿＿ ＿★＿ ＿＿＿＿、日本語の授業がおもしろくなった。

　　1 日本語が　　　　　2 ように　　　　　3 なってから　　　　　4 話せる

4　もう9時をすぎている。明日は ＿＿＿＿ ＿＿＿＿ ＿★＿ ＿＿＿＿ わけにはいかない。

　　1 このまま帰る　　　　2 仕事が　　　　　3 あって　　　　　4 ほかの

5　この島は、＿＿＿＿ ＿＿＿＿ ＿★＿ ＿＿＿＿「牛島」と呼ばれているそうだ。

　　1 している　　　　　2 ことから　　　　　3 牛のような　　　　　4 形を

6　山田さんは、周りの人たちがダイエットしているという ＿＿＿＿ ＿＿＿＿ ＿★＿ ＿＿＿＿ ことにしたそうだ。

　　1 ダイエットを始める　　　　　　　2 話を聞いた

　　3 きっかけに　　　　　　　　　　　4 のを

STEP 1

🌱 001 —————————————— p.12

A 그거 지금 화제인 책이네요.

B 맞아요. 옛날부터 이 작가의 팬이거든요.

A 다 읽으면 나한테도 빌려 줄래요?

B 물론이에요.

회화 내용에 맞는 것은 무엇인가?

① B씨는 책을 전부 읽은 후 A씨에게 빌려줄 예정이다.

② B씨는 이 책을 전부 읽었다.

③ B씨는 지금 바로 A씨에게 책을 빌려줄 예정이다.

④ A씨도 이 책을 읽은 적이 있다.

🌱 002 —————————————— p.13

A 일본어 시험 결과는 어땠습니까?

B 별 문제 없이 합격할 수 있었어요.

A 축하드려요.

B 하지만 모르는 한자가 많아서 어려웠어요.

회화 내용에 맞는 것은 무엇인가?

① B씨는 한자를 못해서 시험에 떨어졌다.

② 모르는 한자가 많았기 때문에 시험은 어려웠다.

③ B씨는 한자에 자신 있다.

④ 시험은 한자가 많았지만 쉬웠다.

🌱 003 —————————————— p.14

A B씨, 중요한 얘기라는 게 뭔가요?

B 실은 저 결혼해요.

A 정말이에요? 축하드려요!

B 고맙습니다. 프러포즈 받았을 때는 눈물이 날 정도로 기뻤어요.

회화 내용에 맞는 것은 무엇인가?

① A씨는 B씨의 이야기를 듣고 눈물이 났다.

② A씨는 B씨에게 중요한 할말이 있었다.

③ B씨는 프러포즈가 너무 기뻐서 울 뻔했다.

④ B씨는 프러포즈를 받고 울었다.

🌱 004 —————————————— p.15

A 무슨 일 있어요? 괜찮아요?

B 머리도 아프고 배도 아파서….

A 감기예요?

B 어제 좀 과음을 해 버려서.

회화 내용에 맞는 것은 무엇인가?

① B씨는 감기에 걸렸다.

② B씨는 어제 술을 많이 마셨다.

③ B씨는 목이 말라서 물을 많이 마셨다.

④ B씨는 A씨의 몸 상태를 걱정하고 있다.

🌱 005 —————————————— p.16

A 커피 사 왔는데 좀 쉬지 않을래요?

B 좋아요.

A 날씨도 좋으니 옥상에 가요.

B 이 메일만 보낸 후에 갈 테니까 먼저 가 있으세요.

회화 내용에 맞는 것은 무엇인가?

① A씨와 B씨는 함께 옥상에 갈 생각이다.

② B씨는 쉬고 나서 메일을 보낼 생각이다.

③ B씨는 A씨에게 커피를 사 오라고 부탁했다.

④ B씨는 쉬기 전에 메일을 보낼 생각이다.

🌱 006 —————————————— p.17

A 복권에 당첨되면 무엇을 하고 싶나요?

B 일을 그만두고 해외에 살고 싶어요.

A 어디에 살고 싶어요?

B 하와이에 살고 싶어요.

회화 내용에 맞는 것은 무엇인가?

① B씨는 돈이 생기면 해외에 사는 것이 꿈이다.

② B씨는 복권에 당첨되었다.

③ B씨는 일을 그만둔 후 하와이에서 살 생각이다.

④ B씨는 곧 일을 그만두려고 생각하고 있다.

쪽지 시험 01

p.18

문제1

1	1 빵을 만들었는데 소금 양을 실수해서 맛이 너무 짜져 버렸어요.
2	3 A "언제 밥을 먹나요?" B "영화를 본 후에 먹죠."
3	4 이 운동은 즐겁고 몸에 좋습니다.
4	2 밥을 다 먹으면 탁자 위를 치웁니다.
5	1 이 공원의 나무가 이렇게까지 크는 데에는 20년 정도 걸렸대요.
6	3 다나카 "드디어 다음주부터 휴가예요." 기무라 "기대됩니다. 다나카 씨는 이번 휴가에 어떤 곳에 가고 싶나요?"

문제2

1	1 (3412)
	A "이 약은 아침과 밤, 밥을 먹은 후에 물과 함께 드세요." B "네, 알겠습니다."
2	2 (4123)
	오늘도 몹시 추웠다. 이 추위는 이번 주 말 정도까지 계속된다고 한다.
3	3 (4231)
	가벼운 운동은 몸에 좋다. 하지만 지나치게 하는 것은 좋지 않다.
4	2 (1324)
	모두에게 여행 자금을 다 모은 참입니다.
5	1 (2314)
	오늘 백화점에서 작고 동그란 접시를 세 장 샀습니다.
6	4 (2143)
	나는 대학을 졸업하면 대학원에 진학하고 싶다고 생각하고 있습니다.

🌱 007 _____ p.20

A 괜찮아요? 몸 상태가 안 좋은가요?

B 어제부터 두통이 계속되어서요.

A 오늘은 야근하지 말고 얼른 집에 가는 편이 좋겠어요.

B 그렇게 할게요.

회화 내용에 맞는 것은 무엇인가?

① 일이 많은 스트레스 때문에 B씨는 머리가 아프다.

② 일이 많으니까 A씨는 B씨에게 야근하라고 권했다.

③ 몸 상태가 나쁘기 때문에 A씨는 B씨에게 집에서 쉬라고 권했다.

④ 몸 상태가 나쁘기 때문에 A씨는 B씨에게 남은 일을 부탁할 예정이다.

🌱 008 _____ p.21

A 요즘 아르바이트 열심히 하네요.

B 유학하기 위해 돈이 필요하거든요.

A 어느 정도 필요한가요?

B 100만 엔은 모을 생각이에요.

회화 내용에 맞는 것은 무엇인가?

① B씨는 A씨에게 돈을 빌릴 예정이다.

② B씨는 유학해서 아르바이트를 열심히 하고 있다.

③ B씨는 아르바이트로 100만 엔 벌었다.

④ B씨는 돈을 모아 유학하고 싶다고 생각하고 있다.

🌱 009 _____ p.22

A 주말에는 항상 무엇을 하나요?

B 공원에서 축구를 하기도 하고 등산을 가기도 해요.

A 활동적이군요.

B 몸을 움직이는 걸 좋아해요.

회화 내용에 맞는 것은 무엇인가?

① B씨는 주말에 축구를 하고 등산에 갈 예정이다.

② B씨는 주말에 축구를 할 때도 있지만 등산을 갈 때도 있다.

③ B씨는 지난주에 공원에서 축구를 했다.

④ B씨는 운동에 자신이 없다.

🌱 010 _____ p.23

A 휴대전화 새로 안 바꾸세요?

B 네. 지금 휴대전화로도 전혀 불편하지 않아서요.

A 그런가요?

B 망가질 때까지 계속 쓸 생각이에요.

회화 내용에 맞는 것은 무엇인가?

① B씨는 한동안 휴대전화를 바꿀 생각은 없다.

② B씨의 휴대전화는 새 모델이다.

③ B씨는 휴대전화를 바꾼지 얼마 안 되었다.

④ B씨는 지금 사용하는 휴대전화가 불편하다고 생각하고 있다.

🌱 011 _____ p.24

A 올해 여름은 왜 이렇게 더운 걸까요?

B 아직 7월이 되었을 뿐이라서 앞으로 더 더워질 거 같아요.

A 올해는 비도 적고 힘드네요.

B 더위 먹지 않게 조심하세요.

회화 내용에 맞는 것은 무엇인가?

① 올해 여름은 작년보다도 덥지 않다.
② 8월에는 7월보다도 시원해질 것이다.
③ 올해 여름은 지금보다도 더 더워질 것이다.
④ 점점 여름이 더워지지 않아져서 A씨는 걱정하고 있다.

🌱 012 _____ p.25

A 요즘 저 두 사람 항상 함께 있네.
B A씨 몰라?
A 뭘?
B 저 두 사람 사귀는 중이야.

회화 내용에 맞는 것은 무엇인가?

① 저 두 사람은 곧 사귈지도 모른다.
② 저 두 사람은 옛날에 연인이었다.
③ 저 두 사람은 앞으로 사귈 참이다.
④ 저 두 사람은 사귀는 사이이다.

쪽지 시험 02 _____ p.26

문제1
1 | 1 휴대전화를 잃어버렸기 때문에 연락하지 못했습니다.
2 | 2 학교를 졸업해도 영어 공부를 계속해 갈 생각이다.
3 | 1 A "일요일에는 항상 무엇을 하나요?"
　　 B "영화를 보기도 하고 책을 읽기도 합니다."
4 | 3 할머니는 10년도 더 전에 산 세탁기를 아직 사용하고 있다.
5 | 4 A "큰일이야. 이 차 곧 기름이 떨어질 거야."
　　 B "정말이네. 빨리 넣는 편이 좋겠어."
6 | 1 저 사람은 한 시간 내내 떠들고 있다.

문제2
1 | 3 (2431)
오늘 회의는 두 시 시작 예정이었는데 사고로 인한 전철 지연 때문에 세 시 시작으로 바뀌었다.
2 | 2 (1324)
지금은 힘들어도 계속 공부하면 점점 잘하게 될 거예요.
3 | 3 (2431)
안 씨는 지금 고향에 돌아가 있어서 내일 파티에 참가할 수 없어요.
4 | 4 (2341)
아무리 생각해도 모르겠다면 선생님에게 상담하는 편이 좋아.

5 | 4 (3142)
아까부터 방 전깃불이 꺼졌다 켜졌다 하고 있으니 새 전구를 사오세요.
6 | 1 (3214)
오랜 시간 컴퓨터 화면을 계속 보고 있으면 눈이 아파진다.

🌱 013 _____ p.28

A 케이크 사 왔는데 함께 먹지 않을래?
B 고마워. 하지만 지금 배가 불러.
A 그러면 냉장고 안에 넣어 둘게.
B 응. 이따가 먹을게.

회화 내용에 맞는 것은 무엇인가?

① A씨는 케이크를 냉장고에 넣기로 했다.
② 지금 냉장고 안에 케이크가 들어 있다.
③ 냉장고에 케이크를 넣은 것은 A씨이다.
④ B씨는 케이크를 싫어하기 때문에 먹고 싶지 않다.

🌱 014 _____ p.29

A 아직 게임 중이야?
B 곧 클리어할 수 있으니까 앞으로 좀만 더.
A 숙제 끝내고 나서 하렴!
B 네.

회화 내용에 맞는 것은 무엇인가?

① B씨는 숙제가 아직 끝나지 않았다.
② B씨는 숙제가 끝났기 때문에 게임을 하고 있다.
③ B씨는 게임을 클리어한 후에 숙제를 할 생각이다.
④ B씨는 숙제를 하기 전에 게임을 클리어했다.

🌱 015 _____ p.30

A 어서 와. 오늘은 늦었네.
B 내일 회의 준비 때문에 야근했어.
A 저녁은?
B 회사에서 먹고 왔으니까 괜찮아.

회화 내용에 맞는 것은 무엇인가?

① B씨는 일이 바빠서 아직 저녁밥을 먹지 않았다.
② B씨는 이제부터 저녁밥을 먹을 생각이다.
③ B씨는 오늘은 회사 회식이었다.
④ B씨는 저녁밥을 먹고 나서 돌아왔다.

🌱 016 _____ p.31

A 휴대전화 바꿨어요?

B 그래요. 실은 휴대전화를 잃어버려서.

A 큰일이었네요.

B 정말 충격이었어요.

회화 내용에 맞는 것은 무엇인가?

① B씨는 휴대전화를 잃어버려서 충격을 받은 상태이다.

② B씨는 휴대전화가 망가져서 새것을 샀다.

③ B씨는 새 휴대전화를 선물 받았다.

④ B씨는 휴대전화가 새로워져서 기뻐하고 있다.

🌱 017 _____ p.32

A 다음주 시험에 대해 질문은 있습니까?

B 선생님, 사전은 사용할 수 있나요?

A 사전을 사용하면 안 되므로 확실히 복습해 오세요.

B 알겠습니다.

회화 내용에 맞는 것은 무엇인가?

① 시험에서 사전을 사용해도 된다.

② 시험에서 사전을 사용하는 것은 금지이다.

③ 시험에서 사전을 사용하면 안 된다.

④ 시험은 사전이 없어도 괜찮다.

🌱 018 _____ p.33

A 손님, 치마 사이즈는 어떠신가요?

B 좀 허리가 끼는 것 같아서….

A 다른 사이즈를 가져올까요?

B 네, 조금 더 큰 사이즈를 입어 봐도 될까요?

회화 내용에 맞는 것은 무엇인가?

① 치마는 B씨에게는 조금 크다.

② 치마는 B씨에게 딱 맞다.

③ B씨는 요즘 살이 찐 것 같다.

④ B씨는 다른 사이즈도 입고 싶다고 생각한다.

쪽지 시험 03 _____ p.34

문제1

1 　4 근처 슈퍼는 열 시까지 영업하기 때문에 일이 끝나고 나서도 갈 수 있어서 편리하다.

2 　1 물어보고 싶은 것이 있어서 스즈키 과장의 자리에 갔지만 이미 집에 돌아가 버리고 없었다.

3 　4 모리야마 "스즈키 씨, 다음주 금요일 밤 일정을 비워 두지 않을래?"
스즈키 "응, 알겠어. 근데 왜?"

4 　2 입사 2년째가 되어 이 일에도 익숙해졌습니다.

5 　1 신청서는 검은색 볼펜으로 써 주세요. 연필로 쓰면 안 됩니다.

6 　3 A "부인은 이사에 반대하세요?"
B "그래요. 하지만 오늘 집에 가면 아내와 의논해 볼 생각입니다."

문제2

1 　2 (1423)
혼자 살기 시작한 지 얼마 안 되는지라 1인분 양의 식사를 만드는 것이 어려워서 항상 너무 많이 만들어 난감하다.

2 　3 (2134)
이 미술관에서는 작품을 만지면 안 되므로 주의하세요.

3 　2 (3124)
그러면 슬슬 정리합시다. 이따가 버릴 테니까 쓰레기를 모아 두세요.

4 　2 (3421)
일이 끝나면 전깃불을 끄고 나서 집에 가세요.

5 　3 (2431)
아이가 크면서 큰 집으로 이사하고 싶다고 생각하고 있다.

6 　4 (1342)
야마구치 "이 케이크, 시마다 씨가 만들었어요?"
시마다 "네, 맛있는지 어떤지 드셔 보세요."

🌱 019 _____ p.36

A B씨는 소주는 몇 병 정도 마실 수 있나요?

B 혼자서 세 병은 마실 수 있어요.

A 강하네요.

B 소주는 아무리 마셔도 취하지 않아요.

회화 내용에 맞는 것은 무엇인가?

① A씨는 술을 그다지 좋아하지 않는다.

② A씨는 B씨보다 술이 강하다.

③ B씨는 소주를 많이 마셔도 취한 적이 없다.

④ B씨는 소주는 세 병까지 마실 수 있다.

🌱 020 _____ p.37

A 혹시 500엔짜리 동전 있어?

B 응. 있는데 왜?

A 좀 빌려도 될까? 지갑 가지고 오는 거 깜박해서.

B 되지.

회화 내용에 맞는 것은 무엇인가?

① B씨는 지금 지갑을 갖고 있지 않다.

② A씨는 B씨에게 500엔짜리 동전을 빌려 주겠다고 말했다.

③ A씨는 B씨에게 500엔짜리 동전을 빌려 달라고 부탁했다.

④ A씨는 500엔짜리 동전을 잃어버렸다.

🌱 021 p.38

A 영어를 못하는데 괜찮을까요?

B 네, 영어는 못해도 상관없어요.

A 알겠습니다.

B 중국인 손님이 많으므로 중국어를 할 줄 알면 문제없어요.

회화 내용에 맞는 것은 무엇인가?

① 이 일은 영어도 중국어도 할 줄 알 필요가 있다.

② 이 일은 영어를 못해도 할 수 있다.

③ 이 일은 반드시 영어를 말할 수 있어야 한다.

④ 이 일은 일본인에게는 불가능하다.

🌱 022 p.39

A 검사 때 조심해야 할 것은 있나요?

B 아침밥은 먹지 말고 오세요.

A 알겠습니다.

B 그리고 당분간은 술을 마시지 말고 지내세요.

회화 내용에 맞는 것은 무엇인가?

① 검사 전에 밥을 먹으면 안 된다.

② 검사 전에 밥을 먹어도 되고 먹지 않아도 된다.

③ 검사 전에 밥을 먹어야 한다.

④ 검사가 끝나면 술을 마셔도 괜찮다.

🌱 023 p.40

A 일본어 공부는 어때요?

B 단어도 외워지지 않고 한자도 어렵고 이제 그만두려고 생각 중이에요.

A 지금까지 열심히 했는데 포기하지 마세요.

B 으음. 뭔가 좋은 공부법은 없을까요?

회화 내용에 맞는 것은 무엇인가?

① A씨는 B씨에게 일본어 공부를 포기하라고 말했다.

② A씨는 B씨에게 일본어 공부를 계속하라고 격려했다.

③ A씨는 B씨에게 일본어 공부법을 알려 주었다.

④ A씨는 일본어 공부를 계속하고 싶다고 생각 중이다.

🌱 024 p.41

A 이 우유, 상미기한이 조금 지났는데 괜찮을까?

B 앗, 언젠데?

A 일주일 전.

B 그건 마시지 않는 편이 좋겠어.

회화 내용에 맞는 것은 무엇인가?

① A씨는 B씨에게 상미기한이 지나기 전이라면 마실 수 있다고 조언했다.

② B씨는 A씨에게 그 우유는 마셔도 문제 없다고 조언했다.

③ A씨는 B씨에게 우유의 상미기한이 지나도 괜찮다고 조언했다.

④ B씨는 A씨에게 그 우유는 마시지 말라고 조언했다.

쪽지 시험 04 p.42

문제1

1. 3 A "아, 이거 맛있어 보이네. 먹어도 될까?"
   B "안 돼. 손님에게 줄 거라서."

2. 1 목이 아플 때는 노래를 부르지 않는 편이 좋아요.

3. 2 친구에게 문자해도 전혀 답장이 오지 않는다.

4. 2 A "실례합니다. 여기에 짐을 두어도 괜찮은가요?"
   B "네, 놓아도 됩니다."

5. 1 일기예보에서는 오늘은 맑다고 말했기 때문에 우산을 안 들고 나왔는데 갑자기 비가 쏟아지기 시작해서 다 젖었다.

6. 4 병원에서 받은 약 봉투에는 '오늘부터 5일간 잊지 말고 아침저녁으로 드세요. 차와 함께 드시지 마세요.'라고 써 있었다.

문제2

1. 2 (1324)
   A "이 테스트는 히라가나만 써도 됩니까?"
   B "네, 상관없어요."

2. 4 (1342)
   이 체조는 매일 계속해 주세요. 서서 하는 것이 어려우면 의자에 앉은 채 해도 괜찮습니다.

3. 2 (3124)
   (안내 방송에서)
   남성 "여러분에게 부탁 드립니다. 주스 캔이나 도시락 빈 상자 등은 좌석 아래에 두지 말고 열차 쓰레기통에 버려 주세요."

4. 3 (4132)
   비 오는 날에 우산을 쓰고 자전거를 타는 것은 두 번 다시 하지 마세요.

5 4 (1342)

열이 높을 때는 너무 무리를 하지 않는 편이 좋아요.

6 3 (4132)

이 영화는 지금까지 몇 번이나 봤지만 몇 번 봐도 볼 때마다 감동한다.

🌱 025 _____ p.44

A 이 김치 맛있네요.

B 실은 내가 만들었어요.

A 정말이에요?

B 유튜브에서 영상을 보면서 만들었더니 쉬워요.

회화 내용에 맞는 것은 무엇인가?

① B씨의 김치는 레시피보다도 맛있다.

② B씨는 레시피를 보지 않고도 맛있는 김치를 만들 수 있다.

③ B씨는 동영상으로 레시피를 본 후 김치를 만들었다.

④ B씨는 김치를 만들 때에 동영상을 보고 있었다.

🌱 026 _____ p.45

A 지금까지 어떤 나라에 간 적이 있나요?

B 프랑스랑 스페인 등 유럽이 많네요.

A 아시아 국가도 간 적이 있나요?

B 네, 타이와 베트남에 간 적이 있어요.

회화 내용에 맞는 것은 무엇인가?

① B씨는 유럽에서 2개국 이상 여행한 적이 있다.

② B씨는 지금까지 4개국만 여행한 적이 있다.

③ B씨는 아시아에서 타이와 베트남 외의 나라도 여행한 적이 있다.

④ A씨는 해외 여행을 가고 싶다고 생각하고 있다.

🌱 027 _____ p.46

A 휴대전화 바꿨어요?

B 네, 최근에 발매된 새 모델이에요.

A 새 휴대전화는 어때요?

B 그게… 생각했던 것보다도 사용하기 불편해요.

회화 내용에 맞는 것은 무엇인가?

① 새 휴대전화 디자인은 그다지 좋지 않다.

② B씨는 지금 곧 휴대전화를 바꾸고 싶다고 생각하고 있다.

③ 새 휴대전화는 생각했던 것보다도 편리하지 않았다.

④ A씨도 B씨와 같은 휴대전화를 가지고 싶다고 생각하고 있다.

🌱 028 _____ p.47

A 혹시 요즘 다이어트하고 있어?

B 응. 티 나?

A 제법 살이 빠졌어.

B 실은 지난달부터 헬스클럽 다니기 시작했거든.

회화 내용에 맞는 것은 무엇인가?

① B씨는 지난달까지 헬스클럽에 다니고 있었다.

② B씨는 지난달 헬스클럽에 다니려고 생각하고 있었다.

③ B씨는 지난달부터 헬스클럽에 다니고 있다.

④ B씨는 지난달에는 헬스클럽에 다니지 않았다.

🌱 029 _____ p.48

A 아, 맙소사!

B 무슨 일이야?

A 집에 휴대전화 놓고 와 버린 거 같아.

B 나오기 전에 잘 확인해야지.

회화 내용에 맞는 것은 무엇인가?

① A씨는 휴대전화가 있는데 잊어버리고 왔다고 생각했다.

② A씨는 휴대전화가 있는지 확인했는데 잊어버리고 와 버렸다.

③ A씨는 휴대전화가 있는 것을 확인하고 외출했다.

④ A씨는 휴대전화가 있는지 확인하지 않은 채 외출했다.

🌱 030 _____ p.49

A 새 회사는 어때요?

B 야근도 없고 급료도 높고 일하기 편해요.

A 부러워요.

B 괜찮으면 A씨도 우리 회사로 오지 않을래요?

회화 내용에 맞는 것은 무엇인가?

① B씨의 회사는 급료는 좋지만 일은 힘들다.

② B씨의 회사는 일하는 환경이 아주 좋다.

③ B씨의 회사는 야근이 없는 대신 급료가 높지 않다.

④ B씨의 회사는 야근도 없고 급료도 높지만 스트레스가 쌓인다.

STEP 2

쪽지 시험 05

p.50

문제1

1   4   아들이 내년부터 초등학교에 다니기 시작하다니 믿을 수 없다.

2   2   차를 운전하면서 전화를 하는 것은 위험해요.

3   1   이 신발은 걷기 편하고 발이 피로하지 않기 때문에 마음에 든다.

4   3   장학금을 신청하려면 신청서와 성적증명서 등의 서류가 필요합니다.

5   1   밤에는 어두워서 걷고 있는 사람이 잘 안 보이기 때문에 주의해서 운전합니다.

6   2   일본에 오기 전에 드라마를 보면서 일본에 대해 여러 가지 공부했습니다.

문제2

1   1 (4213)

여기는 유명한 관광지이고, 여러 가지 꽃이 피기 시작하는 이 시기가 가장 아름답다고 한다.

2   1 (3214)

연구를 발표할 때 표나 그래프를 가리키면서 설명하면 이해하기 쉬워집니다.

3   3 (4132)

(서점에서)

A "일본어 사전을 찾고 있는데요. 어느 게 좋을까요?"

B "이건 어떠세요? 예문이 많이 있어서 사용하기 편하다고 생각해요."

4   2 (3421)

이 카메라는 커서 들기 어렵기 때문에 더 가벼운 것을 갖고 싶어요.

5   4 (2143)

마을 도서관에는 책 외에 잡지나 신문 등도 놓여 있다.

6   2 (1423)

'나이를 먹고 몸을 움직일 수 없게 되기 전에 다양한 나라를 여행하고 싶다'고 말하며 부모님은 해외로 갔다.

🌿 031

p.54

A   얼굴이 빨간데 괜찮아요?

B   좀 열이 있는 것 같아요.

A   큰일이네요. 병원에 가는 편이 좋겠어요.

B   그렇게 할게요. 점심시간 동안에 다녀올게요.

회화 내용에 맞는 것은 무엇인가?

①   B씨는 점심시간 전에 병원에 갈 생각이다.

②   B씨는 점심시간에 병원에 갈 생각이다.

③   B씨는 점심시간 후에 병원에 갈 생각이다.

④   B씨는 병원에 가고 나서 점심을 먹을 예정이다.

🌿 032

p.55

A   B씨는 정말 테니스를 잘하네요.

B   고마워요.

A   나는 아무리 연습해도 잘 안돼요.

B   괜찮으면 다음에 함께 연습하지 않을래요?

회화 내용에 맞는 것은 무엇인가?

①   A씨는 많이 연습했지만 테니스를 못한다.

②   A씨는 많이 연습해서 테니스를 잘한다.

③   A씨는 테니스 감각이 있다.

④   A씨는 B씨에게 테니스를 배우고 있다.

🌿 033

p.56

A   다녀왔어.

B   어서 와.

A   와. 뭔가 좋은 냄새가 나.

B   쿠키 구워 봤어. 좀 먹어 볼래?

회화 내용에 맞는 것은 무엇인가?

①   A씨는 뭔지는 모르지만 맛있는 냄새를 알아챘다.

②   쿠키는 그다지 좋은 냄새가 아니었다.

③   A씨는 쿠키 냄새를 그다지 좋아하지 않는다.

④   A씨는 B씨가 쿠키를 구운 것을 알고 있었다.

🌿 034

p.57

A   시험은 어땠어요?

B   생각했던 것보다는 잘 봤는데….

A 다행이네요.

B 하지만 합격할지 어떨지는 자신이 없어요.

회화 내용에 맞는 것은 무엇인가?

① B씨는 생각했던 것보다 시험이 쉬워서 합격할 것이라는 자신이 있다.

② B씨는 자신이 없었지만 시험에 합격했다.

③ B씨는 시험에 합격할지도 모르고 불합격할지도 모른다.

④ B씨는 시험이 쉬웠지만 불합격이었다.

🍃 035 _____ p.58

A 여보세요. B씨. 지금 어디쯤이에요?

B 난 곧 가게에 도착할 것 같아요.

A 그런가요? 실은 길이 막혀서 조금 늦을지도 몰라요.

B 알겠어요. 조심히 오세요.

회화 내용에 맞는 것은 무엇인가?

① A씨는 B씨에게 약속 시간을 변경하면 좋겠다고 부탁했다.

② A씨는 약속 시간을 틀렸다.

③ A씨는 가게에 조금 늦게 갈 생각이다.

④ A씨는 약속 시간에 조금 늦을 가능성이 있다.

🍃 036 _____ p.59

A 이 제트코스터 정말 타나요?

B 물론이죠. 가장 인기 있는 놀이 기구인 걸요.

A 난 좀 무리일지도 모르겠어요.

B 그렇게 무서워하지 않아도 괜찮아요.

회화 내용에 맞는 것은 무엇인가?

① A씨는 옛날에는 제트코스터를 못 탔다.

② A씨는 제트코스터를 무척 좋아한다.

③ A씨는 제트코스터를 타는 것이 무섭다.

④ B씨는 제트코스터를 타는 것이 무섭다.

쪽지 시험 06 p.60

문제1

1 | 3 다나카 선생님이 강연하는 동안 학생들은 열심히 이 야기를 듣고 있었다.

2 | 2 야마다 씨에게 부탁하면 이 일을 도와줄지도 몰라.

3 | 3 이 조사 결과가 정말 맞을지 여부는 다시 한번 조사해 볼 필요가 있다.

4 | 4 A "매일 아침밥을 먹나요?"
　　 B "네. 아무리 바빠도 꼭 먹습니다."

5 | 1 근처를 산책하고 있자니 뭐라고 말할 수 없이 맛있을 것 같은 커피 향기가 났다.

6 | 2 딸은 유치원에 가는 것을 싫어했지만 지금은 친구도 생겨서 즐겁게 다니고 있다.

문제2

1 | 3 (1324)
아무리 공부를 싫어해도 시험 때 정도는 공부해야 하는 법이다.

2 | 1 (2314)
일본에 유학하는 동안에 교토에 가 보고 싶다.

3 | 2 (3421)
지난밤 아무도 없을 게 분명한 방에서 소리가 나 무서워 잠을 잘 수 없었다.

4 | 1 (3214)
운동회를 할지 여부는 내일 날씨를 보고 정하기로 합시다.

5 | 4 (3142)
방을 정리하려면 필요없는 것을 버리는 것이 제일인데 언젠가 사용할지 모른다고 생각하면 좀처럼 버릴 수 없다.

6 | 3 (2134)
아이는 무엇이든 흥미를 가지고 만지고 싶어하기 때문에 위험한 것은 아이 손이 닿지 않는 곳에 둘 필요가 있습니다.

🍃 037 _____ p.62

A B씨 부부는 정말 사이가 좋네요.

B 아하하. 그런가요?

A 우리집은 항상 싸우기만 해서….

B 우리도 가끔 싸울 때가 있어요.

회화 내용에 맞는 것은 무엇인가?

① B씨 부부는 자주 싸운다.

② B씨 부부는 사이가 좋은 것처럼 보이지만 실제로는 사이가 나쁘다.

③ B씨 부부는 지금까지 한 번도 싸운 적이 없다.

④ B씨 부부는 사이가 좋지만 가끔 싸우기도 한다.

🍃 038 _____ p.63

A 실은 최근 중국인 여자친구가 생겼어요.

B 축하드려요. 그녀는 일본어를 말할 수 있나요?

A 아니요. 하지만 서로 영어로 말할 수 있으니까 괜찮아요.

B 그렇군요.

회화 내용에 맞는 것은 무엇인가?
① A씨의 여자친구는 일본어를 잘한다.
② A씨의 여자친구는 영어가 가능하다.
③ A씨는 중국어가 가능하다.
④ A씨는 영어를 못한다.

🍃 039 _____ p.64

A 갑작스러운 이야기지만 이번 달 말로 회사를 그만두게 되었습니다.
B 정말이에요?
A 네. 남편 일 때문에 미국에 가게 되었거든요.
B 아쉽네요.

회화 내용에 맞는 것은 무엇인가?
① A씨는 회사를 그만둘 생각은 없었지만 가정 사정 때문에 그만두어야 하게 되었다.
② A씨는 일이 힘들어서 회사를 그만두고 싶다고 생각하고 있었다.
③ A씨의 남편은 일을 그만두는 것을 반대한다.
④ A씨는 옛날부터 미국에 사는 것이 꿈이었다.

🍃 040 _____ p.65

A B씨, 이야기하고 싶은 게 있는데요.
B 뭔데요?
A 저와 사귀지 않겠어요?
B 마음은 고마운데 좀 생각하게 해 주세요.

회화 내용에 맞는 것은 무엇인가?
① B씨는 A씨의 고백을 거절하고 싶다고 생각하고 있다.
② B씨는 조금 생각할 시간이 필요하다고 생각하고 있다.
③ B씨는 A씨의 갑작스러운 고백에 아무것도 생각하고 싶지 않다고 생각하고 있다.
④ B씨는 A씨에게 다시 한번 생각하길 바란다고 부탁했다.

🍃 041 _____ p.66

A 새 아파트는 어때요?
B 넓고 역에서도 가까워서 살기 좋아요.
A 잘되었네요.
B 다음에 꼭 놀러 오세요.

회화 내용에 맞는 것은 무엇인가?
① B씨의 집은 넓지만 역에서 멀다.
② B씨의 집은 넓지는 않지만 역에서 가깝다.
③ B씨의 집은 넓은 대신 역에서 거리가 있다.
④ B씨의 집은 넓고 역에서도 가깝다.

🍃 042 _____ p.67

A 배고파. 늦잠 자서 아침밥을 못 먹었어.
B 항상 아침밥 먹고 출근해?
A 응. B씨는?
B 아침에는 커피밖에 안 마셔.

회화 내용에 맞는 것은 무엇인가?
① B씨는 매일 아침 커피는 마시지 않으려고 하고 있다.
② B씨는 오늘 아침에는 커피를 마시지 않았다.
③ B씨의 아침밥은 커피뿐이다.
④ B씨는 아침밥을 못 먹어서 배가 고프다.

쪽지 시험 07 _____ p.68

문제1

1	2 그것에 대해서는 내게 설명하게 해 주세요.
2	1 이 버스는 비 오는 날에는 종종 늦을 때가 있다.
3	3 A대학은 캠퍼스가 좁아서 이전하게 되었다.
4	4 쇼핑을 많이 했기 때문에 지갑에 500엔 정도밖에 남지 않았다.
5	3 지금 하는 아르바이트는 일이 힘들고 받을 수 있는 돈도 적어서 그만둘 생각이다.
6	2 마음에 든 아파트를 찾을 수 있을 때까지 시간을 들여 찾고 싶다고 생각하고 있다.

문제2

1 　1 (2314)
회사에서 집에 가는 길에 역 한 정거장 전에 내려서 집까지 걸어가는 경우가 있다.

2 　2 (1324)
예정한 시간 내에 결론이 나오지 않았기 때문에 회의가 한 시간 연장되었다.

3 　4 (3142)
평일인데도 놀이 기구는 혼잡해서 좀처럼 생각한 대로 타지 못해서 아쉬웠습니다.

4 　4 (1243)
케이크 가게에 가니 거의 다 팔려서 딸기 케이크와 초콜릿 케이크 하나씩밖에 남아 있지 않았다.

5 　3 (4231)
(전화로)
손님 "죄송합니다. 갑자기 볼일이 생겨서 오늘 예약을 취소하고 싶습니다."

도쿄는 항상 시끄럽다고 한다. 하지만 아침 이른 시간만큼은 아주 조용해서 자동차는 거의 달리지 않고 가게도 닫혀 있다.

🍃 043 _____ p.70

A 선생님, 죄송해요. 숙제를 집에 놓고 와 버렸습니다.

B A씨가 물건을 두고 올 때가 있다니 별일이네요.

A 내일은 꼭 가지고 올게요.

B 네, 내일은 잊지 말고 가져 와요.

회화 내용에 맞는 것은 무엇인가?

① A씨는 숙제를 해 오지 않았다.

② A씨는 잊지 않고 숙제를 가지고 왔다.

③ A씨는 숙제를 하지 않아서 거짓말을 했다.

④ B씨는 A씨에게 잊지 말고 숙제를 가지고 오라고 말했다.

🍃 044 _____ p.71

A 준비 다 했어?

B 미안. 조금 더 걸릴 것 같아.

A 밖에 택시 기다리게 했는데….

B 정말? 서둘러서 준비할게!

회화 내용에 맞는 것은 무엇인가?

① A씨는 택시 운전 기사에게 기다려 달라고 부탁했다.

② 밖에서 기다리는 택시는 빨리 하지 않으면 가 버린다.

③ B씨는 조금 더 기다려 달라고 택시 운전 기사에게 부탁했다.

④ B씨는 새 택시를 부를 생각이다.

🍃 045 _____ p.72

A 내일 운동회는 괜찮을까요?

B 일기예보에 따르면 내일은 비라네요.

A 정말이에요?

B 하지만 저녁부터 내린다고 하니 괜찮지 않을까요?

회화 내용에 맞는 것은 무엇인가?

① 일기예보에서는 내일 저녁부터 비가 그칠 것이라고 말한다.

② B씨는 날씨를 보고 내일은 비가 올지도 모른다고 예상한다.

③ 일기예보에서는 내일 저녁부터 비라고 말한다.

④ 내일 운동회는 비가 내려도 괜찮다.

🍃 046 _____ p.73

A 그 가방 무척 멋있네.

B 고마워.

A 비싸 보이는 가방인데 어디서 났어?

B 언니한테 선물 받았어.

회화 내용에 맞는 것은 무엇인가?

① B씨의 가방 가격은 비싸다.

② B씨의 가방은 비싸 보이지만 실제로는 저렴하다.

③ B씨의 가방은 고가로 보인다.

④ B씨의 가방은 비싸게는 보이지 않는다.

🍃 047 _____ p.74

A B씨, 아직 집에 안 가요?

B 공장에서 문제가 좀 있어서.

A 힘들겠어요.

B 응. 오늘은 집에 갈 수 있을 것 같지 않아.

회화 내용에 맞는 것은 무엇인가?

① B씨는 오늘은 집에 가지 못할 가능성이 높다.

② B씨는 이제 곧 집에 갈 생각이다.

③ B씨는 오늘은 집에 가고 싶지 않다.

④ B씨는 이제 곧 집에 갈 수 있다.

🍃 048 _____ p.75

A 어? B씨, 와인 안 마셔요?

B 네.

A 술을 좋아한다고 들었는데 의외네요.

B 실은 와인만 못 마셔요.

회화 내용에 맞는 것은 무엇인가?

① B씨는 와인은 마실 수 있지만 다른 술은 마실 수 없다.

② B씨는 와인 이외의 술은 무엇이든 마실 수 있다.

③ B씨는 술은 무엇이든 좋아한다.

④ B씨는 실은 술을 못 마신다.

쪽지 시험 08 _____ p.76

문제1

1 4 이 곡은 내게는 너무 어려워서 칠 수 있을 것 같지 않다.

2 4 다나카 씨는 두 시까지는 회의라서 전화를 받을 수 없다고 합니다.

3 3 어제는 무척 바빠서 늦은 시간까지 아무것도 먹지 않고 일을 했다.

3 3 어제는 무척 바빠서 늦은 시간까지 아무것도 먹지 않고 일을 했다.

4 2 다카하시 "졸려 보이네."
기무라 "응. 밤새 깨 있다가 오늘 아침 조금 잤을 뿐이거든."

5 1 아이에게는 부모가 아니라 아이의 흥미가 있는 것을 배우게 하는 편이 좋다.

6 3 태풍이 접근하여 바람이 몹시 강해서 공원의 나무는 금방이라도 쓰러질 것 같다.

문제2

1 2 (1324)
이 과자는 모든 재료를 잘 섞어서 굽기만 하면 되니까 누구든 쉽게 만들 수 있습니다.

2 3 (2341)
폭우 속에 우산도 쓰지 않고 집에 온 탓인지 감기에 걸려 버린 것 같다.

3 1 (4213)
나는 친구가 무엇인가 말하고 싶어하는 듯한 얼굴인 것을 보고 말을 걸었다.

4 3 (1432)
A "딸이 운전 면허를 따고 싶다는데 이래저래 걱정입니다."
B "그 마음 잘 알지요. 하지만 나중에 필요해질지도 모르니까 따게 하면 어떻습니까?"

5 4 (3241)
스즈키 "내일은 소풍이네요. 먹을거리는 나카무라 씨, 카메라는 야마다 씨. 됐나요?"
나카무라 "저, 야마다 씨한테 아까 전화가 왔는데 내일은 못 간대요."

6 2 (4231)
(교실에서)
학생 "선생님, 죄송합니다. 내일까지 숙제를 다 못 할 것 같은데 조금만 더 기다려 주시겠습니까?"

🍃 049 _____ p.78

A 여름휴가에 오키나와에 가려고 생각 중이야.
B 부럽네.
A B씨도 간 적 있어?
B 후쿠오카까지는 간 적 있는데 오키나와는 아직이야.

회화 내용에 맞는 것은 무엇인가?

① B씨는 옛날에 오키나와에 여행을 간 경험이 있다.
② B씨는 옛날에 후쿠오카에 여행을 간 경험이 있다.
③ B씨는 지금까지 후쿠오카와 오키나와에 간 경험이 있다.
④ B씨는 아직 후쿠오카에도 오키나와에도 간 경험이 없다.

🍃 050 _____ p.79

A 여보세요. 지금 어디쯤이야?
B 막 가게에 도착한 참이야.
A 나도 지금 역에 도착했으니까 금방 갈게.
B 알았어.

회화 내용에 맞는 것은 무엇인가?

① A씨는 이제 곧 역에 도착할 것 같다.
② B씨는 이제 곧 가게에 도착할 것 같다.
③ B씨는 지금 가게에 도착했다.
④ B씨가 가게에 도착하고 나서 시간이 좀 지났다.

🍃 051 _____ p.80

A 어라? 이상하네.
B 무슨 일이에요?
A 휴대전화가 갑자기 작동하지 않아서.
B 그 휴대전화 아직 산 지 얼마 안되었잖아요.

회화 내용에 맞는 것은 무엇인가?

① A씨는 최근에 휴대전화를 새것으로 바꾸었다.
② B씨는 휴대전화를 사고 나서 별로 시간이 지나지 않았다.
③ A씨는 같은 휴대전화를 오래 사용하는 중이다.
④ B씨는 휴대전화를 새로 사고 싶다고 생각하는 중이다.

🍃 052 _____ p.81

A 어라? 하야시 씨, 또 휴가인가?
B 맞아요. 지난주부터 쭉 쉬고 있어서 걱정이네요.
A 연락 좀 해 보면?
B 그러겠습니다.

회화 내용에 맞는 것은 무엇인가?

① 하야시 씨는 지난주부터 회사를 쉬고 있다.
② 히야시 씨는 지난주에는 건강했지만 이번 주는 회사를 쉬고 있다.
③ 하야시 씨의 회사는 지난주부터 쭉 휴가이다.
④ B씨는 지난주부터 쭉 회사를 쉬고 싶어하고 있다.

🍃 053 _____ p.82

A 어서 와. 꽤 늦었네.
B 일이 좀 쌓여 있어서.
A 오늘은 피곤할 테니까 집안일은 내가 해 둘게.
B 고마워.

회화 내용에 맞는 것은 무엇인가?

① B씨는 평소보다 빨리 집에 왔다.

② B씨는 야근했지만 그다지 피곤하지 않다.

③ A씨는 B씨가 야근 때문에 피곤하다고 생각하고 있다.

④ B씨는 야근 때문에 몹시 피곤하다고 말했다.

🍃 054 _____ p.83

A 주말 파티 말인데, 몇 명 정도 올 예정인가요?

B 지금은 열 명 정도예요. 그 외에도 더 초대할 생각입니다.

A 나도 친구를 초대해 볼게요.

B 고마워요.

회화 내용에 맞는 것은 무엇인가?

① B씨는 파티에 친구를 많이 초대하지 않았다.

② B씨는 파티에 친구를 많이 초대했기 때문에 이제 충분하다고 생각한다.

③ B씨는 파티에 친구를 많이 부르려고 생각한다.

④ B씨는 파티에 친구를 많이 부르고 싶지 않다고 생각한다.

쪽지 시험 09 _____ p.84

문제1

| 1 | 1 지금 일을 그만두고 어떡할 생각입니까?

| 2 | 4 나는 때때로 전깃불을 켠 채로 아침까지 자 버리는 경우가 있다.

| 3 | 2 아직 이 만화를 읽은 적이 없습니다.

| 4 | 3 A "이 한자 어떻게 읽어?"
B "뭐야, 방금 막 배웠는데 어째서 잊어버린 거야?"

| 5 | 2 아이 "잘 먹겠습니다. 앗? 고기 요리는 없어? 채소뿐이네."
엄마 "좀 기다려. 지금 막 다 된 참이니까."

| 6 | 4 그는 술을 좋아하니까 지금쯤은 또 술집에서 마시고 있을 거야.

문제2

| 1 | 2 (3421)
지금 전철에서 막 내린 참이니까 앞으로 10분 정도면 회사에 도착할 거라고 생각한다.

| 2 | 1 (4312)
지난주에 백화점에서 산 새 우산을 어딘가에서 떨어뜨려 버렸다.

| 3 | 4 (1342)
A "나는 내일 콘서트에 갈 생각인데 당신도 같이 가지 않을래요?"
B "응, 당신이 간다면 나도 가고 싶어요."

| 4 | 1 (3214)
지금 내 마음은 분명 당신은 모를 것이고 당신이 알아주길 바라지도 않아.

| 5 | 1 (2413)
역 매점에서 신문을 샀다. 전철 자리가 비어 있지 않았기 때문에 서 있는 채로 신문을 읽었다.

| 6 | 3 (4231)
다케우치 "야마다 씨, 무라타 상사의 야마시타 씨 알아요?"
야마다 "야마시타 씨라면 이름은 들은 적이 있는데 만난 적은 없습니다."

🍃 055 _____ p.86

A 이 도시락 아주 맛있어.

B 정말? 다행이다.

A 매일 먹고 싶을 정도야.

B 그러면 내일도 만들어 와 줄게.

회화 내용에 맞는 것은 무엇인가?

① 내일은 A씨가 B씨를 위해 도시락을 만들 생각이다.

② B씨는 내일도 A씨를 위해 도시락을 만들 생각이다.

③ B씨는 내일은 A씨의 도시락을 먹고 싶다고 말했다.

④ 내일은 A씨가 도시락을 사 올 생각이다.

🍃 056 _____ p.87

A 요즘 너무 무리하는 거 아네요?

B 천만 엔 모을 때까지는 열심히 해야 해요.

A 돈이 많이 있는 것보다도 건강한 것이 중요해요.

B 그건 그렇지만요.

회화 내용에 맞는 것은 무엇인가?

① B씨는 건강하다.

② B씨는 부자이다.

③ A씨는 B씨에게 돈보다 건강이 중요하다고 말했다.

④ B씨는 건강을 위해 돈이 필요하다고 생각하고 있다.

🍃 057 _____ p.88

A 내일 회식 가게는 어디가 좋을까요?

B 늘 가던 가게로 괜찮지 않아? 부장님 거기 좋아하시고.

A 알겠습니다.

B 예약 부탁할게.

회화 내용에 맞는 것은 무엇인가?

① B씨는 회식 장소로 늘 이용하는 가게를 제안했다.
② B씨는 회식 가게는 A씨에게 맡기겠다고 말했다.
③ B씨는 부장님과 함께 마시고 싶지 않다고 생각하고 있다.
④ 늘 가는 가게는 부장님은 좋아하지만 B씨는 좋아하지 않는다.

🍃 058 _____ p.89

A 여보세요. 지금 어디쯤이에요?
B 미안해요. 지금 가는 중이에요.
A 약속 시간 꽤 지났는데요.
B 정말 죄송합니다.

회화 내용에 맞는 것은 무엇인가?

① B씨는 이제부터 약속 장소로 향할 생각이다.
② B씨는 지금 회사를 출발했다.
③ B씨는 약속 장소에 지금 도착했다.
④ B씨는 약속 장소로 가는 도중이다.

🍃 059 _____ p.90

A 그 피어스 아주 멋져요.
B 고마워요.
A 선물이에요?
B 네. 남자친구가 사 주었어요.

회화 내용에 맞는 것은 무엇인가?

① B씨는 남자친구에게 피어스를 사 주었다.
② B씨의 남자친구는 B씨에게 피어스를 사 주었다.
③ B씨는 남자친구에게 피어스를 사게 했다.
④ B씨는 얼마 전 생일이었다.

🍃 060 _____ p.91

A 지금 한가해?
B 응. 무슨 일인데?
A 책상 옮기는 것 좀 도와줬으면 해서.
B 좋아.

회화 내용에 맞는 것은 무엇인가?

① A씨는 B씨를 도울 생각이다.
② B씨는 A씨의 도움이 필요하다.
③ A씨는 B씨의 도움을 빌리고 싶다.
④ B씨는 지금 바쁘다.

쪽지 시험 10 _____ p.92

문제1

1 **1** 다나카 부장님은 항상 출장에서 돌아오는 길에 선물을 사 와 줍니다.

2 **4** A "감사 편지는 이미 보냈나요?"
　 B "아니요, 지금 쓰는 중이에요."

3 **2** 실례합니다. 지금 공부하고 있으니까 너무 큰 소리를 내지 않았으면 좋겠습니다.

4 **3** 일본은 비가 많이 오는 나라라서 물이 풍부하다고 말하지만 실상은 그렇지도 않다.

5 **2** 남동생이 고민하고 있던 것은 알았지만 그때 나는 논문이 바빠서 아무것도 이야기를 들어주지 못했다.

6 **1** A "빌린 책 돌려주는 거 다음에 대학에서 만났을 때여도 괜찮을까? 오늘 깜빡하고 안 가지고 왔어."
　 B "응, 괜찮아."

문제2

1 **4** (1342)
'하수'란 부엌 등에서 사용한 오염된 물이다.

2 **2** (3124)
물부족으로 난처한 나라가 많다. 모두 물의 소중함을 알아주길 바라고 있다.

3 **1** (4312)
야마시타 씨는 무언가 걱정거리가 있는지 기운이 없다. 무슨 일이 있는지 물어도 대답해 주지 않아서 아무것도 해줄 수 없다.

4 **2** (1423)
후배 "이 회사는 급료는 좋아 보이지만 인간관계가 번거롭겠어요. 지금 고민하는 중인데 선배는 어떻게 생각해요?"
선배 "인간관계? 그건 주의하는 편이 좋아."

5 **3** (2134)
(꽃집에서)
가게 직원 "이 꽃에 물을 주는 것은 보통은 일주일에 한 번이면 충분하다고 생각하지만 여름에는 더우니까 일주일에 두 번 정도 주세요."

6 **1** (2413)
아이는 세 살 정도가 되면 이것저것 질문이 많아지는데 귀찮다고 생각하지 말고 잘 대답해 주도록 합시다.

🍃 061 _____ p.94

A 미안해요. 갑자기 일이 생겨 버려서 만나는 건 다음주여도 괜찮을까요?
B 어쩔 수 없죠. 다음주도 괜찮아요.
A 다음주는 언제가 비어 있어요?
B 평일이든 주말이든 언제든 괜찮아요.

회화 내용에 맞는 것은 무엇인가?

① B씨는 다음주는 평일도 주말도 바쁘다.

② B씨는 다음주 평일이 비어 있다.

③ B씨는 다음주 주말만 괜찮다.

④ B씨는 다음주 언제든 시간을 만들 수 있다.

🍃 062 _____ p.95

A B씨, 이 김치 맛은 어떤가요?

B 무척 맛있어요. 어디에서 샀어요?

A 실은 직접 만든 거예요. 한국인 친구에게 배웠어요.

B 놀랐어요!

회화 내용에 맞는 것은 무엇인가?

① B씨는 A씨에게 김치 만드는 법을 알려 주었다.

② A씨는 B씨에게 김치 만드는 법을 알려 주었다.

③ A씨는 한국인 친구에게 김치 만드는 법을 배웠다.

④ 김치는 사실 A씨의 한국인 친구가 만든 것이다.

🍃 063 _____ p.96

A 다녀왔습니다.

B 수고하셨습니다. 과장님, 아까 C사의 야마모토 씨라는 분에게 전화가 왔었습니다.

A 알았어. 야마모토 씨가 뭐라셔어?

B 나중에 다시 전화 주신다고 했어요.

회화 내용에 맞는 것은 무엇인가?

① A씨에게 야마모토 씨에게서 전화가 왔었다.

② A씨에게 전화를 건 사람은 아마 야마모토 씨이다.

③ A씨에게 야마모토 씨의 과장에게서 전화가 왔었다.

④ A씨에게 전화를 건 사람은 야마모토 씨가 아니었다.

🍃 064 _____ p.97

A B씨, 상담할 게 좀 있는데.

B 무슨 일이야?

A 이번에 여자친구 생일인데 선물은 뭐가 좋을까?

B 목걸이라든가 반지라든가 액세서리가 좋지 않을까?

회화 내용에 맞는 것은 무엇인가?

① B씨는 선물은 목걸이와 반지가 아닌 것이 좋다고 조언했다.

② B씨는 선물은 목걸이나 반지 같은 액세서리가 좋다고 조언했다.

③ B씨는 선물은 액세서리 이외의 것이 좋다고 조언했다.

④ B씨는 선물은 목걸이와 반지가 좋다고 조언했다.

🍃 065 _____ p.98

A 지금 좀 시간 있어?

B 무슨 일이야?

A 실은 상담하고 싶은 게 있어서.

B 미안. 이제부터 외출하려는 참이라서 나중에 또 괜찮을까?

회화 내용에 맞는 것은 무엇인가?

① B씨는 지금 막 외출했다.

② B씨는 지금 외출에서 막 돌아왔다.

③ B씨는 외출하기 직전이다.

④ B씨는 A씨를 위해서 나가려던 것을 그만둘 생각이다.

🍃 066 _____ p.99

A 요즘 연습 나오지 않던데 무슨 일 있어?

B 실은 이제 축구 그만두려고 생각 중이야.

A 왜? 지금까지 열심히 했는데 포기하지 마.

B 나도 가능하면 계속하고 싶지만….

회화 내용에 맞는 것은 무엇인가?

① B씨는 A씨에게 축구는 이제 그만두었다고 말했다.

② A씨는 B씨에게 축구 선수의 꿈은 포기하는 편이 좋다고 말했다.

③ A씨는 B씨에게 축구를 그만두지 말라고 말했다.

④ A씨는 B씨에게 축구를 그만두고 싶다고 말했다.

쪽지 시험 11 _____ p.100

문제1

1 　2 '여기에 쓰레기를 버리지 마!'라고 써 있다.

2 　4 이 그릇은 디자인이 좋아서 일식이든 양식이든 어떤 요리에도 쓸 수 있다.

3 　1 이번 주 토요일 교류회는 '베네치아'라는 이탈리아 요리 레스토랑에서 했습니다.

4 　2 A "세미나는 벌써 시작했나요?"
　　　B "이제부터 발표가 행해질 참이에요."

5 　3 A "슈퍼에서 무엇인가 샀나요?"
　　　B "네, 소고기라든가 채소라든가 여러 가지 샀어요."

6 　4 난처할 때 저 사람이 도와 줘서 눈물이 날 만큼 고마웠다.

문제2

1 　4 (3241)

다음 보고서는 국제 무역이라는 주제로 쓰려고 생각 중입니다.

2	2 (4123)

(구청 홈페이지에서)

일상생활에서 곤란한 일이 있다면 육아든 무엇이든 상담하러 와 주세요. 상담 창구는 구청 2층에 있습니다.

3	1 (2314)

차라든가 커피라든가 카페인이 들어간 음료는 자기 전에 지나치게 마시지 않으려고 하고 있습니다.

4	2 (3421)

괴로워하고 있을 때는 누군가가 이야기를 들어 주기만 해도 마음이 편해지는 경우가 있다.

5	4 (1243)

이 공원 연못은 깊어서 위험하기 때문에 관리 사무소가 몇 년인가 전에 연못에 들어가지 말라는 간판을 세웠다.

6	3 (4231)

(전화로)

A "여보세요. 상담하고 싶은 게 좀 있는데 지금 괜찮으세요?"

B "아, 미안. 지금 막 전철에 타려는 참이니까 전철에서 내리면 내가 전화할게."

🍃 067 _____ p.102

A 요즘 얼굴빛이 안 좋은데 괜찮아?

B 실은 별로 잠을 안 자서.

A 시험 공부도 중요하지만 잠을 제대로 자야만 해.

B 고마워.

회화 내용에 맞는 것은 무엇인가?

① A씨는 B씨에게 시험에 합격할 때까지 자면 안 된다고 말했다.

② A씨는 B씨에게 제대로 자야 한다고 말했다.

③ B씨는 A씨에게 시험에 합격할 때까지 잘 수 없다고 말했다.

④ B씨는 A씨에게 오늘도 자지 않을 생각이라고 말했다.

🍃 068 _____ p.103

A 이 작문 아주 잘 쓰였네요.

B 고맙습니다.

A 시간 걸렸겠어요.

B 네. 납득할 때까지 몇 번이고 다시 썼어요.

회화 내용에 맞는 것은 무엇인가?

① B씨는 작문을 몇 번이나 수정했다.

② B씨는 작문을 또 수정하고 싶다고 생각하고 있다.

③ A씨는 B씨의 작문을 고쳐 줄 생각이다.

④ B씨는 작문을 한 번도 수정하지 않았다.

🍃 069 _____ p.104

A 아직 텔레비전 보고 있니?

B 이것만 보면 잘 테니까!

A 내일도 학교니까 얼른 자렴.

B 네.

회화 내용에 맞는 것은 무엇인가?

① A씨는 B씨에게 빨리 자라고 명령했다.

② A씨는 B씨에게 프로그램이 끝날 때까지 자지 않아도 된다고 말했다.

③ A씨는 B씨에게 빨리 자는 편이 좋겠다고 조언했다.

④ B씨는 빨리 자고 싶다고 생각하고 있다.

🍃 070 _____ p.105

A 뭐로 할 거예요?

B 모두 다 맛있어 보여서 고민이네요.

A 나는 치즈케이크로 할게요.

B 그럼 나는 애플파이로 할게요.

회화 내용에 맞는 것은 무엇인가?

① A씨는 치즈케이크를 만들 생각이다.

② A씨는 애플파이를 만들 생각이다.

③ B씨는 치즈 케이크를 주문할 생각이다.

④ B씨는 애플파이를 주문할 생각이다.

🍃 071 _____ p.106

A 실례합니다. 좀 물어보고 싶은 게 있는데요.

B 무슨 일이세요?

A 신주쿠 역까지 가려면 어디에서 갈아타야 할까요?

B 도쿄역에서 갈아타는 게 가장 좋아요.

회화 내용에 맞는 것은 무엇인가?

① B씨는 지금 신주쿠 역에 있다.

② B씨는 신주쿠 역까지 가기 위한 방법을 알려 주었다.

③ B씨는 신주쿠 역을 지나지 않고 목적지에 가고 싶다.

④ B씨는 신주쿠 역까지 가기 위한 방법을 묻고 있다.

🍃 072 _____ p.107

A 그렇게 기침을 하고 혹시 감기야?

B 아니. 감기가 아니라 꽃가루 알레르기야.

A 벌써 그런 계절인가?

B 매년 힘들어.

회화 내용에 맞는 것은 무엇인가?

① B씨는 감기 때문에 기침이 멈추지 않는다.

② B씨는 꽃가루 알레르기 때문에 힘들다.

③ B씨는 기침이 심해서 꽃가루 알레르기일지도 모른다.

④ B씨는 올해 꽃가루 알레르기에 걸릴지도 모른다.

쪽지 시험 12 p.108

문제1

1 3 엄마 "오늘은 추우니까 따뜻한 옷을 입으렴."
아이 "응. 알았어."

2 4 (레스토랑에서)
A "뭐가 좋을까. 나는 스파게티랑 커피."
B "나는 배가 안 고프니까 밀크티만 할래."

3 1 발표에서 쓸 자료에 오류가 있었지만 지금부터 다시 작성하기에는 이미 시간이 없다.

4 2 오늘 중으로 내야만 하는 보고서가 아직 끝나지 않아서 큰일이다.

5 2 (전화로)
A "죄송하지만 지금 다나카는 다른 전화를 받고 있습니다. 조금 기다려 주시겠습니까?"
B "그러면 10분 정도 있다가 다시 걸겠습니다."

6 4 야마다 "나카무라 씨의 그 목걸이 예쁘네요. 어디서 샀나요?"
나카무라 "아, 이건 산 게 아니고 직접 만든 거예요."

문제2

1 3 (2431)
이 사이트의 회원이 되기 위해서는 가입에 필요한 정보를 입력해야 합니다.

2 2 (1423)
계산이 틀린 듯하여 다시 한번 처음부터 계산해 보기로 했다.

3 1 (3412)
모처럼 여행을 왔으니까 다양한 곳을 천천히 둘러 보고 싶다.

4 1 (2413)
A "이번 파티에서 입을 옷 말인데 이건 어때?"
B "음. 그 옷은 그만두는 편이 좋겠으니 다른 것으로 하자."

5 2 (1423)
어른에게 위험하니 그만두라는 말을 들어도 아이가 다치거나 무서워지는 경험이 없으면 왜 위험한지 이해할 수 없는 듯하다.

6 4 (2143)
A "내일 회의를 위해서 자료 복사나 컴퓨터 준비를 해야 하니까 좀 도와줬으면 하는데."
B "응. 좋아."

 **073** p.110

A 부장님, 바쁘신데 죄송합니다.

B A씨, 무슨 일이야?

A 실은 몸이 별로 안 좋아서 오늘 회식은 불참해도 될까요?

B 괜찮아? 아쉽지만 할 수 없지.

회화 내용에 맞는 것은 무엇인가?

① A씨는 회식 때문에 몸이 좋지 않다.

② A씨는 회식에 가고 싶지 않아서 거짓말을 했다.

③ A씨는 몸이 좋지 않지만 회식에는 갈 생각이다.

④ A씨는 몸이 나빠서 회식에는 가지 않을 생각이다.

074 p.111

A 앗! 이 쿠키 짜!

B 레시피대로 만들었는데 이상하네.

A 정말?

B 아! 설탕이랑 소금 헷갈렸을지도.

회화 내용에 맞는 것은 무엇인가?

① 레시피대로 만들었기 때문에 쿠키는 맛있었다.

② 레시피대로 만들었다고 생각했지만 쿠키는 맛있지 않았다.

③ 레시피대로 만든 탓에 쿠키는 맛있지 않았다.

④ 레시피대로 만든 결과 쿠키는 맛있지 않았다.

075 p.112

A 앗? 저기 있는 사람 스즈키 씨 아냐?

B 설마. 스즈키 씨라면 출장 때문에 오사카에 있을 텐데.

A 그럼 닮은 사람인가 봐.

B 어디 있는 사람?

회화 내용에 맞는 것은 무엇인가?

① B씨는 A씨가 본 사람은 스즈키 씨일지도 모른다고 생각한다.

② B씨는 A씨가 본 사람은 스즈키 씨가 틀림없다고 생각한다.

③ B씨는 스즈키 씨는 지금 오사카에 있다고 생각한다.

④ B씨는 스즈키 씨가 출장에는 가지 않았다고 생각한다.

A 새 집은 어때요?

B 회사까지는 좀 멀어졌지만 서울보다도 집세가 싸니까 도움이 되었어요.

A 서울만큼 집세가 높은 곳은 없으니까요. 나도 가능하면 이사하고 싶어요.

B 마침 옆집이 비어 있는 거 같은데 괜찮으면 한번 보러 오지 않을래요?

회화 내용에 맞는 것은 무엇인가?

① 한국에서 집세가 가장 비싼 곳은 서울이다.

② B씨가 사는 곳은 서울과 마찬가지로 집세가 비싸다.

③ B씨가 사는 곳은 한국에서 가장 집세가 싸다.

④ B씨가 사는 곳은 서울과 비교해서 집세가 비싸다.

A B씨, 다음 회식 올 수 있나요?

B 그게 아직 스케줄 조정 중이어서요.

A 가게 예약이 필요하므로 미안하지만 내일 모레까지 답변 주시겠어요?

B 알겠습니다.

회화 내용에 맞는 것은 무엇인가?

① A씨는 B씨의 답변을 내일 모레까지 기다릴 생각이다.

② A씨는 B씨에게 내일 모레 답변을 원한다고 말했다.

③ A씨는 B씨에게 오늘 중으로 답변을 원한다고 말했다.

④ B씨는 A씨에게 내일 연락하려고 생각하고 있다.

A 요즘 별로 자지 않는 거 같은데 괜찮아?

B 응! 티 나?

A 응. 눈 밑에 다크서클이 엄청난걸.

B 실은 옆방이 시끄러워서 잘 수가 없어.

회화 내용에 맞는 것은 무엇인가?

① B씨는 요즘 수업 중에 자주 잔다.

② A씨는 B씨의 얼굴을 보고 수면 부족이 아닌지 예상했다.

③ A씨는 B씨에게 밤에 잠을 못 자서 난감하다는 상담을 받았다.

④ A씨는 B씨가 수면 부족이라는 점을 알아채지 못했다.

문제1

☐ 1 **1** 주의했는데도 전철 안에 우산을 놓고 내려 버렸다.

☐ 2 **2** 그녀는 생선을 싫어하니까 초밥은 먹지 않을 것이다.

☐ 3 **4** 저 카레집 카레만큼 맛있는 카레는 없다.

☐ 4 **3** 사과를 많이 받았기 때문에 반은 친구에게 주었습니다.

☐ 5 **2** 나카야마 "저, 다나카 선배 같은 배우가 되고 싶은데요. 괜찮으시면 이야기를 좀 듣고 싶은데요."
다나카 "응, 좋아."

☐ 6 **4** A "아오키 씨는 어디입니까?"
B "아오키 씨는 지금 회의 중인데 회의는 네 시 반까지는 끝날 거라고 생각합니다."

문제2

☐ 1 **3 (1432)**

이 요리는 간단하니까 누구든지 만들 수 있습니다.

☐ 2 **4 (2143)**

나카야마 씨는 지금 입원해 있기 때문에 내일 여행에 올 리가 없을 것이다.

☐ 3 **1 (3412)**

남동생은 지난달 새 휴대전화를 샀으면서도 벌써 다른 걸 갖고 싶다고 말하고 있다.

☐ 4 **4 (3241)**

내 인생에서 아이가 태어난 날만큼 기뻤던 날은 없다.

☐ 5 **1 (3412)**

다나카 부장이 미국 출장에서 돌아올 때까지 어떻게든 이 자료를 완성시켜야 한다.

☐ 6 **3 (2134)**

이 주변 길은 미로처럼 복잡해서 알기 어렵다. 몇 번 와도 틀려 버린다.'

A 오늘 점심은 밖으로 먹으러 가려고 하는데 함께 어때요?

B 좋아요.

A 가게 어디로 할까요?

B 가게라면 좋은 곳이 있어요.

회화 내용에 맞는 것은 무엇인가?

① A씨는 오늘은 혼자 점심을 먹을 생각이다.

② A씨는 오늘 점심은 밖에서 먹고 왔다.

③ A씨는 오늘 점심은 밖으로 먹으러 갈 생각이다.

④ B씨는 진심은 오늘 점심은 혼자 먹고 싶었다.

🍃 080 _____ p.119

A B씨, 늦었지 않나요!

B 미안, 미안.

A 오늘은 야근 없다더니.

B 집에 가려니까 부장님이 불러가지고 말이야.

회화 내용에 맞는 것은 무엇인가?

① B씨는 빨리 집에 가고 싶었기 때문에 일을 부장에게 맡겼다.

② B씨는 회사를 나오자마자 부장에게 전화가 걸려 왔다.

③ 부장이 B씨를 불렀을 때 B씨는 막 집에 가려던 참이었다.

④ B씨가 집에 가려고 할 때 부장도 집에 가려는 참이었다.

🍃 081 _____ p.120

A 이 원피스, 어떻게 생각해?

B 음. A씨는 검은색보다 하얀색이 어울린다고 생각해.

A 그런가? 그러면 하얀색도 입어 볼까.

B 응. 그게 좋겠어.

회화 내용에 맞는 것은 무엇인가?

① B씨는 검은색보다도 하얀색 원피스가 좋겠다고 권했다.

② A씨는 하얀 원피스를 살 생각이다.

③ B씨는 검은 옷을 좋아한다.

④ A씨는 검은색보다도 하얀 옷이 어울린다고 생각한다.

🍃 082 _____ p.121

A 음? 요시다 군은?

B 아직 오지 않았는데 휴대전화도 안 받아요.

A 연락도 없이 아르바이트를 쉬다니 그답지 않은데.

B 그러게요. 무슨 일이라도 있는 걸까요.

회화 내용에 맞는 것은 무엇인가?

① 요시다 군이 연락을 하지 않고 쉬는 일은 지금껏 없었다.

② 요시다 군은 휴대전화가 연결되지 않을 때가 종종 있다.

③ 요시다 군은 아르바이트에 가는 도중에 사고가 난 것 같다.

④ 요시다 군이 지각하는 것은 일상이다.

🍃 083 _____ p.122

A 이토 씨, 요즘 술자리에 안 오는데 무슨 일 있어?

B A씨, 모르는구나?

A 뭘?

B 이토 씨 최근에 여자친구 생겼대.

회화 내용에 맞는 것은 무엇인가?

① B씨는 이토 씨에게 여자친구가 생겼다고 예상하고 있다.

② B씨는 이토 씨에게 여자친구가 생겼다는 이야기를 누군가에게 들었다.

③ A씨는 이토 씨에게 여자친구가 생긴 것을 알고 있었다.

④ B씨와 이토 씨는 A씨에게는 비밀로 사귀고 있다.

🍃 084 _____ p.123

A 따님 봄부터 영국으로 유학 간다면서요?

B 맞아요. 학교에서 교환 학생으로 뽑혔거든요.

A 대단하네요.

B 영어 공부를 열심히 했기 때문에 좋은 기회를 얻을 수 있었으니 정말 잘되었어요.

회화 내용에 맞는 것은 무엇인가?

① B씨의 딸은 올봄 교환 학생에 응모할 예정이다.

② B씨의 딸은 우수하기 때문에 교환 학생으로 선발될 것이다.

③ B씨의 딸은 교환 학생으로서 영국에 갈 예정이다.

④ B씨의 딸은 교환 유학으로 영국에 갈 학생을 뽑았다.

쪽지 시험 14 _____ p.124

문제1

1 4 이 나라에서는 설탕보다 소금이 비쌉니다.

2 3 아침저녁으로는 제법 시원해져서 점점 가을 같아졌어요.

3 1 남동생은 오늘이 첫 데이트인 듯 아침부터 안절부절 못하는 모양새다.

4 3 버스에 타려고 했을 때 지갑이 없는 것을 알아챘다.

5 3 A "여름휴가에는 뭘 할 거야?"
   B "여행을 갈 생각이야. 특별히 계획은 세우지 않고 그곳에 도착하면 이것저것 정하려고 생각 중이야."

6 4 (교실에서)
   선생 "음, 지금부터 출석을 확인할 테니까 자신의 이름이 불리면 '네'라고 대답해 주세요. 알겠나요?"

문제2

1 2 (1324)
   그 사람은 무엇이든 스스로 해보려는 적극적인 사람이다.

2 1 (3214)
   이 채소 주스는 맛있지 않지만 몸에 좋다고 하니까 매일 마십니다.

3 3 (1324)

가방처럼 자주 사용하는 물건은 저렴한 것을 사는 것보다 조금 비싼 것을 사는 편이 좋지 않을까?

4 2 (1423)

여기는 자동차 통행이 많아서 시끄럽다. 그래서 어딘가 조용한 곳으로 이사하려고 생각 중이다.

5 1 (2314)

야마시타 씨의 방 벽에는 세계 각국의 사진이 장식되어 있다. 여행을 좋아하는 야마시타 씨다운 방이다.

6 4 (3142)

일본인은 생선을 그다지 먹지 않게 되고 고기를 먹게 되었다고 하지만 실제로는 어떨까?

STEP 3

🌿 085 _____ p.128

A 어떻게든 미국 대학에 가고 싶어?

B 응. 예전부터 쭉 꿈이었거든.

A 간다고 정한 이상에는 반드시 졸업할 수 있게 열심히 해야 해.

B 응. 알아.

회화 내용에 맞는 것은 무엇인가?

① 미국 대학에 가기 위해 반드시 졸업해야 한다.

② 미국 대학에 가고 싶지만 졸업할 수 있을지는 모른다.

③ B씨는 미국 대학에 가고 싶지만 A씨는 반대하고 있다.

④ 미국 대학에 가기로 정했으니 B씨는 반드시 졸업할 수 있게 열심히 할 생각이다.

🌿 086 _____ p.129

A B씨는 일본에 산 지 얼마나 되었어요?

B 이제 5년이에요.

A 일본에서의 생활은 어때요?

B 즐거운 한편 힘든 일도 물론 있죠.

회화 내용에 맞는 것은 무엇인가?

① B씨의 일본에서의 생활은 즐거운 일보다도 힘든 일이 많다.

② B씨의 일본에서의 생활은 즐거운 경우도 있고 힘든 경우도 있다.

③ B씨의 일본에서의 생활은 즐겁고 힘들지 않았다.

④ B씨는 일본에서의 생활은 즐겁다고 생각했지만 실제로는 힘들었다.

🌿 087 _____ p.130

A 하야시 씨의 송별회, 삼가일 수 있나요?

B 다음주 금요일이었죠?

A 네.

B 죄송하지만 스케줄을 확인한 후에 다시 답변 드릴게요.

회화 내용에 맞는 것은 무엇인가?

① B씨는 스케줄을 확인하고 나서 A씨에게 연락할 생각이다.

② B씨는 스케줄을 확인하기 전에 A씨에게 연락할 생각이다.

③ B씨는 스케줄을 확인하지 않아도 A씨에게 연락할 생각이다.

④ B씨는 바쁘기 때문에 송별회에는 갈 수 없다.

🌿 088 _____ p.131

A 가족끼리 만나는 건 오랜만이네요.

B 정말이에요. 따님 몇 살인가요?

A 다섯 살이에요.

B 오랫동안 보지 않은 사이에 컸네요.

회화 내용에 맞는 것은 무엇인가?

① B씨가 오랫동안 만나지 않았기 때문에 A씨의 딸은 성장했다.

② B씨가 오랫동안 만나지 않은 사이에 A씨의 딸은 성장했다.

③ B씨가 조금 보지 않은 사이에 A씨의 딸은 커졌다.

④ A씨의 딸은 살이 쪘다.

🌿 089 _____ p.132

A 선생님. C대학교에 합격했어요.

B 축하해!

A 합격할 수 있었던 건 선생님 덕분이에요. 정말 고맙습니다.

B 나도 정말 기뻐.

회화 내용에 맞는 것은 무엇인가?

① A씨는 선생님이 열심히 가르쳐 줬는데 합격하지 못했다.

② A씨는 선생님이 있든 없든 합격할 수 있었다고 생각한다.

③ A씨는 선생님이 열심히 가르쳐 주었기 때문에 합격할 수 있었다고 감사하고 있다.

④ 선생님은 A씨가 합격할 수 있게 대학에 부탁했다.

♻ 090 _____ p.133

A 실은 최근에 남자친구와 헤어졌어요.

B 앗! 왜?

A 무엇인가 불만이 있었다기보다는, 꼭 그런 건 아닌데….

B 그렇다면 왜?

회화 내용에 맞는 것은 무엇인가?

① A씨의 남자친구는 고민하고 있었다.

② A씨는 남자친구에게 불만이 있었기 때문에 헤어졌다.

③ A씨는 남자친구에게 특별히 불만은 없었지만 헤어졌다.

④ A씨의 남자친구는 A씨에게 불만이 있었다.

쪽지 시험 15 _____ p.134

문제1

1 ┃ 1 고향에 있는 엄마에게 온 편지를 읽고 있는 동안에 나도 모르게 눈물이 흘렀다.

2 ┃ 2 수입이 주는 한편 교육비 등 지출은 늘어서 힘들다.

3 ┃ 1 이 학교 학생인 이상 교칙은 지켜야 한다.

4 ┃ 4 실제로 상품을 보고 나서 살지 여부를 생각합니다.

5 ┃ 3 왜 그녀는 케이크를 잘 만드는가 하면 요리 교실에 다니고 있기 때문이다.

6 ┃ 2 A "감기는 이제 괜찮나요?"
　　B "네, 약 덕분에 꽤 좋아졌어요."

문제2

1 ┃ 1 (3412)
　　한번 하겠다고 결정한 이상에는 마지막까지 할 생각이다.

2 ┃ 2 (1324)
　　부모님이 건강한 동안에 다양한 곳으로 여행을 가고 싶습니다.

3 ┃ 4 (3241)
　　스즈키 씨가 도와준 덕분에 이 일을 무사히 끝낼 수 있었습니다.

4 ┃ 3 (4132)
　　최근 채소 가격이 오르는 것은 왜인가 하면 날씨가 나빴기 때문이다.

5 ┃ 1 (2413)
　　어느 대학을 수험할지 부모님과도 상담한 뒤에 결정하고 싶다고 생각합니다.

6 ┃ 4 (2143)
　　해외여행은 외국 문화를 체험할 수 있기 때문에 즐겁다고 느끼는 것이 많은 한편 불안한 점도 있다.

♻ 091 _____ p.136

A 괜찮으면 이 귤 드세요.

B 이렇게 많이 괜찮나요?

A 네. 어머니가 집에서 보내준 건데 혼자서는 다 먹을 수 없어서요.

B 고맙습니다.

회화 내용에 맞는 것은 무엇인가?

① A씨는 귤을 전부 먹을 수 없다고 생각했기 때문에 B씨에게 조금 나누어 주었다.

② A씨는 받은 귤을 전부 먹을 생각이다.

③ A씨는 귤을 그다지 좋아하지 않는다.

④ A씨가 준 귤을 B씨는 전부 먹어 버렸다.

♻ 092 _____ p.137

A 무리하면 안 돼요.

B 미안해요. 일이 신경 쓰여서.

A 빨리 낫고 싶다면 충분히 쉬어야 해요.

B 알겠어요.

회화 내용에 맞는 것은 무엇인가?

① B씨는 일이 쌓여 있기 때문에 무리를 해서라도 회사에 갈 생각이다.

② B씨는 빨리 건강해지기 위해 더욱 쉬고 싶다고 말했다.

③ A씨는 B씨에게 일을 위해서 쉬면 안 된다고 말했다.

④ A씨는 B씨에게 빨리 건강해지기 위해 충분히 쉬는 게 좋다고 말했다.

♻ 093 _____ p.138

A 오늘밤 한잔 어때요?

B 죄송해요. 오늘밤은 좀….

A 뭔가 약속이 있나요?

B 건강을 위해서 요즘에는 마시지 않기로 하고 있어요.

회화 내용에 맞는 것은 무엇인가?

① B씨는 술은 마시지 않겠다고 정했다.

② B씨는 술을 마시면 안 된다는 말을 의사에게 들었다.

③ B씨는 요즘 술을 참고 있기 때문에 무척 마시고 싶어 한다.

④ B씨는 술을 마실 수 없지만 술자리에는 갈 생각이다.

♻ 094 _____ p.139

A 죄송하지만 이 쓰레기는 가지고 돌아가 주지 않겠습니까?

B 왜요?

A 타지 않는 쓰레기는 매주 월요일에 내놓게 되어 있습니다.

B 그런가요? 아직 이사온 지 얼마 안 된지라, 죄송합니다.

회화 내용에 맞는 것은 무엇인가?

① B씨는 타지 않는 쓰레기를 일부러 버렸다.

② 타지 않는 쓰레기는 매주 월요일에 내놓는 규칙이다.

③ 타지 않는 쓰레기는 매주 월요일에 내놓으면 안 된다.

④ A씨는 이제 쓰레기를 버리려고 생각하고 있다.

✿ 095 _____ p.140

A 아직 기운이 없어?

B 그야….

A 신경 쓸 필요 없어. 누구든 실패는 하니까.

B 위로해 줘서 고마워.

회화 내용에 맞는 것은 무엇인가?

① A씨는 B씨에게 신경 쓰는 것은 없는지 질문했다.

② A씨는 B씨에게 조금은 신경 쓰는 편이 좋다고 조언했다.

③ A씨는 신경 쓰지 않아도 괜찮다고 B씨를 격려했다.

④ A씨는 B씨에게 신경 쓰는 일은 없다고 전했다.

✿ 096 _____ p.141

A 일본 출장은 어땠어?

B 너무 바빠서 편의점에 갈 시간조차 없었어.

A 헐, 그러면 부탁했던 건?

B 그건 공항에서 사 왔으니까 괜찮아.

회화 내용에 맞는 것은 무엇인가?

① B씨는 너무 바빠서 편의점에 갈 시간도 없었다.

② B씨는 너무 바빠서 편의점에 갈 시간밖에 없었다.

③ B씨는 쇼핑을 하기 위해서 일본에 갔다.

④ B씨는 너무 바빠서 A씨에게 선물을 사 올 수 없었다.

쪽지 시험 16 _____ p.142

문제1

1 3 A "네, 자료는 이걸로 전부입니다."
B "헐? 이렇게 많은 자료 한 시간에는 다 못 읽어요."

2 1 A "나 때문에 이렇게 되어 버려서. 정말 미안."
B "네가 잘못한 게 아니니 그렇게 사과할 필요는 없어."

3 コ 건강이 걱정이라면 편식하지 말고 무엇이든 먹는 게 좋아.

4 1 쉬는 날에는 집에서 일을 하지 않기로 하고 있지만 급한 일이 생겼기 때문에 집에 가지고 왔다.

5 4 A "야마다 씨는 약속에 30분이나 늦었는데도 전화조차 하지 않았다니까."
R "그래? 너무했네."

6 2 여행 중에는 유명한 일본 음식점에서 식사를 하기도 하고 요리를 만드는 것을 견학하기도 하는 것으로 되어 있습니다.

문제2

1 1 (4213)
오늘은 세 시에 도쿄 역에서 친구와 만나기로 했기 때문에 슬슬 나갈 거예요.

2 4 (2341)
50분이라는 한정된 시간으로는 수업 내용을 다 설명할 수 없는 부분이 있다.

3 2 (3421)
그 가방은 확실히 편리해 보이지만 없어도 곤란하지 않으니까 일부러 살 필요는 없다.

4 3 (2134)
이것이 말로 할 만큼 쉬운지 여부는 먼저 스스로 해 볼 필요가 있다.

5 2 (3124)
날씨가 좋은 날에는 역 한 정거장 전에 내려서 집까지 걸어 오기로 하고 있는데 이게 제법 운동이 된다.

6 1 (3214)
처음에는 무서워서 수영장에 들어가는 것조차 못했지만 지금은 50m도 수영할 수 있게 되었다.

✿ 097 _____ p.144

A 내일 회의 말인데 B씨도 참석할 수 있을까?

B 네. 반드시 참석하겠습니다.

A 고마워. 자료는 나중에 메일로 보내둘 테니까.

B 알겠습니다.

회화 내용에 맞는 것은 무엇인가?

① A씨는 B씨에게 회의에 참석하라고 명령했다.

② A씨는 B씨를 회의에 참석시키지 않았다.

③ B씨는 A씨에게 회의에 참석해도 되는지 질문했다.

④ B씨는 A씨에게 회의에 참석하고 싶다고 전했다.

✿ 098 _____ p.145

A 좀 쉬고 나서 가도 될까?

B 네, 물론입니다.

A 나이 탓인지 요즘 쉽게 지쳐.

B 그런 말이 어딨나요. 아직 젊지 않습니까?

회화 내용에 맞는 것은 무엇인가?

① 나이를 먹었기 때문에 A씨는 요즘 쉽게 지친다.

② 나이를 먹었기 때문인지 A씨는 요즘 쉽게 지친다.

③ 아직 젊은데도 A씨는 요즘 쉽게 지친다.

④ A씨도 B씨도 더 이상 젊지 않다.

🌱 099 _____ p.146

A 박○○ 씨는 정말 일본어를 잘하네요.

B 그러게요. 하지만 박○○ 씨는 영어를 더 잘한대요.

A 일본어뿐만 아니라 영어도 할 줄 아나요?

B 그런가 봐요. 부러워요.

회화 내용에 맞는 것은 무엇인가?

① 박○○ 씨는 영어보다 일본어를 잘한다.

② 박○○ 씨는 외국어는 일본어만 가능하다.

③ 박○○ 씨는 영어도 일본어도 말할 줄 안다.

④ 박○○ 씨는 영어도 일본어도 잘하지 않는다.

🌱 100 _____ p.147

A B씨, 이 자료, 계산이 맞지 않는데요.

B 정말인가요? 바로 확인할게요.

A B씨가 실수를 하다니 별일이네요.

B 저도 사람이니까 실수할 때도 있어요.

회화 내용에 맞는 것은 무엇인가?

① B씨는 가끔 실수를 한다.

② 아무리 완벽한 B씨여도 틀릴 때가 있다.

③ 회사에서는 항상 B씨만 실수를 한다.

④ B씨는 지금까지 한 번도 실수한 적이 없다.

🌱 101 _____ p.148

A 그렇게 주눅 들어 있지 마.

B 생각했던 것보다 전혀 못해서….

A 설령 이번에 떨어졌다고 해도 또 다음이 있다고.

B 그건 그렇지만….

회화 내용에 맞는 것은 무엇인가?

① 만약 이번에 합격하지 못해도 아직 기회는 있다.

② 만약 이번에 떨어져 버렸다면 다음 기회는 없다.

③ 시험이 어려웠기 때문에 A씨는 B씨가 시험에 떨어질 거라고 확신하고 있다.

④ B씨는 시험에 떨어져서 몹시 실망한 상태이다.

🌱 102 _____ p.149

A 이 노래, 그립네요.

B 오랜만에 들었어요.

A 이 노래를 들을 때마다 학창시절을 떠올려요.

B 저도요.

회화 내용에 맞는 것은 무엇인가?

① 이 노래를 들으면 늘 학창시절을 떠올린다.

② 이 노래는 학창시절에 관한 노래이다.

③ 이 노래를 들을 때는 항상 학창시절 친구와 함께이다.

④ 이 노래는 최신곡이다.

쪽지 시험 17 _____ p.150

문제1

1 3 전철이 늦은 탓에 회의에 지각하고 말았다.

2 2 저 회사의 새 공장은 설비뿐 아니라 주변 환경도 멋지다.

3 1 비록 아무리 좁아도 우리집보다 즐거운 곳은 없다.

4 2 (메일로)
야마시타 씨, 멋진 선물 고맙습니다. 예쁜 스마트폰 케이스이고 무척 마음에 들었습니다. 소중히 쓰겠습니다.

5 4 최근 스마트폰은 사진을 찍을 수 있을 뿐만 아니라 편집도 간단히 가능하다.

6 3 A "요즘 스즈키 씨. 만날 때마다 바쁘대. 그렇게 바빠?"
B "응? 말하는 만큼은 아니야."

문제2

1 1 (3124)
그런 지루한 것은 어떻게 되든 괜찮다는 둥 본심과는 다른 말을 해 버렸다.

2 2 (4321)
출장을 갈 때마다 머무는 A호텔이 지난주부터 새롭게 단장 중이어서 이번에는 다른 호텔에 머물기로 하였다.

3 1 (4312)
부하 "과장님, 죄송합니다. 내일 볼일이 있어서 일을 쉬고 싶은데요."
과장 "내일이라고? 음, 좀 갑작스러워서 난감한데."

4 3 (1324)
홋카이도는 겨울 스포츠를 즐길 수 있는 것으로 유명한데 스키나 스노보드뿐만 아니라 다양한 온천도 즐길 수 있습니다.

5 3 (2431)

이 주변은 조용한 주택지이고 자연도 멋지지만 교통이 불편한 탓에 회사까지 한시간 반 걸린다.

6 4 (3241)

A "혹시 큰 지진이 나면 이 건물은 어떻게 될까요?"
B "설령 큰 지진이 일어난대도 이 건물이라면 튼튼해서 걱정할 필요는 없어요."

🍃 103 _____ p.152

A 실례합니다.

B 들어오세요.

A 우와. 이 방 쓰레기 투성이 아닌가요?

B 미안해요. 요즘 좀 바빠서.

회화 내용에 맞는 것은 무엇인가?

① A씨는 B씨의 방을 청소하기 위해 왔다.

② B씨의 방에는 쓰레기가 몇 갠가 있다.

③ B씨의 방은 쓰레기로 가득 차 있다.

④ B씨의 방은 쓰레기가 하나도 없다.

🍃 104 _____ p.153

A 기다렸지?

B 나도 지금 막 도착한 참이야.

A 이노우에 씨는?

B 좀 늦는대.

회화 내용에 맞는 것은 무엇인가?

① 이노우에 씨는 지각할지도 모른다.

② 이노우에 씨는 항상 약속을 지키지 않는다.

③ A씨는 이노우에 씨는 조금 늦을 거라고 생각하고 있다.

④ 조금 늦는다고 이노우에 씨에게서 B씨에게 연락이 있었다.

🍃 105 _____ p.154

A B씨, 오늘은 야근이에요?

B 네. 이 작업이 끝나지 않고는 집에 갈 수 없어요.

A 너무 무리하지 마세요.

B 고마워요.

회화 내용에 맞는 것은 무엇인가?

① B씨는 작업이 끝나기 전에 집에 가야 한다.

② B씨는 작업이 끝나도 끝나지 않아도 오늘은 집에 갈 수 없다.

③ B씨는 작업이 끝나지 않으면 집에 갈 수 없다.

④ B씨는 작업이 끝나고 나서는 집에 갈 수 없다.

🍃 106 _____ p.155

A B씨의 남자친구 지금 미국에 있다고 했던가요?

B 맞아요. 벌써 1년입니다.

A 외롭겠어요.

B 네. 매일 너무 보고 싶어요.

회화 내용에 맞는 것은 무엇인가?

① B씨는 남자친구를 무척 만나고 싶어하고 있다.

② B씨는 남자친구를 만나지 못하는 것은 어쩔 수 없다고 생각하고 있다.

③ B씨는 남자친구를 만날 방법이 없다.

④ B씨는 남자친구를 못 만나도 괜찮다.

🍃 107 _____ p.156

A 선생님, 아버지 상태는 어떤가요?

B 말씀드리기 몹시 어렵지만….

A 그렇게 안 좋은가요?

B 네. 언제 또 쓰러져도 이상하지 않은 상태예요.

회화 내용에 맞는 것은 무엇인가?

① A씨의 아버지 상태는 생각했던 것보다도 나쁘지만 쓰러져도 괜찮다.

② A씨의 아버지는 그다지 오래 살 수 없다.

③ A씨의 아버지는 언제 쓰러져도 이상하지 않을 만큼 상태가 나쁘다.

④ A씨의 아버지는 이번에 쓰러지면 웃을 수 없다.

🍃 108 _____ p.157

A 유학 준비는 어떤가요?

B 예정대로 진행되고 있어요.

A 잘되었네요. 뭔가 도울 수 있는 일이 있으면 말해 주세요.

B 고맙습니다.

회화 내용에 맞는 것은 무엇인가?

① B씨는 유학에서 돌아온 참이다.

② B씨의 유학 준비는 예정했던 것처럼 진행되고 있다.

③ B씨의 유학 준비는 예정보다도 늦고 있다.

④ B씨는 유학할 생각이었지만 예정이 달라졌다.

문제1

1   2   바다가 파랗고 깨끗한 해수욕장인데 관광객이 돌아간 후에는 항상 쓰레기 투성이야.

2   4   A "저, 스즈키 씨는 어떤 사람이야?"
          B "아주 친절하고 밝은 사람이야."

3   4   A "오야마 씨, 빨리 오지 않으려나."
          B "하여튼 시간대로 온 적이 없다니까."

4   1   A "하늘이 어두워졌네요."
          B "그러게요. 비가 언제 내려도 이상하지 않아요."

5   3   이 카메라는 전문가용이라서 촬영 지식이나 기술을 익히지 않으면 제대로 사용할 수 없어요.

6   2   오랜만에 친구를 만나서 아침까지 술을 마시기도 하고 노래방에서 노래를 부르기도 했다. 그래서 지금은 너무 졸립다.

문제2

1   2 (4123)
본 제품은 설명서에 써 있는 대로 하면 누구든 간단히 사용할 수 있습니다.

2   3 (2134)
A "오늘 파티에 야마시타 씨도 올까요?"
B "야마시타 씨는 오늘은 못 온다고 말했어요."

3   2 (1324)
어제 집에 상품이 도착했는데 새 물건이어야 하건만 흠 투성이었다. 그래서 반품하기로 했다.

4   1 (4312)
실제 상품을 보지 않고는 살지 말지 정할 수 없다.

5   2 (1324)
A "지난달부터 배드민턴을 시작했는데 이게 너무 즐거워요."
B "배트민턴이요? 새로운 재미가 생겨서 좋네요."

6   4 (3241)
저 팀은 다른 팀보다 젊고 파워도 체력도 있다. 이번 전국 대회에서 우승해도 이상하지 않은 팀일 것이다.

🌱 109   p.160

A   복권에 당첨된다면 무엇을 하고 싶어요?
B   나는 집을 짓고 싶어요.
A   어떤 집에 살고 싶나요?
B   마당이 넓고 수영장이 있는 집에 살고 싶어요.

회화 내용에 맞는 것은 무엇인가?

①   A씨는 복권에 당첨되었기 때문에 B씨에게도 조금 나누어 주려고 생각하고 있다.

②   복권에 당첨된 경우 B씨는 집을 짓고 싶다고 생각한다.

③   복권에 당첨되었기 때문에 B씨는 집을 짓고 싶다고 생각한다.

④   B씨는 곧 새 집을 지을 생각이다.

🌱 110   p.161

A   실은 다음 달부터 일본에 살게 되었습니다.
B   와! 유학하나요?
A   아니요, 엔지니어로서 일본 회사에서 일할 예정입니다.
B   축하해요.

회화 내용에 맞는 것은 무엇인가?

①   A씨는 엔지니어가 되기 위해서 일본에서 공부할 예정이다.

②   A씨는 일본에서 엔지니어 일을 할 예정이다.

③   A씨의 지금 직업은 엔지니어이다.

④   A씨는 다음 달 유학할 예정이다.

🌱 111   p.162

A   밥 다 되었어.
B   와, 맛있겠다!
A   식기 전에 빨리 먹으렴.
B   잘 먹겠습니다.

회화 내용에 맞는 것은 무엇인가?

①   A씨는 밥이 식기 전에 먹으라고 말했다.

②   A씨는 밥이 뜨겁기 때문에 식고 나서 먹으라고 말했다.

③   A씨는 밥이 뜨겁기 때문에 식히면서 먹으라고 말했다.

④   오늘 밥은 차갑게 만드는 편이 맛있다.

🌱 112   p.163

A   B씨, 여쭙고 싶은 게 좀 있는데요.
B   무슨 일이에요?
A   부장님이 퇴직하신다는 게 사실이에요?
B   그 건에 관해서는 나로서는 아직 아무것도 말할 수 없어요.

회화 내용에 맞는 것은 무엇인가?

①   B씨는 부장을 그만두게 하려고 하고 있다.

②   부장의 퇴직에 대해서 B씨는 아무것도 모른다.

③   B씨는 부장의 퇴직 이유에 관련이 있다.

④   부장의 퇴직에 대해서 B씨는 무언가 알고 있다.

🌱 113 _____ p.164

A 요즘 외국인 관광객이 늘었어요.

B 작년에 비해 1.5배나 늘었대요.

A 그렇게나 늘었나요?

B 올해는 올림픽도 있고 더 늘 것 같아요.

회화 내용에 맞는 것은 무엇인가?

① 작년에는 좋았지만 올해는 외국인 관광객이 적다.

② 작년부터 외국인 관광객이 늘기 시작했다.

③ 작년보다도 외국인 관광객 수가 늘고 있다.

④ 작년보다도 외국인 관광객 수가 줄어들고 있다.

🌱 114 _____ p.165

A 일본어 학교 수업은 어떻습니까?

B 처음에는 재밌었는데요.

A 무슨 일 있었어요?

B 반이 올라가면서 점점 어려워졌기 때문에 힘들어요.

회화 내용에 맞는 것은 무엇인가?

① 반이 올라가자 수업은 어려워지지 않았다.

② 반이 올라갔는데 수업은 쉽다.

③ 반이 올라가면서 수업도 어려워졌다.

④ 윗반에 올라가는 것은 어렵다.

쪽지 시험 19 _____ p.166

문제1

1 1 예정대로라면 비행기는 여섯 시에 도착할 터이다.

2 2 다음주에 사장님이 미국에 출장 가기 때문에 저도 통역으로 함께 가게 되었습니다.

3 4 남동생 "형, 벌써 여섯 시 지났어. 어두워지기 전에 집에 가자."
형 "그러게. 서두르자."

4 4 택지 개발이 진행되면서 자연 파괴가 문제 되고 있다.

5 1 이제 복사기 사용법에 관해 설명하겠습니다.

6 3 점심 메뉴는 저녁에 비해 가격이 저렴한 경우가 많다.

문제2

1 4 (1342)

A "뭔가 갑자기 흐려졌네요."
B "아, 정말이네요. 비가 내리기 전에 집에 가는 편이 좋겠어요."

2 2 (1423)

저 사람은 성실하고 좋은 사람이긴 하지만 사장으로서 일을 할 줄 안다고는 생각하지 않는다.

3 1 (2413)

이 여행 사이트에는 여행에 관한 정보가 많이 있어서 무척 도움이 된다.

4 2 (1324)

이번에 발매된 휴대전화는 지금까지 나온 것에 비해 화면이 커졌기 때문에 무척 보기 편해졌다.

5 3 (1324)

약속 날까지 물건을 준비하지 못하면 가게의 신용은 크게 떨어져 버린다.

6 1 (4312)

컴퓨터 이용 인구가 늘면서 손글씨를 쓰지 않는 사람은 확실히 늘고 있다.

🌱 115 _____ p.168

A 우리 회사 괜찮을까?

B 왜?

A 사장이 체포될지도 모른다고 들었는데.

B 설마! 그런 말은 단순한 루머에 지나지 않아.

회화 내용에 맞는 것은 무엇인가?

① 사장이 체포된다는 말은 루머일 뿐이다.

② 사장이 체포된다는 말은 사실이다.

③ 사장이 체포된다는 소문은 곧 없어질 것이다.

④ 사장이 체포된다는 이야기는 A씨가 퍼뜨렸다.

🌱 116 _____ p.169

A 혼자 살기 시작한 지 얼마나 되었나요?

B 벌써 5년째요.

A 혼자 살아서 좋았던 점은 뭐예요?

B 많이 있지만 가장 좋은 건 부모님에 대한 감사의 마음이 더욱 강해진 점이네요.

회화 내용에 맞는 것은 무엇인가?

① B씨는 혼자 살기 시작할 때 부모님에게 감사했다.

② B씨는 혼자 살기 시작할 때 부모님이 반대했지만 지금은 감사하고 있다.

③ B씨는 혼자 살기 시작하면서 전보다도 부모님에게 감사하는 마음을 가질 수 있게 되었다.

④ B씨는 혼자 살기 시작하면서 부모님에게는 없는 감사하는 마음을 가질 수 있게 되었다.

🌱 117 _____ p.170

A 형사님, 이 발자국을 보세요.

B 이건 저 남자의 것이군.

A 그렇다면….

B 역시 저 놈이 틀림없이 범인이야.

회화 내용에 맞는 것은 무엇인가?

① B씨는 범인이 누구인지 확신하고 있다.

② B씨는 범인이 누구인지 아직 예상하지 못하고 있다.

③ B씨는 범인을 틀렸다.

④ B씨는 A씨가 범인이라고 생각 중이다.

🌱 118 _____ p.171

A A씨, 회사 그만둘 거예요?

B 실은… 맞습니다.

A 그만둔 후에는 뭘 하려고요?

B 이후의 일에 대해서는 아직 아무것도 생각하지 않았어요.

회화 내용에 맞는 것은 무엇인가?

① 회사를 그만둔 후에 대해 생각하면 B씨는 머리가 아프다.

② 회사를 그만둔 후의 일은 B씨는 아직 계획이 없다.

③ 회사의 앞날이 불안해서 B씨는 회사를 그만둘 생각이다.

④ 앞으로의 일을 생각해서 B씨는 회사를 그만둘 생각이다.

🌱 119 _____ p.172

A B씨네 집 애완동물 귀엽네요.

B 애완동물이 아니에요.

A 네?

B 내게는 소중한 가족 일원이에요.

회화 내용에 맞는 것은 무엇인가?

① B씨의 입장에서는 반려동물도 가족이다.

② B씨의 입장에서는 반려동물은 귀엽지만 가족이 아니다.

③ B씨와 반려동물은 피가 이어진 가족이다.

④ 최근 B씨의 집에는 가족이 늘었다.

🌱 120 _____ p.173

A 어째서 항상 야마다 씨와는 의견이 안 맞을까요?

B 그럴 수도 있지. 진정해.

A 하지만….

B 사람에 따라 생각하는 게 다르니까 어쩔 수 없어.

회화 내용에 맞는 것은 무엇인가?

① 사람마다 생각이 다르기 때문에 의견이 맞지 않는 것은 어쩔 수 없다.

② 야마다 씨는 상대에 맞추어 의견을 바꾸는 사람이다.

③ 야마다 씨는 항상 주변 사람과 다른 의견을 가지고 있다.

④ 사람마다 생각은 다르지만 때로는 맞출 필요도 있다.

쪽지 시험 20 _____ p.174

문제1

1 1 옛날부터 일본인에게 쌀은 있어야만 하는 주식이다.

2 1 영어를 할 줄 안다고 해도 간단한 회화를 할 뿐이다.

3 3 히가시야마 시는 고등학생이 일하는 것에 대한 생각에 과해 설문조사를 실시했다.

4 3 상식이 있는 사람이라면 손윗사람에 대해 실례인 말을 하지 않을 것이다.

5 2 몇 개인가 나라를 여행해 보고 식사 습관이 나라에 따라 다른 점에 놀랐다.

6 1 지각을 안 하는 다나카 씨가 아직 오지 않는다. 무언가 있는 게 틀림없다.

문제2

1 2 (1324)

학교 공부가 장래에 도움이 될지 여부에 대해 초등학생을 대상으로 조사했다.

2 4 (2143)

야마시타 씨의 선물은 유명한 가게의 물건이니까 틀림없이 비쌌을 거야.

3 3 (1324)

사회인이 되면 자신의 말에 대해 책임을 가져야만 한다.

4 3 (4231)

이번 사건 때문에 분명해진 것은 많은 부정의 일부에 지나지 않는다. 더욱 자세히 조사할 필요가 있을 것이다.

5 4 (3142)

(교실에서)

"영어 상급반은 테스트 점수에 따라 참가 가능 여부가 결정됩니다. 반드시 이번 주중에 시험을 봐 두도록 하세요."

6 2 (1423)

요즘의 냉동식품은 종류도 많고 맛있다. 혼자 사는 내게 냉동식품은 무척 고마운 존재이다.

A B씨, 두통인가요?

B 아뇨, 고민거리가 좀 있어서요. 생각하면 생각할수록 모르겠어요.

A 나라도 괜찮으면 상담해 줄게요.

B 고마워요.

회화 내용에 맞는 것은 무엇인가?

① B씨는 고민거리를 해결하기 위해 더 생각하는 편이 좋다.

② B씨는 많이 생각했는데 아직 고민하는 채이다.

③ B씨는 무엇을 고민하고 있는지 모른다.

④ B씨는 몸 상태가 나빠서 머리가 아프다.

A 내일 이사구나. 나도 도울게.

B 그야 좋지! 고마워.

A 몇 시에 가면 될까?

B 열한 시까지 와 주면 돼.

회화 내용에 맞는 것은 무엇인가?

① B씨는 A씨에게 열한 시까지 연락을 바란다고 말했다.

② B씨는 A씨에게 열한 시까지 와야만 한다고 말했다.

③ B씨는 A씨에게 열한 시까지 와 주면 괜찮다고 말했다.

④ B씨는 A씨에게 열한 시까지 오지 않아도 괜찮다고 말했다.

A 이 영화 알아요?

B 물론이죠. A씨는 아직 안 봤어요?

A 네.

B 꼭 보세요. 일본뿐 아니라 해외에서도 인기인 영화예요.

회화 내용에 맞는 것은 무엇인가?

① 이 영화는 일본뿐 아니라 해외에서도 인기가 없다.

② 이 영화는 일본보다도 해외에서 인기이다.

③ 이 영화는 일본에서만 인기이다.

④ 이 영화는 일본은 물론 해외에서도 인기 있다.

A B씨, 혹시 괜찮으면 이 가방 사용하지 않을래요?

B 와, 괜찮아요?

A 네. 몇 번인가 사용한 거지만요.

B 정말이에요? 새 물건처럼 깨끗한데요.

회화 내용에 맞는 것은 무엇인가?

① 가방은 새것은 아니지만 새 상품처럼 깨끗한 상태이다.

② 가방은 A씨가 새로 산 물건이다.

③ 가방은 A씨가 B씨를 위해 만든 물건이다.

④ B씨는 A씨에게 가방을 사 달라고 부탁했다.

A 이건 심하네요.

B 어떻게든 고칠 수 없을까요?

A 이렇게 심한 상태로는 고칠 방법이 없어요.

B 역시 컴퓨터를 다시 사야만 할까요?

회화 내용에 맞는 것은 무엇인가?

① B씨의 컴퓨터는 A씨라면 고칠 수 있다.

② B씨의 컴퓨터는 고치는 것이 불가능한 상태이다.

③ B씨의 컴퓨터는 A씨는 무리이지만 다른 사람이라면 고칠 수 있을지도 모른다.

④ B씨의 컴퓨터는 고칠 데가 없는데 작동하지 않는다.

A 내일은 영하 10도가 된대요.

B 그렇게 추워지나요?

A 감기에 걸리지 않도록 조심하세요.

B 네. A씨도요.

회화 내용에 맞는 것은 무엇인가?

① A씨는 B씨에게 내일은 추워지므로 감기에 걸릴 것 같다고 말했다.

② A씨는 B씨에게 지금 감기가 유행하고 있다고 말했다.

③ A씨는 B씨에게 감기를 조심하라고 충고하고 있다.

④ A씨는 B씨에게 감기에 걸렸다고 말했다.

쪽지 시험 21 _____ p.182

문제1

1 4 이 나라의 역사는 알면 알수록 재미있는 듯한 느낌이 든다.

2 4 이번 시험에 합격할 수 있게 열심히 노력할 겁니다.

3 2 저 레스토랑은 맛이 좋을 뿐만 아니라 가격도 저렴해서 항상 붐빈다.

4 4 A "어제도 더워서 잘 수 없었어."
B "그렇다면 에어컨을 사용하면 되죠."

5 3 그는 아까부터 엄청 화가 나 있는 것 같아서 말을 걸기 좀 어렵다.

6 1 태풍 때문에 전철도 버스도 움직이지 않게 되어 버려서 회사에 갈 방법이 없다.

문제2

1 2 (4321)

관광 안내는 외국인이라도 이해할 수 있게 영어로 써 있어서 여행을 즐길 수 있다.

2 1 (2413)

A "이 드라마 재미있네."

B "앗, 그러고 보니 드라마 마지막에 흐르는 노래도 제법 인기인 것 같은데."

3 4 (2341)

A "최근에 골프를 시작했다면서요."

B "네, 시작해 보니 연습하면 연습할수록 실력이 느는 게 즐거워요."

4 4 (3142)

야마시타 "이케다 씨에게 빌린 책 오늘 돌려주려고 했는데 가지고 오는 걸 깜박했어. 미안."

이케다 "별로 급하지 않으니까 다음에 만날 때 가지고 와 주면 돼."

5 3 (1432)

올해로 데뷔 5년차인 야마다 히카루. 지금은 배우로서뿐만 아니라 가수로서도 꽤 인기가 있다.

6 4 (3412)

(수리 센터에서)

손님 "이 청소기, 고칩니까?"

점원 "음, 이렇게 심하게 망가져 있으면 고칠 수가 없어요."

♧ 127 _____ p.184

A 이 국물 맛있다.

B 꽤 매운데 괜찮아?

A 응. 한국에 살고 나서 매운 것을 먹을 수 있게 되었어.

B 대단한데. 나는 매워서 못 먹겠어.

회화 내용에 맞는 것은 무엇인가?

① B씨는 매운 것을 아주 좋아한다.

② A씨는 옛날부터 매운 것을 아주 좋아한다.

③ A씨는 매운 것을 잘 못 먹는다.

④ A씨는 옛날에는 매운 것을 못 먹었다.

♧ 128 _____ p.185

A 이 고양이, 집에 데리고 갈 수 없을까.

B 나도 그러고 싶지만….

A 이대로라면 불쌍한데.

B 하지만 엄마는 동물을 싫어하니까 허락해 줄 리가 없어.

회화 내용에 맞는 것은 무엇인가?

① 엄마는 고양이 기르는 것을 허락해 주지 않을 것이다.

② 엄마는 고양이 기르는 것을 분명 허락해 줄 것이다.

③ 엄마는 고양이 기르는 것은 허락해 주지 않을 리가 없다.

④ 집에는 이미 고양이가 있어서 이 고양이는 데리고 갈 수 없다.

♧ 129 _____ p.186

A 그다지 무리하지 않는 편이 좋아요.

B 지금이 중요한 시기라서 회사를 쉴 수는 없어요.

A 그건 그렇지만.

B 걱정해 주셔서 고마워요.

회화 내용에 맞는 것은 무엇인가?

① B씨에게는 회사를 쉴 이유가 없다.

② B씨는 지금은 회사를 못 쉬는 상태이다.

③ B씨는 회사를 쉬기 위한 이유를 찾고 있다.

④ A씨는 B씨가 회사를 쉬는 이유를 모른다.

♧ 130 _____ p.187

A B씨, 담배 끊었나요?

B 실은 병을 계기로 끊었어요.

A 그랬군요.

B A씨도 건강을 위해 끊는 편이 좋아요.

회화 내용에 맞는 것은 무엇인가?

① B씨는 병에 걸릴 것 같았기 때문에 담배를 끊었다.

② B씨는 병에 걸리고 싶지 않아서 담배를 끊었다.

③ B씨는 병에 걸려서 담배를 끊었다.

④ B씨는 실은 몰래 담배를 피우고 있다.

♧ 131 _____ p.188

A 부인은 어느 나라 분이신가요?

B 아내는 일본인이에요.

A 아! 파란 눈이어서 외국인인가 하고 생각했어요.

B 실은 파란색 콘택트렌즈를 끼고 있어요.

회화 내용에 맞는 것은 무엇인가?

① B씨의 부인은 파란 눈의 외국인이다.

② B씨의 부인은 파란색 콘택트렌즈를 끼고 있다.

③ B씨의 부인의 눈은 파란색이다.

④ B씨의 아빠는 외국인이다.

A 이 노래 좋아하나요?

B 네!

A 처음 듣는데 인기인가요?

B A씨 모르나요? 지금 젊은 사람들을 중심으로 인기가 엄청 많은 가수예요.

회화 내용에 맞는 것은 무엇인가?

① 이 가수는 젊은 사람들 외에 인기가 있다.

② 이 가수는 젊은 사람들에게만 인기가 있다.

③ A씨도 B씨도 이 가수의 팬이다.

④ 이 가수는 주로 젊은이들 사이에서 인기가 있다.

쪽지 시험 22   p.190

문제1

1 1 그 정직한 남자가 거짓말을 해서 타인을 속일 리가 없다.

2 3 우리가 사용하는 그릇에는 둥근 모양인 것이 많다.

3 3 이번 여행은 교토를 중심으로 오사카 등 간사이 지방을 돌 생각입니다.

4 4 나는 두부를 싫어했지만 지금은 먹을 수 있게 되었습니다.

5 2 잡지에서 소개된 것을 계기로 가게에 손님이 많이 오게 되었다.

6 1 아내 "음, 외출하는 거야? 아직 열이 있을 텐데."
남편 "응, 오늘 중요한 회의가 있어서 쉴 수 없어."

문제2

1 2 (1324)

아직 배우지 않은 문제가 시험에 나왔기 때문에 가능할 리가 없을 것이다.

2 4 (3241)

이 반에서는 오후에는 문법을 중심으로 공부하기로 되어 있다.

3 2 (1423)

조금씩 일본어를 말할 줄 알게 되면서 일본어 수업이 재미있어졌다.

4 3 (4231)

벌써 아홉 시가 넘었다. 내일은 다른 일이 있어서 이대로 집에 갈 수는 없다.

5 1 (3412)

이 섬은 소 같은 모양이어서 '우시지마'라고 불린다고 한다.

6 3 (2431)

야마다 씨는 주변 사람들이 다이어트하고 있다는 이야기를 들은 것을 계기로 다이어트를 시작하기로 했다고 한다.

JLPT
N3

문법

회화와 함께

제대로
정리하기

김성곤·다나카 미유키 공저

실전 모의 테스트

MP3 다운로드

다락원

JLPT N3

회화와 함께

제대로
정리하기

문법

실전 모의 테스트

실전 모의 테스트 채점표

자신의 실력이 어느 정도인지 확인할 수 있도록 임의적으로 만든 채점표입니다.
실제 시험은 상대 평가 방식이므로 오차가 발생할 수 있습니다.

언어지식 (문자 · 어휘 · 문법)

	실전 모의 테스트 채점표회	배점	만점	정답 문항 수	점수
문자 · 어휘	문제 1	1점×8문항	8		
	문제 2	1점×6문항	6		
	문제 3	1점×11문항	11		
	문제 4	1점×5문항	5		
	문제 5	1점×5문항	5		
문법	문제 1	1점×13문항	13		
	문제 2	1점×5문항	5		
	문제 3	1점×5문항	5		
합계			58점		

*점수 계산법 : 언어지식(문자 · 어휘 · 문법) [   ]점÷58×60 = [   ]점

독해

	실전 모의 테스트 채점표회	배점	만점	정답 문항 수	점수
독해	문제 4	3점×4문항	12		
	문제 5	4점×6문항	24		
	문제 6	4점×4문항	16		
	문제 7	4점×2문항	8		
합계			60점		

청해

	실전 모의 테스트 채점표회	배점	만점	정답 문항 수	점수
청해	문제 1	2점×6문항	12		
	문제 2	2점×6문항	12		
	문제 3	3점×3문항	9		
	문제 4	2점×4문항	8		
	문제 5	2점×9문항	18		
합계			59점		

*점수 계산법 : 청해 [   ]점÷59×60 = [   ]점

N3

げんごちしき（もじ・ごい）

（30ぷん）

ちゅうい
Notes

1. しけんが はじまるまで、この もんだいようしを あけないで ください。
   Do not open this question booklet until the test begins.

2. この もんだいようしを もって かえる ことは できません。
   Do not take this question booklet with you after the test.

3. じゅけんばんごうと なまえを したの らんに、じゅけんひょうと おなじように かいて ください。
   Write your examinee registration number and name clearly in each box below as written on your test voucher.

4. この もんだいようしは、ぜんぶで 7ページ あります。
   This question booklet has 7 pages.

5. もんだいには かいとうばんごうの 1 、 2 、 3 …が ついて います。
   かいとうは、かいとうようしに ある おなじ ばんごうの ところに マークして ください。
   One of the row numbers 1 , 2 , 3 … is given for each question. Mark your answer in the same row of the answer sheet.

じゅけんばんごう Examinee Registration Number	

なまえ Name	

問題1 ＿＿＿＿＿のことばの読み方として最もよいものを、1・2・3・4から一つえらびなさい。

1 <u>未来</u>の世界を考えてみよう。

    1 しょうらい   2 しょらい   3 みいらい   4 みらい

2 電話でレストランの<u>予約</u>をした。

    1 ようやく   2 よやく   3 えいやく   4 えやく

3 その<u>件</u>については後で説明します。

    1 あん   2 にん   3 めん   4 けん

4 みんなで歌うから、歌が<u>得意</u>でなくても大丈夫です。

    1 たくい   2 だくい   3 とくい   4 どくい

5 プレゼント用にこれを<u>包んで</u>ください。

    1 つつんで   2 あんで   3 むすんで   4 はこんで

6 この山は<u>岩</u>が多くて歩きにくい。

    1 うみ   2 いわ   3 どろ   4 みちろ

7 今日は暖かいので<u>上着</u>は着なくてよさそうだ。

    1 うえぎ   2 うわぎ   3 じょうぎ   4 じょうちゃく

8 お支払いは<u>現金</u>でお願いします。

    1 だいきん   2 けんきん   3 ちょきん   4 げんきん

問題2 _____のことばを漢字で書くとき、最もよいものを、1・2・3・4から一つえらび
なさい。

9 分からない単語に<u>せん</u>をひいた。

1 図　　　　　　　2 線　　　　　　　3 表　　　　　　　4 円

10 <u>くうこう</u>まで友だちを迎えに行きました。

1 航空　　　　　　2 船空　　　　　　3 空港　　　　　　4 空巷

11 あなたが<u>あやまる</u>必要はないと思う。

1 謝る　　　　　　2 断る　　　　　　3 寄る　　　　　　4 罪る

12 <u>ちゅうしゃ</u>料金は、1時間以内は無料です。

1 駐車　　　　　　2 駐輪　　　　　　3 駅車　　　　　　4 駅輪

13 みそしるが<u>さめて</u>しまった。

1 覚めて　　　　　2 冷めて　　　　　3 凍めて　　　　　4 下めて

14 私のしゅみは<u>めずらしい</u>切手を集めることです。

1 珍しい　　　　　2 厳しい　　　　　3 忙しい　　　　　4 難しい

問題 3 （　　　　　）に入れるのに最もよいものを、1・2・3・4から一つえらびなさい。

15　雑誌や新聞はひもで（　　　　　）捨ててください。

1　たのんで　　　　2　いれて　　　　　3　しばって　　　　4　のばして

16　シャンプーはしっかりと（　　　　　）を立てて髪を洗いましょう。

1　ほこり　　　　2　あわ　　　　　3　きず　　　　4　みず

17　昨日の試合は一点（　　　　　）で負けてしまった。

1　欠　　　　2　差　　　　　3　違　　　　4　別

18　発表のときは、緊張して胸が（　　　　　）した。

1　うろうろ　　　　2　ぶつぶつ　　　　3　どきどき　　　　4　ばらばら

19　お湯が（　　　　　）すぐに火を止めてください。

1　さめたら　　　　2　わいたら　　　　3　はって　　　　4　よんで

20　寝坊したが、駅まで走って何とか電車に（　　　　　）。

1　乗れなかった　　　2　遅れた　　　　　3　問い合わせた　　　4　間に合った

21　アパートの（　　　　　）は毎月決まった日に払ってください。

1　値段　　　　2　会費　　　　　3　家賃　　　　4　収入

22　風邪を引いたら、できるだけ（　　　　　　　）薬を飲んだほうがいいです。

1　はやめに　　　　　2　じょじょに　　　　3　さかんに　　　　4　きゅうに

23　社長は今電話に出ておりますので、（　　　　　　　）お待ちください。

1　たまに　　　　　　2　しばらく　　　　　3　きゅうに　　　　4　さっさと

24　私は派手な服よりも少し（　　　　　　　）な服のほうが好きです。

1　地味　　　　　　　2　重大　　　　　　　3　素敵　　　　　　4　立派

25　レポートの（　　　　　　　）は金曜日ですから、それまでにレポートを出してください。

1　合計　　　　　　　2　出発　　　　　　　3　締め切り　　　　4　売り切れ

問題4 _____ に意味が最も近いものを、1・2・3・4から一つえらびなさい。

26 ていねいにわけを説明した。

   1 秘密   2 理由   3 規則   4 仕事

27 この犬はとても利口だ。

   1 ふしぎだ   2 おとなしい   3 頭がいい   4 よくほえる

28 作文に間違いがあったので、修正した。

   1 ミス   2 ルール   3 プラン   4 カット

29 今週中にたまっている仕事をかたづけようと思っている。

   1 ほとんど終わった   2 たくさん残っている

   3 前からやりたかった   4 急いでいる

30 時には外食することもある。

   1 一人で食べる   2 外で料理をする

   3 たくさん食べる   4 レストランで食べる

問題 5 つぎのことばの使い方として最もよいものを、1・2・3・4 から一つえらびなさい。

[31] がまん

1 私のがまんは、切手を集めることです。

2 発表のがまんはもうできましたか。

3 ダイエットしたいのだが、甘いものをがまんするのはつらい。

4 このガラスは割れにくいがまんをもっている。

[32] あやしい

1 あやしい人が家の前をうろうろしている。

2 仲のよかった友だちが引っ越してしまってあやしい。

3 息子が入学試験に受かって本当にあやしい。

4 うちは、商店街に近いので、人通りや車の音であやしいんです。

[33] あきらめる

1 彼は先生に分からないように弱い子をあきらめている。

2 残業をあきらめて早く帰りたがる若者が増えた。

3 今日はあきらめたみたいで、子どもたちはぐっすり眠っている。

4 お金がないので留学はあきらめることにした。

34 あっという間に

　1　楽しかった夏休みも<u>あっという間に</u>終わってしまった。

　2　<u>あっという間に</u>３番線に電車がまいります。

　3　あなたの言いたいことは<u>あっという間に</u>分かりました。

　4　<u>あっという間に</u>長い休みをとって、世界中を旅行したい。

35 チャンス

　1　タクシーの運転手は、じょじょに<u>チャンス</u>をあげていった。

　2　今回は負けてしまったが、また<u>チャンス</u>はあると思う。

　3　新入社員の仕事のやり方について<u>チャンス</u>をする。

　4　留守番電話に<u>チャンス</u>をのこした。

N3

言語知識（文法）・読解

（70分）

注　意
Notes

1. 試験が始まるまで、この問題用紙を開けないでください。
   Do not open this question booklet until the test begins.

2. この問題用紙を持って帰ることはできません。
   Do not take this question booklet with you after the test.

3. 受験番号と名前を下の欄に、受験票と同じように書いてください。
   Write your examinee registration number and name clearly in each box below as written on your test voucher.

4. この問題用紙は、全部で18ページあります。
   This question booklet has 18 pages.

5. 問題には解答番号の　1　、　2　、　3　…が付いています。解答は、解答用紙にある同じ番号のところにマークしてください。
   One of the row numbers　1　,　2　,　3　… is given for each question. Mark your answer in the same row of the answer sheet.

受験番号　Examinee Registration Number	

名前　Name	

問題 1　つぎの文の（　　　　　　）に入れるのに最もよいものを、1・2・3・4から一つえらびなさい。

1　妻「またタバコ。お医者さんに（　　　　　　）って言われたでしょう。」

夫「ごめん。これからは吸わないから。」

1　吸うな　　　　　　2　吸うね　　　　　　3　吸うよ　　　　　　4　吸うんだ

2　体を丈夫にしたいなら、毎日（　　　　　）いいですよ。

1　運動しなくても　　　　　　　　　2　運動すれば

3　運動したようだから　　　　　　　4　運動しても

3　息子「えー？ 肉料理はないの？ ご飯と野菜だけじゃん。」

母「ちょっと待って。今（　　　　　）から。」

1　できたことがある　　　　　　　　2　できていたことがある

3　できていたところだ　　　　　　　4　できたところだ

4　（授業で）

先生「これで、私からの説明は終わりますが、質問がある人はいますか。」

学生「はい、2つ、（　　　　　）ください。」

1　質問して　　　　　　2　質問させて　　　　　　3　質問やって　　　　　　4　質問されて

5　母は15年以上前に買ったドライヤーを今も（　　　　　）。壊れて使えなくなるまで、

新しいのは買わないと言っていた。

1　使った　　　　　　　　　　　　　2　使わない

3　使っている　　　　　　　　　　　4　使っていなかった

6　母親は厳しくて、宿題が（　　　　　）、遊びに行けない。

1　終わる以上は　　　　　　　　　　2　終わっただけでなく

3　終わってはじめて　　　　　　　　4　終わってからでないと

7 山口「この近くに事務所があるんですよ。田中さん、ぜひ一度来てください。」

田中「ありがとうございます。新しい事務所の住所はどちらですか。」

山口「（　　　　　　）。どうぞ。」

1　こちらもそれです　　　　　　　　2　こちらもそうです

3　ここに書いたそうです　　　　　　4　ここに書いてあります。

8 （メールで）

土曜日の食事会は「はる」（　　　　　　　）日本料理の店にしました。

1　などの　　　　　2　という　　　　　3　らしい　　　　4　からの

8 たとえ医学がどんなに（　　　　　　　）病気はなくならないだろう。

1　進歩しても　　　2　進歩すれば　　　3　進歩するなら　　4　進歩するので

10 時計は丸い形（　　　　　　　）しているものが多いんですが、それはなぜですか。

1　の　　　　　　　2　も　　　　　　　3　を　　　　　　　4　より

11 料理研究家の木村さんは、テレビ（　　　　　　　）ラジオや雑誌などでも活躍している。

1　に対して　　　　2　によって　　　　3　をきっかけに　　4　を中心に

12 (講演会で)

みなさんは、缶コーヒーを発明したのが誰なのか（　　　　　　）。

1　ご存じですか　　　　　　　　　　2　なさいますか

3　申しますか　　　　　　　　　　　4　いらっしゃいますか

13 (会社で)

山田「鈴木部長、この書類、ここにもサインを（　　　　　　）ですか。」

鈴木「わかった。ここにサインすればいいんだね。」

1　してくれたらいい　　　　　　　　2　してさしあげたらいい

3　してやったらいい　　　　　　　　4　してもらってもいい

問題 2 つぎの文の ＿★＿ に入れる最もよいものを、1・2・3・4から一つえらびなさい。

（問題例）

つくえの ＿＿＿＿ ＿＿＿＿ ＿★＿ ＿＿＿＿ あります。

1 が　　　　　　2 に　　　　　　3 上　　　　　4 ペン

（解答のしかた）

1. 正しい答えはこうなります。

> つくえの ＿＿＿＿ ＿＿＿＿ ＿★＿ ＿＿＿＿ あります。
>
> 　　　　　　　3 上　　2 に　　4 ペン　　1 が

2. ＿★＿ に入る番号を解答用紙にマークします。

（解答用紙） | (例) | ① ② ③ ● |

14 　山下「高木さんは、本当にこの映画が好きなんですね。」

　　高木「はい、私は ＿＿＿＿ ＿＿＿＿ ＿★＿ ＿＿＿＿ ないと思っているんです。」

　　1 これ　　　　　2 作品は　　　　　3 ほど　　　　　4 すばらしい

15 　ここは ＿＿＿＿ ＿＿＿＿ ＿★＿ ＿＿＿＿ 秋の景色もとてもきれいです。

　　1 桜だけでなく　　　　　　　　2 春の桜が

　　3 有名ですが　　　　　　　　　4 きれいなことで

16　全然漢字が書けなかったけど、今はたくさん ＿＿＿＿ ＿＿＿＿ ★ ＿＿＿＿

きました。

1　日本語の授業が　　　　　　　　　　2　書ける

3　おもしろくなって　　　　　　　　　4　ようになって

17　西村「山田さん、東山物産の東山社長を知っていますか。」

山田「東山社長なら、＿＿＿＿ ＿＿＿＿ ★ ＿＿＿＿ まだありません。」

1　聞いたことが　　2　ありますが　　　3　お名前は　　　4　会ったことは

18　誰かにプレゼントをするときは、自分が贈りたいものを選ぶのではなく、

＿＿＿＿ ＿＿＿＿ ★ ＿＿＿＿ ことが大切だと思う。

1　相手が何を　　　　　　　　　　　　2　贈る

3　と考えて　　　　　　　　　　　　　4　喜んでくれるだろうか

問題 3 つぎの文章を読んで、文章全体の内容を考えて、[19]から[23]の中に入る最もよいものを、1・2・3・4から一つえらびなさい。

真夏の暑いある日の午後、私は図書館へ本を返しに行かなくてはならなかった。自転車で走っていても、風が熱く感じられた。赤信号で止まると、立っている[19]汗が流れる。あまりにも暑いので、少し後ろに下がって木陰に入って信号が変わるのを待った。

道路の向こう側を見ると、おばあさんが一人、太陽の下で、じっと信号待ちをしていた。周りには木も建物もない。おばあさん大丈夫かな。[20]、倒れたらどうしよう。なんだか[21]。

すると[22]、小さな女の子を連れた女の人がベビーカーを押しながらやってきた。おばあさんの横で止まると、自分のさしていた日傘を、そっとおばあさんの上にもさしかけて、いっしょに入った。私は、[23]と思った。しばらくして信号が青に変わり、おばあさんは頭を下げてお礼を言ってから道路を渡りはじめた。

そして、親子が歩き出したのを見た私は、びっくりした。親子は別の方向に歩き出したのだ。私は当然同じ方向に道を渡るだろうと思っていたのだ。小さな感動が私の中で広がっていった。

19

1	だけで	2	ために	3	らしく	4	ように

20

1	きっと	2	たぶん	3	たとえ	4	もし

21

1	ワクワクしてきた	2	心配になってきた
3	にぎやかになってきた	4	楽になってきた

22

1	こちらに	2	そのように	3	そこへ	4	どちらへ

23

1	大変だ	2	よかった	3	よくなった	4	しまった

問題4 つぎの（1）から（4）の文章を読んで、質問に答えなさい。答えは、1・2・3・4から最もよいものを一つえらびなさい。

（1）

　私は中学3年生です。料理が大好きで、休みの日や親が仕事でいない時に作ります。料理が好きになった理由は母が料理好きで私にやさしく教えてくれたからです。

　しかし、私のまわりの友だちは料理をしたくても親に「まだ早い」とか「火が危ない」と言われ、作る機会がないと言っています。料理というのはやってみて、その楽しさや苦労がわかると私は思っています。もちろん、やってみて嫌いになる人もいるでしょう。けれど、やらないことには何も始まりません。

24　　この文章で「私」が言いたいのは何か。

　　1　料理は母親に教えてもらわなければならない。

　　2　料理は危険だから中学生はしてはいけない。

　　3　料理は自分でやってみてその意味が分かる。

　　4　料理は自分でやるといやになるに違いない。

（2）

　ゴミはきちんと分別して、決められた日、決められた場所、決められた時間に出してください。燃えるゴミは決められたゴミ袋を使用してください。コンビニやスーパーで買うことができます。

　燃えるゴミや燃えないゴミの中には、紙・びん・缶など資源として利用できるものが、まだまだたくさん含まれています。きちんと分別して、ゴミに含まれている資源を回収することが必要です。

　出したゴミは自分で責任を持ち、また、ゴミになる物は買わない生活をしましょう。

25　この文章の内容と合っているものはどれか。

　　1　ゴミになるものは買ってはいけない。

　　2　ゴミ袋はどこでも買うことができる。

　　3　燃えないゴミは資源ゴミとして出せばいい。

　　4　燃えるゴミの中には再利用できるものがある。

（3）これは山田さんが大学のテニス部員に送ったメールである。

テニス部員の皆さん。

　今年も終わろうとしています。みんなと楽しく話しながらおいしいお酒を飲みましょう。ぜひご参加ください。

　参加の申し込みは12月16日（土）までにお電話お願いします。もちろんメールでもいいです。会費は当日会場でお支払いください。

日時：12月23日（土）午後6時
会場：中村屋（山下駅から徒歩3分）
会費：一人5,000円

12月11日
山田一郎

E-mail: yamada-icr@yamasita-u.ac.jp

携帯：090-2788-1110

26　飲み会に参加したい人はどのように申し込めばいいか。

　　1　山田さんに12月16日までにメールを出す。

　　2　山田さんに12月23日までにメールを出す。

　　3　飲み会の店に12月16日までに電話をする。

　　4　飲み会の店に12月23日までに電話をする。

（4）

　一年ほど前に家から5分ぐらいのところに24時間営業のスーパーができた。人件費や電気代を考えるとお金にならないだろうから、すぐなくなるのではないかと思っていたが、うまくいっているようだ。朝、店に来る人たちは、ゆっくり買い物ができて、便利なのだそうだ。夜は会社帰りの若者を見かける。「仕事が終わってから野菜が買えていいですよ」と言っていた。けっして客の数は多くないが、コンビニにはないいろいろな野菜や食料品を求めているようだ。

27　この人は、スーパーができたとき、どう思ったか。

　　1　24時間スーパーはいらないと思った。

　　2　営業がうまくいかず、つぶれると思った。

　　3　お客さんがたくさん来ると思った。

　　4　家から遠くて不便だと思った。

問題5 つぎの（1）と（2）の文章（ぶんしょう）を読んで、質問に答えなさい。答えは、1・2・3・4から最も よいものを一つえらびなさい。

（1）

　秋山市（あきやま）は、6月に市に住む35歳以上65歳未満の男女2000人を対象に、「市民のスポーツ 活動に関する調査」を行いました。1700人の回答が秋山市から10月に発表されました。

　調査の結果、運動やスポーツ活動が「必要である」と思っている人は92％でした。

　現在、週一回以上運動やスポーツを「している」が70％、「していない」が30％でした。「し ていない」理由でもっとも多いのは「忙しくて時間がないから」が45％でした。「運動が好 きじゃない」、「面倒だから」も合わせると80％ぐらいになります。

　でもちょっと待ってください。やはり軽い運動は習慣にした方が体にいいと思います。ま ずは運動習慣をつけることから始めてみましょう。特にスポーツクラブに行ったりしなくて も、エスカレーターを使うのをやめる、一駅歩くことくらいでも、まずは十分です。ただし、 ぶらぶら歩くのではなく、さっさと早速で歩くことから実行してください。

28　この調査の対象になるのはどれか。

1　秋山市に住む36歳の男性

2　秋山市に住む65歳の女性

3　秋山市にある会社に通う25歳の女性

4　秋山市にある会社に通う45歳の男性

29　運動習慣をつけるとあるが、その方法として言っているのはどれか。

1　なるべくエレベーターは使わない。

2　家から駅までゆっくり歩く。

3　スポーツクラブで運動する。

4　短い距離でも速いスピードで歩く。

30　この調査の結果について合っているものはどれか。

1　全国の1700人から回答を得ることができた。

2　スポーツを「している」人より「していない」人の方が多い。

3　回答者の3分の2以上は、週一回以上運動をしている。

4　調査の回答をまとめた結果は6月に発表された。

（2）

　携帯電話が話をするだけの物ではなくメールができたり、写真を撮って友だちに送ったりインターネットでいろんな情報を得たり、すごいスピードで進化している。そんな中で最近もう少し考えてほしいことがある。

　以前に、こういう出来事があった。ある日、私が自転車に乗って駅前のスーパーに買い物に行く途中、前から ① ふらついた自転車が向かってきた。その人は自転車を運転しながら携帯電話でメールをしていてメールの方に夢中になっていた。私が先にそれに気づいて避けたのでぶつからなかった。もし二人とも携帯電話でメールや話し中だったとしたら、大変な事故になったかもしれないと思ったら急に怖くなってきた。

　ちょうど私の子どもに自転車の乗り方を教えている時だったので、子どもには ② こういうこともあることを教えた。でも、子どもに言葉で教えても子どもは運転の方で精一杯で、そんな相手のことを気にする余裕がないから、大人のほうが気を付けなければいけないと思う。

　みなさん、メールは乗り物を運転している時や、歩いている時には絶対にやめましょう。

（注）ふらつく：ここでは、不安定に走る

31 ① <u>ふらついた</u>とあるが、どうしてか。

1　スピードをあげながら走っていたから

2　通話をしながら自転車に乗っていたから

3　買い物の荷物をたくさん載せていたから

4　メールをしながら自転車に乗っていたから

32 ② <u>こういうこと</u>とあるが、それは何か。

1　自転車とぶつかりそうになったこと

2　自転車とこの人がぶつかったということ

3　自転車と自転車がぶつかったこと

4　自転車と車がぶつかったこ

33 この文章でこの人が最も言いたいことは何か。

1　携帯電話のいろいろな機能を活用しよう。

2　携帯電話の基本的なルールを守らなければならない。

3　自転車の乗り方は子どもの時に教えた方がいい。

4　子どもに正しい自転車の乗り方を教える必要がある。

問題6 つぎの文章を読んで、質問に答えなさい。答えは、1・2・3・4から一つ最もよいもの をえらびなさい。

　家には娘がいます。もう出かけなくてはいけない時間なのに、娘が起きなかったり、動い てくれないといらいらします。夫が起こすときもありますが、基本的には私がやります。でも、 朝の時間にずっと文句を言ってしまっては、私も疲れるし、親子の関係にもよくないと思い ます。

　今年、娘が小学校に入ってから起きなければいけない時間が今までよりちょっと早くなり ました。そこで、娘を起こすためにやってみたのが「ぎゅっと抱きしめる」ことです。キッ チンのような遠いところから声をかけるのではなく、布団のところに行き、優しく娘を抱き しめます。それからなるべく優しく「起きる時間だよ」と声をかけます。こうしている間に 娘も目を覚まし、すぐ起きられるようになりました。

　実は ①この方法、大きい声で叫びつづけるより、子どもを起こすのにかかる時間も短くな るのです。「そんなことまでしたくない！」と思うかもしれませんが、ぜひ試してもらいたい です。

　とにかく学校に遅れないようにすることが目的なので、他にも ② 朝の時間にテレビをつ けるという習慣をやめたり、時間がチェックできるように食卓に時計を置くことにしました。 特にテレビがついていると、興味がないことをやっていても、食事の箸が止まったり、行動 すべてがゆっくりになるのです。本当は大人としてもニュースや天気予報を見たいところで すが。

　③ このようなことは娘が2年生くらいまでは続けようと思っています。

34　① この方法とあるが、それは何か。

1　子どもを抱きしめて起こすこと

2　朝急いで家を出ること

3　学校に遅刻してしまうこと

4　子どもに大声をかけ続けること

35　② 朝の時間にテレビをつけるという習慣をやめたりとあるが、テレビをつけない

　　理由はなぜか。

1　テレビを見ると、眠くなるから

2　テレビを見ると、体の動きが遅くなるから

3　テレビを見ると、学校に行きたくないから

4　テレビを見ると、食欲がなくなるから

36　③ このようなこととあるが、関係ないのはどれが。

1　毎朝子どもを起こすこと

2　食事のテーブルに時計を置くこと

3　朝テレビを見ないこと

4　毎朝ニュースや天気予報を見ること

37　この文章は何について言っているのか。

1　子どもに親の愛情を伝える方法

2　テレビをうまく活用する方法

3　子どもを学校に行かせるための工夫

4　子どもに正しい食事のマナーを教える工夫

問題7 右のページは、「はるやま市の図書館の利用案内」である。これを読んで、下の質問に
答えなさい。答えは、1・2・3・4から最もよいものを一つえらびなさい。

38 はるやま市に住んでいる森さんは図書館で本を借りたいと思っている。午後6時ごろ
に行って、本が借りられるのはいつか。

1 月曜日

2 火曜日

3 土曜日

4 日曜日

39 図書館を利用するときの規則として合っているものはどれか。

1 図書館のすべての資料をコピーすることができる。

2 図書館の利用カードを作るときはお金を払わなければならない。

3 図書館が閉まっていても、雑誌や本はブックポストに返却できる。

4 自習室を利用する場合はいつも運転免許証または学生証が必要である。

図書館ご利用の案内

図書館の本は、どなたでも見ることができます。また、一部の資料を除いてはコピーサービス（有料）も利用できます。図書館の資料を借りるとき、自習室を利用されるときは、利用カードが必要になります。利用カードは、無料です。

利用カードは図書館のカウンターで受け付けます。はるやま市に住んでいる人、または、通勤・通学をしている人ならどなたでも利用カードをつくることができます。カードを作るときは、健康保険証・運転免許証・学生証など住所と氏名が確認できるものをお持ちください。

《 開館時間 》

火曜日～金曜日：午前10時 ～ 午後7時
土曜日・日曜日・祝日：午前9時 ～ 午後5時

《 貸出 》

資料	貸出数	貸出期間
本・雑誌	一人15冊まで	2週間
CD・DVD	一人5点まで	2週間

《 返却 》

・開館時
図書館のカウンターにお持ちいただくか、返却ポストにお返しください。

・閉館時
閉館中は返却ポストにお返しください。CD・DVDはブックポストへ返却できません。開館時間中に返却窓口へお返しください。

※ 返却期限は必ずお守りください。
※ 2週間以上返却が遅れると新たな貸出を停止する場合もあります。

N3

聴解
<ruby>聴<rt>ちょう</rt></ruby><ruby>解<rt>かい</rt></ruby>

（40分）

受験番号　Examinee Registration Number	

名前　Name	

問題1

　問題1では、まず質問を聞いてください。それから話を聞いて、問題用紙の1から4の中から、最もよいものを一つえらんでください。

れい

1　8時45分

2　9時

3　9時15分

4　9時30分

1ばん

ア

イ

ウ

エ

1　アウ

2　アエ

3　イウ

4　イエ

2ばん

1 スペックを高<ruby>高<rt>たか</rt></ruby>める
2 <ruby>自己分析<rt>じ こ ぶんせき</rt></ruby>を<ruby>行<rt>おこな</rt></ruby>う
3 <ruby>手元<rt>て もと</rt></ruby>のプリントを<ruby>見<rt>み</rt></ruby>る
4 <ruby>会社<rt>かいしゃ</rt></ruby>の<ruby>情報<rt>じょうほう</rt></ruby>を<ruby>調<rt>しら</rt></ruby>べる

3ばん

1 <ruby>本<rt>ほん</rt></ruby>を<ruby>予約<rt>よ やく</rt></ruby>する
2 <ruby>本<rt>ほん</rt></ruby>を<ruby>購入<rt>こうにゅう</rt></ruby>する
3 <ruby>明日<rt>あした</rt></ruby>また<ruby>本屋<rt>ほん や</rt></ruby>に<ruby>来<rt>く</rt></ruby>る
4 <ruby>本<rt>ほん</rt></ruby>のタイトルを<ruby>機械<rt>き かい</rt></ruby>で<ruby>検索<rt>けんさく</rt></ruby>する

4ばん

1 じゃがいもを切る

2 お肉を炒める

3 トマトを切る

4 スーパーに行く

5ばん

1 9日　午後6時

2 9日　午後7時

3 10日　午前6時

4 10日　午前7時

6 ばん

1 目覚まし時計を止める

2 カーテンを開ける

3 お湯を飲む

4 ストレッチする

問題2

　問題2では、まず質問を聞いてください。そのあと、問題用紙を見てください。読む時間があります。それから話を聞いて、問題用紙の1から4の中から、最もよいものを一つえらんでください。

れい

1　いそがしくて時間がないから

2　料理がにがてだから

3　ざいりょうがあまってしまうから

4　いっしょに食べる人がいないから

1 ばん

1 財布を忘れたから

2 財布をなくしたから

3 財布を盗まれたから

4 寝坊したから

2 ばん

1 韓国旅行に行きたいから

2 恋人が韓国人だから

3 韓国でアイドルになりたいから

4 韓国ドラマが好きだから

3 ばん

1 仕事が減ったから

2 仕事が早いから

3 上司に残業しないように言われたから

4 ペットに会いたいから

4 ばん

1 部屋が広いところ

2 周りが静かなところ

3 窓から見える景色

4 駅から近いところ

5ばん

1 お店が閉まっていたから

2 値段が高かったから

3 気に入ったデザインがなかったから

4 お父さんに買ってもらいたかったから

6ばん

1 ダイエットのため

2 リハビリのため

3 ジムのトレーナーが素敵だから

4 マラソン大会に出るため

問題3

　問題3では、問題用紙に何もいんさつされていません。この問題は、ぜんたいとしてどんなないようかを聞く問題です。話の前に質問はありません。まず話を聞いてください。それから、質問とせんたくしを聞いて、1から4の中から、最もよいものを一つえらんでください。

－ メモ －

問題4

問題4では、えを見ながら質問を聞いてください。やじるし (➡) の人は何と言いますか。
1から3の中から、最もよいものを一つえらんでください。

れい

1 ばん

2 ばん

3 ばん

4 ばん

問題5

問題5では、問題用紙に何もいんさつされていません。まず文を聞いてください。それから、そのへんじを聞いて、1から3の中から、最もよいものを一つえらんでください。

ーメモー

1교시 언어지식(문자·어휘)

문제 1 [1] ④ [2] ② [3] ④ [4] ③ [5] ① [6] ② [7] ② [8] ④
문제 2 [9] ② [10] ③ [11] ① [12] ① [13] ② [14] ①
문제 3 [15] ③ [16] ② [17] ② [18] ③ [19] ② [20] ④ [21] ③ [22] ① [23] ② [24] ① [25] ③
문제 4 [26] ② [27] ③ [28] ① [29] ② [30] ④
문제 5 [31] ③ [32] ① [33] ④ [34] ① [35] ②

1교시 언어지식(문법)·독해

문제 1 [1] ① [2] ② [3] ④ [4] ② [5] ③ [6] ④ [7] ④ [8] ② [9] ① [10] ③ [11] ④
　　　 [12] ① [13] ④
문제 2 [14] ④ (1342)　　 [15] ③ (2431)　　 [16] ① (2413)　　 [17] ② (3124)　　 [18] ③ (1432)
문제 3 [19] ① [20] ④ [21] ② [22] ③ [23] ②
문제 4 [24] ③ [25] ④ [26] ① [27] ②
문제 5 [28] ① [29] ④ [30] ③ [31] ④ [32] ① [33] ②
문제 6 [34] ① [35] ② [36] ④ [37] ③
문제 7 [38] ② [39] ③

2교시 청해

문제 1 [예] ① [1] ③ [2] ③ [3] ① [4] ④ [5] ④ [6] ②
문제 2 [예] ④ [1] ① [2] ② [3] ④ [4] ③ [5] ② [6] ④
문제 3 [예] ① [1] ③ [2] ② [3] ④
문제 4 [예] ① [1] ③ [2] ③ [3] ① [4] ②
문제 5 [예] ② [1] ③ [2] ② [3] ② [4] ① [5] ① [6] ② [7] ① [8] ③ [9] ①

1교시 언어지식(문자·어휘)

문제 1

1 미래 세계를 생각해 보자.

2 전화로 레스토랑 예약을 했다.

3 그 건에 대해서는 나중에 설명하겠습니다.

4 다 같이 노래할 테니까 노래를 잘하지 않아도 괜찮습니다.

5 선물용으로 이것을 포장해 주세요.

6 이 산은 바위가 많아서 걷기 힘들다.

7 오늘은 따뜻하기 때문에 겉옷은 입지 않아도 괜찮을 것 같다.

8 지불은 현금으로 부탁합니다.

문제 2

9 모르는 단어에 선을 그었다.

10 공항까지 친구를 마중하러 갔습니다.

11 네가 사과할 필요는 없다고 생각해.

12 주차 요금은 한 시간 이내에는 무료입니다.

13 된장국이 식어 버렸다.

14 내 취미는 희귀한 우표를 모으는 것입니다.

문제 3

15 잡지나 신문은 끈으로 묶어서 버려 주세요.

16 샴푸는 확실히 거품을 내서 머리카락을 씻읍시다.

17 어제 시합은 1점 차로 져 버렸다.

18 발표 때는 긴장해서 가슴이 두근두근했다.

19 뜨거운 물이 끓으면 바로 불을 멈춰 주세요.

20 늦잠을 잤지만 역까지 뛰어서 간신히 전철 시간에 맞았다.

21 아파트 집세는 매월 정해진 날에 지불해 주세요.

22 감기에 걸렸다면 가능한 한 빨리 약을 먹는 편이 좋아요.

23 사장님은 지금 전화를 받고 있으니 잠시 기다려 주세요.

24 나는 화려한 옷보다도 조금 수수한 옷을 좋아합니다.

25 보고서 마감은 금요일이므로 그때까지 보고서를 제출해 주세요.

문제 4

26 정중하게 이유를 설명했다.

27 이 개는 무척 똑똑하다.

28 작문에 실수가 있었기 때문에 수정했다.

29 이번 주 중에 쌓여 있는 일을 정리하려고 생각하고 있다.

30 때로는 외식하는 경우도 있다.

문제 5

31 다이어트하고 싶은데 단 음식을 참는 것은 어렵다.

32 수상한 사람이 집 앞을 어슬렁거리고 있다.

33 돈이 없기 때문에 유학은 포기하기로 했다.

34 즐거웠던 여름휴가도 순식간에 끝나 버렸다.

35 이번에는 졌지만 또 기회는 있다고 생각한다.

1교시 언어지식(문법)·독해

문제 1

1 아내 "또 담배라니. 의사 선생님한테 피우지 말라는 말을 들었잖아."

　남편 "미안. 앞으로는 안 피울 테니까."

2 몸을 튼튼하게 만들고 싶다면 매일 운동하면 돼요.

3 아들 "어? 고기 요리는 없어? 밥이랑 채소만 있으면…"

　엄마 "좀 기다려. 지금 다 된 참이니까."

4 (수업에서)

　선생 "이걸로 내 설명은 끝났는데 질문 있는 사람 있나요?"

　학생 "네, 두 가지 질문하게 해 주세요."

5 엄마는 15년도 더 전에 산 드라이어를 지금도 사용하고 있다. 망가져서 사용할 수 없게 되기 전까지 새것은 사지 않을 것이라고 말했다.

6 엄마는 엄격해서 숙제가 끝난 후가 아니면 놀러 나갈 수 없다.

7 **야마구치** "이 근처에 사무실이 있어요. 다나카 씨, 꼭 한 번 오세요."

다나카 "고마워요. 새 사무실 주소는 어느 쪽인가요?"

야마구치 "여기 써 있어요. 받으세요."

8 (메일로)

토요일 식사회는 '하루'라는 일본 요리 식당으로 했습니다.

9 비록 의학이 아무리 진보해도 병은 없어지지 않을 것이다.

10 시계는 둥근 모양을 한 게 많은데 그건 왜일까요?

11 요리 연구가 기무라 씨는 텔레비전을 중심으로 라디오나 잡지 등에서도 활약하고 있다.

12 (강연회에서)

여러분은 캔 커피를 발명한 사람이 누군지 아십니까?

13 (회사에서)

야마다 "스즈키 부장님, 이 서류, 여기에도 사인을 받을 수 있을까요?"

스즈키 "알겠어. 여기 사인하면 된다는 거지."

문제2

14 **야마시타** "다카기 씨는 정말 이 영화를 좋아하는군요."

다카기 "네, 저는 이것만큼 ★ 훌륭한 작품은 없다고 생각해요."

15 여기는 봄의 벚꽃이 예쁜 걸로 ★ 유명한데 벚꽃뿐 아니라 가을 경치도 무척 예뻐요.

16 한자를 전혀 쓸 수 없었지만 지금은 많이 쓸 수 있게 되어 ★ 일본어 수업이 재밌어졌습니다.

17 **니시무라** "야마다 씨, 히가시야마 물산의 히가시야마 사장을 아세요?"

야마다 "히가시야마 사장이라면 이름은 들은 적이 ★ 있는데 만난 적은 아직 없어요."

18 누군가에게 선물을 할 때는 자신이 주고 싶은 것을 고르는 게 아니라 상대방이 무엇을 기뻐해 줄까 ★ 생각하여 주는 것이 중요하다고 생각한다.

문제3

한여름의 더운 어느 날 오후, 나는 도서관에 책을 돌려주러 가야 했다. 자전거로 달려도 바람이 뜨겁게 느껴졌다. 빨간 신호등에서 멈추자 서 있기 19 만 했는데도 땀이 흐른다. 너무 더워서 조금 뒤로 물러나 나무 그늘로 들어가서 신호가 바뀌기를 기다렸다.

도로 맞은편을 보니 할머니가 혼자 태양 아래에서 가만히 신호를 기다리고 있었다. 주위에는 나무도 건물도 없다. 할머니 괜찮으려나. 20 혹시 쓰러지면 어떡하지. 어쩐지 21 걱정이 되었다.

그때 22 그쪽으로 어린 여자아이를 데리고 있는 여성이 유모차를 밀면서 다가왔다. 할머니 옆에 멈추자 자신이 쓰고 있던 양산을 슬쩍 할머니 위에도 씌워서 함께 들어갔다. 나는 23 다행이라고 생각했다. 잠시 후 신호등이 파란색으로 바뀌어서 할머니는 머리를 숙여 인사를 하고 도로를 건너기 시작했다.

그리고 엄마와 아이가 걷기 시작한 것을 본 나는 놀랐다. 엄마와 아이는 다른 방향으로 걷기 시작한 것이다. 나는 당연히 같은 방향으로 길을 건널 것이라고 생각했기 때문이다. 작은 감동이 내 안에 퍼졌다.

문제4

(1)

저는 중학교 3학년 학생입니다. 요리를 무척 좋아하며 휴일이나 부모님이 일 때문에 없을 때 만듭니다. 요리를 좋아하게 된 이유는 엄마가 요리를 좋아해서 제게 다정하게 알려 주셨기 때문입니다.

하지만 제 주변 친구들은 요리를 하고 싶어도 부모님에게 '아직 이르다'라든가 '불이 위험하다' 같은 말을 들어서 만들 기회가 없다고 합니다. 요리란 해봐야 그 즐거움과 수고로움을 알 수 있다고 저는 생각합니다. 물론 해 보고 싫어지는 사람도 있을 테지요. 하지만 하지 않으면 아무것도 시작하지 않습니다.

24 이 글에서 '나'가 말하고 싶은 것은 무엇인가?

1 요리는 엄마에게 배워야만 한다.

2 요리는 위험하니까 중학생은 하면 안 된다

3 요리는 스스로 해 봐야 그 의미를 알 수 있다.

4 요리는 스스로 하면 틀림없이 싫어질 것이다.

(2)

쓰레기는 제대로 분리하여 정해진 날, 정해진 장소, 정해진 시간에 내 주세요. 타는 쓰레기는 정해진 쓰레기봉투를 사용해 주세요. 편의점이나 슈퍼에서 살 수 있습니다.

타는 쓰레기나 타지 않는 쓰레기 중에는 종이, 병, 캔 등 자원으로서 이용할 수 있는 것이 아직 많이 포함되어 있습니다. 제대로 분리하여 쓰레기에 포함된 자원을 회수할 필요가 있습니다.

내놓은 쓰레기는 스스로 책임을 갖고, 또한 쓰레기가 될 물건은 사지 않는 생활을 합시다.

25 이 글의 내용과 맞는 것은 무엇인가?

1 쓰레기가 되는 것은 사면 안 된다.

2 쓰레기봉투는 아무 데서나 살 수 있다.

3 타지 않는 쓰레기는 자원 쓰레기로서 내놓으면 된다.

4 타는 쓰레기 중에는 재이용할 수 있는 것이 있다.

(3) 이것은 야마다 씨가 대학 테니스 부원에게 보낸 메일이다.

테니스 부원 여러분.

올해도 저물고 있습니다. 다함께 즐겁게 이야기하면서 맛있는 술을 마십시다. 꼭 참석해 주세요.

참석 신청은 12월 16일(토)까지 전화 부탁드립니다. 물론 메일이어도 괜찮습니다. 회비는 당일 회장에서 내 주세요.

일시: 12월 23일 (토) 오후 6시

회장: 나카무라야 (야마시타 역에서 도보 3분)

회비: 1인당 5,000엔

12월 11일

야마다 이치로

26 회식에 잠석하고 싶은 사람은 어떻게 신정하면 되는가?

1 야마다 씨에게 12월 16일까지 메일을 보낸다.

2 야마다 씨에게 12월 23일까지 메일을 보낸다.

3 회식 장소에 12월 16일까지 전화를 한다.

4 회식 장소에 12월 23일까지 전화를 한다.

(4)

> 1년쯤 전에 집에서 5분 정도인 곳에 24시간 영업하는 슈퍼가 생겼다. 인건비나 전기요금을 생각하면 돈이 되지 않을 것 같아서 금방 없어지지 않을까 생각했지만 꽤 잘되는 것 같다. 아침에 가게에 오는 사람들은 느긋하게 쇼핑을 할 수 있어서 편리하다고 한다. 밤에는 퇴근길 젊은이를 본다. '일이 끝나고 나서 채소를 살 수 있어서 좋아요'라고 했다. 결코 손님 수는 많지 않지만 편의점에는 없는 다양한 채소나 식료품을 구할 수 있다는 듯하다.

27 이 사람은 슈퍼가 생겼을 때 어떻게 생각했는가?

1 24시간 슈퍼는 필요없다고 생각했다.

2 영업이 잘 되지 않아서 망할 것이라고 생각했다.

3 손님이 많이 올 것이라고 생각했다.

4 집에서 멀어서 불편하다고 생각했다.

문제5

(1)

> 아키야마 시는 6월에 시에 거주하는 35세 이상 65세 미만 남녀 2000명을 대상으로 '시민 스포츠 활동에 관한 조사'를 했습니다. 아키야마 시는 1700명의 답변을 10월에 발표했습니다.
>
> 조사 결과, 운동이나 스포츠 활동이 '필요하다'라고 생각한 사람은 92%였습니다.
>
> 현재 주1회 이상 운동이나 스포츠를 '하고 있다'가 70%, '하지 않는다'가 30%였습니다. '하지 않는다'의 이유로 가장 많은 것은 '바빠서 시간이 없기 때문에'가 45%였습니다. '운동을 좋아하지 않는다', '귀찮아서'도 포함하면 80% 정도가 됩니다.
>
> 하지만 잠시 기다려 주세요. 역시 가벼운 운동은 습관으로 만드는 편이 몸에 좋습니다. 먼저 운동 습관을 몸에 익히는 것부터 시작해 봅시다. 특별히 스포츠클럽에 가지 않더라도 에스컬레이터를 사용하는 것을 그만두거나 역 한 정거장을 걷는 것 정도라도 우선은 충분합니다. 다만 설렁설렁 걷지 말고 빨리빨리 걷는 것부터 실행해 주세요.

28 이 조사의 대상인 것은 어느 것인가?

1 아키야마 시에 사는 36세 남성

2 아키야마 시에 사는 65세 여성

3 아키야마 시에 있는 회사에 다니는 25세 여성

4 아키야마 시에 있는 회사에 다니는 45세 남성

29 운동 습관을 몸에 익히는이라고 되어 있는데, 그 방법으로 언급한 것은 어느 것인가?

1 가능한 한 엘리베이터는 사용하지 않는다.

2 집에서 역까지 천천히 걷는다.

3 스포츠클럽에서 운동한다.

4 가까운 거리라도 빠른 속도로 걷는다.

30 이 조사 결과에 대해 맞는 것은 어느 것인가?

1 전국의 1700명에게 대답을 얻을 수 있었다.

2 스포츠를 '하고 있는' 사람 보다 '하지 않는' 사람이 많다.

3 응답자 3분의 2 이상은 주 1회 이상 운동을 하고 있다.

4 조사 응답을 정리한 결과는 6월에 발표되었다.

(2)

> 휴대 전화가 이야기를 하는 물건일 뿐만 아니라 문자를 할 수 있기도 하고 사진을 찍어 친구에게 보내거나 인터넷에서 여러 가지 정보를 얻기도 하는 등 엄청난 속도로 진화하고 있다. 그런 가운데 최근 조금 생각해 봤으면 하는 일이 있다.
>
> 이전에 이런 일이 있었다. 어느 날 내가 자전거를 타고 역 앞 슈퍼에 쇼핑하러 가던 도중의 일인데 앞에서 ① 휘청거리는 자전거가 다가왔다. 그 사람은 자전거를 운전하면서 휴대 전화로 문자를 보내고 있어서, 그 문자에 열중이었다. 내가 먼저 그것을 알아채고 피해서 부딪히지 않았다. 혹시 두 사람 다 휴대 전화로 문자나 대화 중이었다면 큰 사고가 되었을지도 모른다고 생각하니 갑자기 무서워졌다.
>
> 마침 내 아이에게 자전거 타는 법을 가르치고 있을 때였기 때문에 아이에게는 ② 이런 경우도 있음을 알려 주었다. 하지만 아이에게 말로 알려 주어도 아이는 운전하는 데에 정신이 팔려 있는지라 그런 상대를 신경 쓸 여유가 없기 때문에 어른이 조심해야 한다고 생각한다.
>
> 여러분, 문자는 탈것을 운전할 때나 걷고 있을 때에는 절대 그만둡시다.
>
> (주) ふらつく : 여기에서는, 불안정하게 달린다

31 ① 휘청거리는이라고 되어 있는데 왜인가?

1 속도를 올리면서 달리고 있어서

2 통화를 하면서 자전거를 타고 있어서

3 쇼핑 짐을 많이 실었기 때문에

4 문자를 하면서 자전거를 타고 있어서

32 ② 이런 경우라고 되어 있는데 그것은 무엇인가?

1 자전거와 부딪힐 뻔한 일

2 자전거와 이 사람이 부딪혔다는 일

3 자전거와 자전거가 부딪힌 일

4 자전거와 차가 부딪힌 일

33 이 글에서 이 사람이 가장 말하고 싶은 것은 무엇인가?

1 휴대 전화의 여러 가지 기능을 활용하자.

2 휴대 전화의 기본적인 규칙을 지켜야 한다.

3 자전거 타는 법은 어릴 때 가르치는 편이 좋다.

4 아이에게 올바른 자전거 타는 법을 가르칠 필요가 있다.

(1)

> 우리집에는 딸이 있습니다. 이미 외출해야 하는 시간인데 딸이 일어나지 않거나 움직이지 않으면 초조합니다. 남편이 깨우는 경우도 있지만 기본적으로는 제가 합니다. 하지만 아침 시간에 계속 잔소리를 했다가는 저도 지치고 부모자식 간의 관계에도 좋지 않다고 생각합니다.
>
> 올해 딸이 초등학교에 들어가고 나서 일어나야만 하는 시간이 지금까지보다 조금 더 빨라졌습니다. 그래서 딸을 깨우기 위해 해 본 것이 '꽉 껴안기'입니다. 부엌 같은 먼 곳에서 부르는 것이 아니라 이부자리에 가서 다정하게 딸을 안습니다. 그러고 나서 가급적 다정하게 '일어날 시간이야'라고 말합니다. 이렇게 하는 동안에 딸도 눈을 뜨고 금방 일어날 수 있게 되었습니다.
>
> 실은 ① 이 방법, 큰 소리로 부르는 것보다 아이를 깨우는 데에 걸리는 시간도 짧아졌습니다. '그렇게까지 하고 싶지 않아'라고 생각할지도 모르지만 꼭 한번 시도해 보세요.
>
> 아무튼 학교 시간에 늦지 않는 것이 목적이기 때문에 그 외에도 ② 아침 시간에 텔레비전을 켜는 습관을 그만두기도 하고 시간을 체크할 수 있게 식탁에 시계를 두기로 하였습니다. 특히 텔레비전이 켜져 있으면 관심이 없는 것을 하고 있어도 식사 중 젓가락이 멈추거나 행동 전체가 느려집니다. 실은 어른으로서도 뉴스나 일기예보를 보고 싶긴 하지만요.
>
> ③ 이러한 일은 딸이 2학년이 될 즈음까지는 계속하려고 생각하고 있습니다.

28 ① 이 방법이라고 했는데 그것은 무엇인가?

1 아이를 안아서 깨우는 것

2 아침에 서둘러 집을 나서는 것

3 학교에 지각해 버리는 것

4 아이에게 큰 소리로 계속 말을 거는 것

29 ② 아침 시간에 텔레비전을 켜는 습관을 그만두기도 하고라고 했는데 텔레비전을 켜지 않는 이유는 왜인가?

1 텔레비전을 보면 졸려서

2 텔레비전을 보면 몸의 움직임이 느려져서

3 텔레비전을 보면 학교에 가고 싶지 않아서

4 텔레비전을 보면 식욕이 없어져서

30 ③ 이러한 일이라고 했는데 관계 없는 것은 무엇인가?

1 매일 아침 아이를 깨우는 것

2 식탁에 시계를 두는 것

3 아침에 텔레비전을 보지 않는 것

4 매일 아침 뉴스나 일기예보를 보는 것

37 이 글은 무엇에 대해 말하고 있는가?

1 아이에게 부모의 애정을 전하는 방법

2 텔레비전을 잘 활용하는 방법

3 아이를 학교에 가게 하기 위한 궁리

4 아이에게 올바른 식사 매너를 가르치는 궁리

문제7 오른쪽 페이지는 '하루야마 시의 도서관 이용 안내'이다. 이것을 읽고 아래 질문에 답하시오. 답은 1·2·3·4에서 가장 적당한 것을 하나 고르시오.

38 하루야마 시에 살고 있는 모리 씨는 도서관에서 책을 빌리고 싶다. 오후 여섯 시쯤 가서 책을 빌릴 수 있는 날은 언제인가?

1 월요일

2 화요일

3 토요일

4 일요일

39 도서관을 이용할 때의 규칙으로 맞는 것은 어느 것인가?

1 도서관의 모든 자료를 복사할 수 있다.

2 도서관 이용 카드를 만들 때는 돈을 내야 한다.

3 도서관이 닫혀 있어도 잡지나 책은 도서반납함에 반납할 수 있다.

4 자습실을 이용하는 경우에는 항상 운전면허증 혹은 학생증이 필요하다.

도서관 이용 안내

도서관 책은 누구나 볼 수 있습니다. 또한 일부 자료를 빼고는 복사 서비스(유료)도 이용할 수 있습니다. 도서관 자료를 빌릴 때, 자습실을 이용할 때는 이용 카드가 필요합니다. 이용 카드는 무료입니다.

이용 카드는 도서관 카운터에서 접수합니다. 하루야마 시에 사는 사람, 또는 통근·통학을 하는 사람이라면 누구든지 이용 카드를 만들 수 있습니다. 카드를 만들 때는 건강보험증·운전면허증·학생증 등 주소와 이름을 확인할 수 있는 것을 지참해 주세요.

《 개관 시간 》

화요일~금요일: 오전 10시~오후 7시

토요일·일요일·공휴일: 오전 9시~오후 5시

《 대출 》

자료	대출 수	대출 기간
책·잡지	1인당 15권까지	2주간
CD·DVD	1인당 5개까지	2주간

《 반납 》

·개관 시

도서관 카운터로 가져 오시거나, 반납함으로 돌려 주세요.

·폐관 시

폐관 중에는 반납함으로 돌려 주세요. CD·DVD는 책반납함에는 반납할 수 없습니다. 개관 시간 중에 반납 창구로 가져 와 주세요.

※ 반납 기한은 반드시 지켜 주세요.

※ 2주일 이상 반납이 늦으면 새 대출을 정지할 경우도 있습니다.

문제1

예

ホテルで会社員の男の人と女の人が話しています。
女の人は明日何時までにホテルを出ますか。

M では、明日は9時半に事務所にいらしてください。

F はい。ええと、このホテルから事務所まで、タクシーでどのぐらいかかりますか。

M そうですね、30分もあれば着きますね。

F じゃあ、9時に出ればいいですね。

M あ、朝は道が込むかもしれません。15分ぐらい早めに出られたほうがいいですね。

F そうですか。じゃあ、そうします。

女の人は明日何時までにホテルを出ますか。

호텔에서 회사원 남성과 여성이 이야기하고 있습니다. 여성은 내일 몇 시까지 호텔을 나섭니까?

M 그러면 내일은 9시 반까지 사무실로 와 주세요.

F 네. 음, 이 호텔에서 사무실까지 택시로 얼마나 걸리나요?

M 음, 30분 정도면 도착합니다.

F 그러면 9시에 출발하면 되겠군요.

M 아, 아침에는 길이 막힐지도 모릅니다. 15분 정도 빨리 나오시는 편이 좋습니다.

F 그런가요? 그러면 그렇게 하겠습니다.

여성은 내일 몇 시까지 호텔을 나섭니까?

1	8시 45분	2	9시
3	9시 15분	4	9시 30분

1

電話で夫婦が話しています。
夫はこれから何を買わなければなりませんか。

F もしもし、私だけど。今どの辺？

M これから会社出るところだけど、どうかした？

F ちょうど牛乳が切れちゃって。悪いんだけど、途中で買ってきてもらえないかな？

M わかった。牛乳だけでいい？

F うーん、たしかケチャップもなくなりそうだった気がするんだけど。ちょっと冷蔵庫の中、確認してみるから待ってて。

M はーい。

F あ！ケチャップはこの前、新しいの買っておいたんだ。マヨネーズももう少しでなくなりそうだから、買ってきてもらえるかな。

M うん。他は大丈夫？

F うん。それと牛乳なんだけど、明日の朝ごはん用にたくさん使うから、2本お願いね。

M はーい。

夫はこれから何を買わなければなりませんか。

전화로 부부가 이야기하고 있습니다.
남편은 이제 무엇을 사야 합니까?

F 여보세요, 난데. 지금 어디쯤?

M 이제 회사 출발할 참인데 무슨 일 있어?

F 마침 우유가 떨어져서. 미안한데 오는 길에 사 올 수 있을까?

M 알았어. 우유면 돼?

F 음, 분명히 캐첩도 다 먹어 가는 거 같은데. 잠깐 냉장고 안 좀 확인해 볼 테니까 기다려 봐.

M 응.

F 아! 캐첩은 요전에 새 거 사 놨네. 마요네즈도 조금 있으면 다 먹을 거 같으니까 사 와 줘.

M 응. 다른 건 괜찮고?

F 응. 그리고 우유 말인데, 내일 아침밥용으로 많이 쓸 테니까 두 병 부탁해.

M 응.

남편은 이제 무엇을 사야 합니까?

大学で就職活動のためのセミナーを行っています。
学生はまず何をしなければなりません。

M 皆さん、就職活動をする際に一番重要なことは何だと思いますか。多くの学生は他の学生との競争に勝つために、スペックを高めることが大切だと考えていますが、それよりも自分がどんな業界に、どんな職種に、どんな会社に興味を持っているのか、自分自身についてよく知っておくことが大切です。そのためには「自己分析」という作業が必要です。これから自己分析のやり方について説明していきたいと思いますので、まずは手元のプリントを見てください。

学生はまず何をしなければなりません。

대학에서 취업 활동을 위한 세미나를 하고 있습니다.
학생은 먼저 무엇을 해야 합니까?

M 여러분, 취업 활동을 할 때에 가장 중요한 것은 무엇이라고 생각하나요? 많은 학생은 다른 학생과의 경쟁에서 이기기 위해 스펙을 높이는 것이 중요하다고 생각하지만 그것보다도 자신이 어떤 업계에, 어떤 직종에, 어떤 회사에 흥미를 가지고 있는지 자기자신에 대해 잘 아는 것이 중요합니다. 그러기 위해서는 '자기 분석'이라는 작업이 필요합니다. 이제부터 자기 분석 방법에 대해 설명하려고 하니 먼저 들고 있는 프린트를 봐 주세요.

학생은 먼저 무엇을 해야 합니까?

1 스펙을 쌓는다.	2 자기 분석을 한다.
3 들고 있는 프린트를 본다.	4 회사 정보를 모은다.

本屋で男の人と店員が話しています。
男の人はこれから何をしますか。

M すみません、ちょっとお伺いしたいのですが。

F はい、どうされましたか。

M 本を探してるんですが、どうしても見つけられなくて。すみませんが、在庫があるか確認していただけませんか?

F はい。どんな本をお探しですか。

M この写真の本なんですが。

F この本ですか。大変申し訳ないのですが、人気の作品のため本日の午前中に完売してしまいまして…。追加分は明日入荷する予定なんです。

M そうでしたか。完売とは残念です。もし可能であればお取り置きをお願いしたいのですが。
明日もまた来られるかわからなくて。

F かしこまりました。では、こちらの用紙にお名前とお電話番号をお願いいたします。

M わかりました。

男の人はこれから何をしますか。

서점에서 남성과 점원이 이야기하고 있습니다.
남성은 이제 무엇을 합니까?

M 실례합니다. 여쭤보고 싶은 게 좀 있는데요.

F 네, 무슨 일이신가요?

M 책을 찾고 있는데 아무리 찾아도 안 보여서요. 죄송하지만 재고가 있는지 확인해 주시겠어요?

F 네. 어떤 책을 찾고 계신가요?

M 이 사진 속 책인데요.

F 이 책이신가요? 대단히 죄송하지만 인기 작품이라서 오늘 오전 중에 완판되어 버렸어요. 추가분은 내일 입고될 예정입니다.

M 그런가요? 완판이라니 아쉽네요. 혹시 가능하면 예약을 부탁하고 싶은데요. 내일도 또 올 수 있을지 몰라서요.

F 알겠습니다. 그럼 이쪽 용지에 성함과 전화번호를 부탁드려요.

M 알겠습니다.

남성은 이제 무엇을 합니까?

| 1 책을 예약한다 | 2 책을 구입한다 |
| 3 내일 또 서점에 온다 | 4 책 제목을 기계로 검색한다 |

4

家で母と娘が話しています。
娘はこれからまず何をしますか。

F1 お母さん、私も何か手伝おうか。

F2 ありがとう。今日の夕飯はカレーにしようと思ってるの。じゃがいもとニンジン、玉ねぎはもう切ってあるから、まずお肉と一緒に軽く炒めてもらえる？

F1 はーい。

F2 よろしくね。あと、サラダ用にトマトも切っておいて。

F1 あれ？ お母さん、お肉冷蔵庫の中だよね？ 探してるんだけど見つからなくて。

F2 うん、あるはずだけど。あっ！ 昨日全部使っちゃったんだ。悪いんだけど、スーパーで先に買ってきてもらえないかな？

F1 もう～しょうがないなぁ。

娘はこれからまず何をしますか。

집에서 엄마와 딸이 이야기하고 있습니다.
딸은 이제 먼저 무엇을 합니까?

F1 엄마, 나도 뭔가 도울까?

F2 고마워. 오늘 저녁밥은 카레를 하려고 하는데. 감자와 당근, 양파는 이미 잘라 두었으니까 먼저 고기와 함께 기볍게 볶아 줄래?

F1 네.

F2 잘 부탁해. 그리고 샐러드용으로 토마토도 썰어 줘.

F1 어? 엄마, 고기 냉장고 안에 있는 거지? 찾고 있는데 안 보여.

F2 응. 있을 텐데. 앗! 어제 전부 써 버렸다. 미안한데 슈퍼에서 먼저 사 와줄래?

F1 하여간에. 못 말린다니까.

딸은 이제 먼저 무엇을 합니까?

| 1 감자를 썬다 | 2 고기를 볶는다 |
| 3 토마토를 자른다 | 4 슈퍼에 간다 |

5

女の人と男の人が話しています。
二人は何時の新幹線に乗る予定ですか。

F 来月10日の旅行なんだけど、そろそろ新幹線の予約をしようと思って。何時の新幹線がいいかな。

M そうだな。仕事が終わった後、そのまま新幹線に乗ってもいいんだけど、どうかな？ その方が向こうでたくさん遊べるし。6時には終わるから、余裕を持って7時はどう？

F ごめん、9日の夜は会社の送別会が入っちゃってて。一次会で終わるとは思うんだけど、10日の朝にしない？

M うん。僕は大丈夫。

F 朝一番早いのは6時の新幹線なんだけど、家からだと始発の電車が間に合わないのよね。

여성과 남성이 이야기하고 있습니다.
두 사람은 몇 시 신칸센을 탈 예정입니까?

F 다음달 10일 여행 말인데 슬슬 신칸센 예약하려고. 몇 시 신칸센이 괜찮을까?

M 그러게. 일이 끝나고 그 길로 신칸센을 타도 좋은데 어때? 그렇게 하는 편이 거기서 많이 놀 수 있잖아. 여섯 시에는 끝나니까 여유를 갖고 일곱 시는 어때?

F 미안, 9일 밤에는 회사 송별회가 있어서. 1차로 끝날 거 같긴 하는데 10일 아침으로 하지 않을래?

M 응. 난 괜찮아.

F 아침 가장 이른 건 여섯 시 신칸센인데 집에서 출발하면 첫차 시간에 못 맞출 거야.

M それじゃあ、次の新幹線にしよう。次は７時かな。

F うん、そうしよう。じゃ、待ち合わせは６時半ね。新幹線は私が予約しておくから。

M ありがとう。

二人は何時の新幹線に乗る予定ですか。

M 그러면 다음 신칸센을 타자. 다음은 일곱 시겠지?

F 응. 그렇게 하자. 그러면 약속 시간은 여섯 시 반. 신칸센은 내가 예약해 둘게.

M 고마워.

두 사람은 몇 시 신칸센을 탈 예정입니까?

1	9일 오후 6시	2	9일 오후 7시
3	10일 오전 6시	4	10일 오전 7시

6

ラジオで女の人が話しています。女の人は起きてからまず何をしますか。

F 今日は私のモーニングルーティンについてお話していきたいと思います。皆さんは朝起きてから一番最初に何をしますか。おそらく目覚まし時計を止めるという方が多いのではないでしょうか。私はいつも６時には自然に目が覚めてしまうので、まずはカーテンを開けて日光を浴びながら、ストレッチをするようにしています。それからお湯を沸かして飲みながら、ゆっくりとこれからの一日のことを考えます。以前はコーヒーを飲んでいたのですが、健康のためにお湯を飲むようにしています。

女の人は起きてからまず何をしますか。

라디오에서 여성이 이야기하고 있습니다. 여성은 일어나서 먼저 무엇을 합니까?

F 오늘은 제 모닝 루틴에 대해 이야기하려고 합니다. 여러분은 아침에 일어나서 가장 먼저 무엇을 합니까? 분명 자명종을 끄는 분이 많지 않을까요? 저는 항상 여섯 시에는 저절로 눈이 떠지기 때문에 먼저 커튼을 걷고 햇빛을 쐬면서 스트레칭을 하려고 합니다. 그러고 나서 뜨거운 물을 마시면서 느긋하게 오늘 하루에 대해 생각합니다. 예전에는 커피를 마셨는데 건강을 위해서 뜨거운 물을 마시려고 하고 있습니다.

여성은 일어나서 먼저 무엇을 합니까?

1	자명종을 끈다	2	커튼을 걷는다
3	뜨거운 물을 마신다	4	스트레칭을 한다

예

女の人と男の人がスーパーで話しています。男の人
はどうして自分で料理をしませんか。

F あら、田中君、お買い物？

M うん、夕飯を買いにね。

F お弁当？ 自分で作らないの？ 時間ないか。

M いや、そうじゃないんだ。

F じゃあ、作ればいいのに。

M 作るのは嫌いじゃないんだ。でも、一人だと。

F 材料が余っちゃう？

M それはいいんだけど、一生懸命作っても一人で食
べるだけじゃ、なんか寂しくて。

F それもそうか。

男の人はどうして自分で料理をしませんか。

여성과 남성이 슈퍼에서 이야기하고 있습니다 남성
은 왜 직접 요리를 하지 않습니까?

F 어, 다나카. 쇼핑?

M 응, 저녁밥 사러.

F 도시락? 직접 안 만들어? 시간 없으려나.

M 아니, 그건 아닌데.

F 그럼 만들면 좋을 텐데.

M 만드는 건 싫어하지 않아. 하지만 혼자선.

F 재료가 남아서?

M 그건 괜찮은데 열심히 만들어도 혼자 먹으면 뭔가
쓸쓸해서.

F 그것도 그렇겠구나.

남성은 왜 직접 요리를 하지 않습니까?

---

1 바빠서 시간이 없기 때문에

2 요리가 서툴기 때문에

3 재료가 남아 버리기 때문에

4 함께 먹을 사람이 없기 때문에

1

大学の講義室で男の学生と女の学生が話しています。
男の学生はどうして遅刻しましたか。

M おはよう。

F うわ！びっくりした～！ 驚かさないでよ。

M ごめん、ごめん。授業中だから後ろからしか声か
けられなくて。

F もう15分も過ぎてるけど、遅刻だなんて珍しい
わね。

M それがさ、1時間前にうち出たのはいいんだけど、
途中で財布がないのに気づいてさ。急いで取りに
帰ったんだけど、間に合わなかったんだ。

F もう、本当におっちょこちょいなんだから。

男の学生はどうして遅刻しましたか。

대학 강의실에서 남학생과 여학생이 이야기하고 있
습니다. 남학생은 왜 지각했습니까?

M 안녕!

F 앗! 깜짝이야! 놀라게 하지 마!

M 미안, 미안. 수업 중이니까 뒤에서밖에 말 걸 수
없어서.

F 벌써 15분이나 지났는데, 지각이라니 별일이네.

M 그게 말이야, 한 시간에 전에 집을 나온 거까진 괜
찮았는데 도중에 지갑 없는 걸 알았지 뭐야. 서둘
러서 가지러 갔는데 시간을 못 맞췄어.

F 하여간 정말 덜렁댄다니까.

남학생은 왜 지각했습니까?

---

1 지갑을 깜박했기 때문에

2 지갑을 잃어버렸기 때문에

3 지갑을 도둑 맞아서

4 늦잠 잤기 때문에

女の人と男の人が話しています。男の人はどうして韓国語を勉強していますか。

F あれ？松本さん、韓国語の勉強始めたんですか。

M そうなんですよ。先週から韓国語のレッスンに通い始めまして。

F 意外ですね。何かきっかけがあったんですか。

M 実は付き合っている彼女が韓国人なんですよ。彼女、日本語が上手なので特に問題はなかったんですが、今度彼女の両親に会いに韓国に行くことになりまして。

F そういうことだったんですね。

M はい。上田さん、たしか韓国ドラマお好きでしたよね？僕も勉強のために何か見たいと思ってるんですが、今度お勧めのドラマ教えてください。

F もちろんです。たくさんあるので、リスト作ってきますね。

男の人はどうして韓国語を勉強していますか。

여성과 남성이 이야기하고 있습니다. 남성은 왜 한국어를 공부합니까?

F 어? 마쓰모토 씨, 한국어 공부 시작했어요?

M 맞아요. 지난주부터 한국어 교실에 다니기 시작했어요.

F 의외네요. 뭔가 계기가 있었나요?

M 실은 사귀는 여자친구가 한국인이에요. 여자친구 일본어 잘하니까 특별히 문제는 없었는데 이번에 여자친구 부모님을 뵈러 한국에 가게 되었거든요.

F 그랬군요.

M 네, 우에다 씨 분명 한국 드라마 좋아하시죠? 저도 공부를 위해서 뭔가 보고 싶은데 다음에 추천하는 드라마 좀 알려 주세요.

F 물론이에요. 많이 있으니까 리스트 만들어 올게요.

남성은 왜 한국어를 공부합니까?

1 한국 여행을 가고 싶어서

2 애인이 한국인이어서

3 한국에서 아이돌이 되고 싶어서

4 한국 드라마를 좋아해서

会社で女の人と男の人が話しています。男の人はどうして最近、残業をしなくなりましたか。

F あぁ、疲れた。もうこんな時間。あれ？伊藤さん、もう終わりですか。

M はい。仕事も片付いたしそろそろ帰る準備でもしようかなと。

F 最近、伊藤さん帰るの早くなりましたよね。前はうちの部署で一番遅くまで残ってたのに。もしかして、部長に何か言われたんですか。

M いいえ、部長からは特に何も。

F そうですか。じゃ、何かいいことでもあったんですか。

M 実は最近、ペットを飼い始めたもので。子犬なんですが、僕一人暮らしなので、どうしても様子が気になってしまって。

F なるほど。それで早く帰るようになったんですね。

회사에서 여성과 남성이 이야기하고 있습니다. 남성은 왜 요즘 야근을 하지 않게 되었습니까?

F 아, 피곤해. 벌써 시간이 이렇게 되었네. 이토 씨 벌써 끝났어요?

M 네. 일도 정리했고 슬슬 집에 갈 준비라도 하려고요.

F 요즘 이토 씨 집에 가는 거 빨라졌네요. 전에는 우리 부서에서 가장 늦게까지 남아 있었는데. 혹시 부장님한테 한소리 들었어요?

M 아뇨. 부장님에게는 특별히 아무 말도요.

F 그래요? 그렇다면 뭔가 좋은 일이라도 생겼나요?

M 실은 요즘 반려동물을 키우기 시작했거든요. 강아지인데 저 혼자 사니까 아무래도 어떻게 지내는지 신경이 쓰여서요.

F 그렇구나. 그래서 집에 빨리 가는군요.

M 一秒でも早く会いたい気分ですよ。

F あはは。伊藤さんがそんなこと言うなんて、本当に可愛いんでしょうわ　今度写真見せてくださいよ。

M もちろんです。

男の人はどうして最近、残業をしなくなりましたか。

1	일이 줄어서	2	일이 빨라서
3	상사에게 야근을 하지 말라는 말을 들어서	4	반려동물을 만나고 싶어서

動画で女の人が話しています。女の人は部屋のどんなところが気に入っていると言っていますか。

F 今日は私の仕事部屋についてご紹介したいと思います。こちらが私がいつもイラストを描いている部屋なんですが、そんなに広くはないです。あまり広いとなかなか落ち着かないので。部屋に入ると正面に大きい窓があるんですが、目の前が海なので景色が最高なんです。作業に疲れた時は、いつもこの景色を見ながらリフレッシュしています。この部屋の中で一番気に入っているところですね。

女の人は部屋のどんなところが気に入っていると言っていますか。

1	방이 넓은 점	2	주변이 조용한 점
3	창문에서 보이는 경치	4	역에서 가까운 점

5

家で娘と母親が話しています。娘はどうしてサンダルを買いませんでしたか。

F1 ただいま。

1. F2 お帰り。

F1 あぁ、疲れた。ショッピングも楽じゃないね。

F2 あはは、何それ。そう言えばサンダル欲しいって言ってたけど、いいのあった？

F1 それがね、いつも行ってるお気に入りのお店が今日はお休みだったの。仕方ないから近くのデパートで見てみたんだけど、どれも高くて。かわいいのいっぱいあったから、すごく悩んだんだけどね。

M 1초라도 빨리 만나고 싶은 마음이에요.

F 하하. 이토 씨가 그런 말을 하다니 정말 귀여운가 봐요. 다음에 사진 보여 주세요.

M 물론입니다.

남성은 왜 요즘 야근을 하지 않게 되었습니까?

동영상에서 여성이 이야기하고 있습니다. 여성은 방의 어떤 점이 마음에 든다고 말합니까?

F 오늘은 제 작업실을 소개하려고 합니다. 여기가 제가 늘 일러스트를 그리는 방인데 그렇게 넓지는 않습니다. 너무 넓으면 마음이 좀체 안정되지 않기 때문이에요. 방에 들어오면 정면에 커다란 창문이 있는데 눈 앞이 바다라서 경치가 아주 좋습니다. 작업에 지쳤을 때에는 늘 이 경치를 보면서 리프레쉬합니다. 이 방에서 가장 마음에 드는 점입니다.

여성은 방의 어떤 점이 마음에 든다고 말합니까?

집에서 딸과 엄마가 이야기하고 있습니다. 딸은 왜 샌들을 사지 않았습니까?

딸 다녀왔습니다.

엄마 어서 오렴.

딸 아, 피곤해. 쇼핑도 편하지 않아.

엄마 하하, 그게 뭐야. 그러고 보니 샌들 가지고 싶다고 했었잖아. 괜찮은 거 있었어?

딸 그게 말이야. 항상 다니는 단골집이 오늘 쉬는 날이었어. 하는 수 없이 가까운 백화점에서 봤는데 다 비싸서. 예쁜 게 잔뜩 있어서 좀 고민했지만 말이야.

F2 そんなに気に入ったのがあったんなら、後でお父さんに言ってみたら？ もうすぐマリの誕生日だし、買ってくれるかもしれないよ。

F1 わぁ！本当？ うん、後でお父さんにお願いしてみようかな。

娘はどうしてサンダルを買いませんでしたか。

---

1 가게가 문을 닫아서	2 가격이 비쌌기 때문에
3 마음에 드는 디자인이 없어서	4 아빠한테 사달라고 하고 싶어서

6

女の人と男の人が話しています。男の人は何のためにジムに通っていますか。

F 木村さん、最近仕事の後、何かしてるんですか。いつも大きいカバン持って帰ってるので。

M 実は先月からジムに通ってるんですよ。

F へぇ、体力づくりですか。

M はい。昔から走るのが好きだったんですが、今年はフルマラソンに挑戦したいと思ってるんです。そのためにはたくさん体力つけておかないと。

F フルマラソンだなんてすごいですね。私も興味はあるんですが、一人ではなかなか。

M 今、通っているジムのトレーナーさんの中に、元マラソン選手の女性がいるんですが、良かったら田中さんも一緒にどうですか。今なら無料体験もできるみたいですよ。

F 本当ですか。早速明日行ってみようかな。

男の人は何のためにジムに通っていますか。

엄마 그렇게 마음에 드는 게 있었다면 나중에 아빠한테 말해 보면? 곧 마리 생일이기도 하고 사줄지도 모르잖아.

딸 와! 정말? 응. 나중에 아빠한테 부탁해 봐야겠다.

딸은 왜 샌들을 사지 않았습니까?

여성과 남성이 이야기하고 있습니다. 남성은 무엇을 위해 체육관에 다니고 있습니까?

F 기무라 씨, 요즘 일 끝나고 뭔가 하나요? 늘 큰 가방을 들고 집에 가네요

M 실은 지난달부터 체육관을 다니고 있거든요.

F 와, 체력 기르려고요?

M 네. 옛날부터 뛰는 걸 좋아했는데 올해는 마라톤 풀코스에 도전하고 싶어서요. 그러기 위해서는 체력을 잔뜩 길러둬야 하거든요.

F 마라톤 풀코스라니 대단한데요. 저도 관심은 있는데 혼자선 좀처럼….

M 지금 다니는 체육관 트레이너 중에 전 마라톤 선수인 여성 분이 있는데 괜찮으면 다나카 씨도 함께 어때요? 지금이라면 무료 체험도 할 수 있는 거 같아요.

F 정말요? 바로 내일 가 봐야 하나.

---

1 다이어트를 위해서	2 재활을 위해서
3 체육관 트레이너가 멋져서	4 마라톤 대회에 나가기 위해서

예

女の人が友達の家に来て話しています。

F1 用中です。

F2 あ、はあい。昨日友達が泊まりにきてたんで、片付いてないけど、入って。

F1 あ、でもここで。すぐ帰るから。あのう、この前借りた本なんだけど、ちょっとやぶれちゃって。

F2 え、本当?

F1 うん、このページなんだけど。

F2 あっ、うん、このくらいなら大丈夫、読めるし。

F1 ほんと? ごめん。これからは気をつけるから。

F2 うん、いいよ。ねえ、入ってコーヒーでも飲んでいかない?

F1 ありがとう。

女の人は友達の家へ何をしに来ましたか。

1 謝りに来た
2 本を借りに来た
3 泊まりに来た
4 コーヒーを飲みに来た

1

アナウンスが流れています。

M お客様にお知らせいたします。現在、新宿行きの路線は、脱線事故の影響で運転を見合わせております。復旧まで時間がかかることが予想されますので、振り替え輸送を行う予定です。振り替え輸送をご希望のお客様は、改札口で振り替え乗車表をお受け取りください。お客様にはお急ぎのところご迷惑をおかけし、誠に申し訳ございません。

このアナウンスはどこで流れていますか。

1 空港
2 バスターミナル
3 駅のホーム
4 タクシー乗り場

어선이 친구의 집에 와서 이야기하고 있습니다.

F1 다나카입니다.

F2 아, 네. 어제 친구가 묵으러 왔어서 정리가 안 되어 있는데, 들어와.

F1 아, 하지만 여기서. 금방 갈 테니까. 저기 요전에 빌렸던 책 말인데 좀 찢어져서 말이야.

F2 앗, 정말?

F1 응, 이 페이지인데.

F2 앗, 응. 이 정도라면 괜찮아. 읽을 수 있으니까.

F1 정말? 미안해. 앞으로는 조심할게.

F2 응, 괜찮아. 저, 들어와서 커피라도 마시고 가지 않을래?

F1 고마워.

여성은 친구의 집에 무엇을 하러 왔습니까?

1 사과하러 왔다
2 책을 빌리러 왔다
3 머물러 왔다
4 커피를 마시러 왔다

방송이 나오고 있습니다.

M 고객 여러분에게 알려드립니다. 현재 신주쿠 행 노선은 탈선 사고 영향 때문에 운전을 보류하고 있습니다. 복구까지 시간이 걸릴 것으로 예상되기 때문에 대체 수송을 할 예정입니다. 대체 수송을 원하시는 고객은 개찰구에서 임시수송표를 받으십시오. 손님께는 급하실 때에 폐를 끼쳐서 진심으로 죄송합니다.

이 방송은 어디에서 나오고 있습니까?

1 공항
2 버스터미널
3 역 승강장
4 택시 승강장

女の人がアパートの大家さんと話しています。

F すみません、２０１号室の高橋ですが。

M はい、どうされました？

F 実はご相談があって伺ったのですが…。お隣の２０２号室の方なんですが、部屋でペットを飼っているようなんです。犬の鳴き声がするもので。

M 本当ですか？ うちのアパートはペット禁止のはずなんですが、困りましたね。

F 時々、夜中に鳴き声が聞こえることもあって、眠れないんです。

M わかりました。一度こちらで確認させていただきますので。

F すみませんが、よろしくお願いいたします。

女の人は何について相談していますか。

1 ペットを飼うための許可
2 隣の部屋の人のルール違反について
3 隣の部屋の人がうるさくて夜眠れないこと
4 隣の部屋の赤ちゃんの泣き声で夜眠れないこと

여성이 아파트 집주인과 이야기하고 있습니다.

F 실례합니다, 201호실의 다카하시인데요.

M 네, 무슨 일이세요?

F 실은 상담할 게 있어서 찾아 뵀습니다. 옆집 202호실 분 말인데, 방에서 반려동물을 키우는 것 같아요. 개 울음소리가 나거든요.

M 정말입니까? 우리 아파트는 반려동물 금지일 것인데 난감하군요.

F 가끔 밤중에 울음소리가 들려올 때도 있어서 잠을 잘 수가 없어요.

M 알겠습니다. 한번 이쪽에서 확인해 볼게요.

F 죄송하지만 잘 부탁드립니다.

여성은 무엇에 대해 상담하고 있습니까?

1 반려동물을 기르기 위한 허가
2 옆 방 사람의 규칙 위반에 대해
3 옆 방 사람이 시끄러워서 밤에 잘 수 없는 점
4 옆 방 아기 울음소리 때문에 밤에 잘 수 없는 점

ニュースで女の人が話しています。

F 今年も桜の季節がやってきました。今年の桜の開花時期は例年より早い所が多く、北陸や東北では記録的な早さとなる所もありそうです。３月末までには西・東日本のほぼ全域で開花し、東北南部でも咲き始めるでしょう。また、東日本では気温が２０度を超える日が続いており、東京では今週満開を迎える名所が多い予想です。上野公園はすでに満開となっており、井の頭公園でも２３日に満開となる見込みです。ただし、今週末は全国的に雨となるため、お花見を楽しむのはその前後が良さそうです。

女の人は主に何について話していますか。

1 桜の名所
2 お花見の予定
3 桜の種類
4 桜の開花時期

뉴스에서 여성이 말하고 있습니다.

F 올해도 벚꽃 계절이 찾아왔습니다. 올해 벚꽃 개화 시기는 예년보다 빠른 곳이 많아서 호쿠리쿠 지방이나 도호쿠 지방에서는 기록적으로 빠른 곳도 있을 것 같습니다. 3월 말까지는 서일본·동일본 대부분의 지역에서 개화하고, 도호쿠 남부에서도 피기 시작할 것입니다. 또한 동일본에서는 기온이 20도를 넘는 날이 이어져 도쿄에서는 이번 주 만개하는 명소가 많을 예상입니다. 우에노 공원은 이미 만개했고, 이노카시라 공원에서도 23일에 만개할 전망입니다. 다만 이번 주말은 전국적으로 비가 내리기 때문에 꽃놀이를 즐기는 것은 그 전후가 좋을 듯합니다.

여성은 주로 무엇에 대해 말하고 있습니까?

1 벚꽃 명소
2 꽃놀이 예정
3 벚꽃 종류
4 벚꽃 개화 시기

예

ホテルのテレビが壊れています。何といいますか。

F 1 テレビがつかないんですが。

2 テレビをつけてもいいですか。

3 テレビをつけたほうがいいですよ。

호텔 텔레비전이 망가졌습니다. 뭐라고 말합니까?

F 1 텔레비전이 켜지지 않는데요.

2 텔레비전을 켜도 됩니까?

3 텔레비전을 켜는 편이 좋아요.

1

友達が荷物をたくさん持っています。
友達に何と言いますか。

M 1 手伝ってくれない？

2 手伝ってもらえる？

3 手伝おうか？

친구가 짐을 잔뜩 가지고 있습니다.
친구에게 뭐라고 말합니까?

M 1 도와 주지 않을래?

2 도움을 받을 수 있을까?

3 도울까?

2

チェックアウトの後に荷物の保管をお願いしたいです。
何と言いますか。

F 1 スーツケースはこちらでお預かりいたします。

2 スーツケースを預けていただけませんか。

3 スーツケースを預かっていただけませんか。

체크아웃 후에 짐 보관을 부탁하고 싶습니다. 뭐라고
말합니까?

F 1 수트케이스는 여기에서 맡겠습니다.

2 수트케이스를 맡겨 주실 수 없을까요?

3 수트케이스를 맡아 주실 수 없을까요?

3

先に帰る同僚にあいさつします。何と言いますか。

M 1 お疲れ様でした。

2 今日もお世話になりました。

3 お先に失礼します。

먼저 돌아가는 동료에게 인사합니다. 뭐라고 말합니
까?

M 1 수고하셨습니다.

2 오늘도 신세 많이 졌습니다.

3 먼저 실례하겠습니다.

4

お客様が靴を試着していますが、サイズが合わない
ようです。店員さんは何と言いますか。

M 1 他のサイズを履いてもいいですか。

2 他のサイズをお持ちしましょうか。

3 他のサイズをお持ちしませんか。

손님이 신발을 신고 있는데 사이즈가 맞지 않은 듯합
니다. 점원은 뭐라고 말합니까?

M 1 다른 사이즈를 신어도 됩니까?

2 다른 사이즈를 가져올까요?

3 다른 사이즈를 가져오지 않겠습니까?

문제5

예

M すみません、今、時間、ありますか。

F 1 えeと、10時20分です。

2 ええ。何ですか。

3 時計はあそこですよ。

M 저기, 지금 시간 있어요?

F 1 음, 10시 20분입니다.

2 네, 무슨 일이에요?

3 시계는 저기예요.

1

F 鈴木さんの誕生日っていつだっけ？

M 1 ７月７日になるかも。

2 ７月７日じゃないって。

3 ７月７日じゃなかったっけ？

F 스즈키 씨 생일 언제였더라?

M 1 7월 7일이 될 지도

2 7월 7일 아니라는데.

3 7월 7일 아니었나?

2

F このワンピース、似合ってるかな？

M 1 うん、よく合ってると思うよ。

2 うん、とても似合ってるよ。

3 うん、なかなか良かったよ。

F 이 원피스 어울려?

M 1 응, 잘 맞다고 생각해.

2 응, 아주 잘 어울려.

3 응, 꽤 좋았어.

3

M 熱は下がったんだけど、まだ具合が悪くて。

F 1 それは大変だったね。お疲れ様。

2 今日はゆっくり休んで。お大事にね。

3 気持ち悪くてどうしよう。

M 열은 내렸는데 아직 상태가 나빠서.

F 1 힘들었겠네. 수고했어.

2 오늘은 푹 쉬고. 몸조리 잘해.

3 기분이 안 좋아서 어떡해.

4

F ようやく春らしい天気になってきましたね。

M 1 そうですね。今年は何だか冬が長かったですね。

2 この時期にめずらしいですね。

3 早く夏が来てほしいですね。

F 드디어 봄다운 날씨가 되었네요.

M 1 그러게요. 올해는 어째서인지 겨울이 길었어요.

2 이 시기에 별일이네요.

3 빨리 여름이 왔으면 좋겠어요.

5

F 林さんが遅刻するなんて、めずらしいですね。

M 1 そうですね。もしかして途中で何かあったん

でしょうか。

2 林さんが遅れるはずないですよ。

3 あ！教室の時計が遅れているみたいですよ。

F 하야시 씨가 지각이라니 별일이네요.

M 1 그러게요. 혹시 도중에 무슨 일인가 있었던

걸까요?

2 하야시 씨가 늦을 리 없어요.

3 아! 교실 시계가 느려진 것 같아요.

6

M キムさんの日本語、本当にお上手ですよね。

F 1 どういたしまして。

2 いえいえ、まだまだです。

3 ご遠慮させていただきます。

M 김 씨 일본어 정말 잘하네요.

F 1 천만에요.

2 아니에요, 아직이에요.

3 사양하겠습니다.

7

M 明日の待ち合わせ、何時だっけ？

F 1 ２時だよ。

2 ２時までだよ。

3 ２時からだよ。

M 내일 약속 몇 시였더라?

F 1 두 시야.

2 두 시까지야.

3 두 시부터야.

8

M この料理、全部山田さんの手作りだなんて、すごいですね。

F 1 ありがとうございます。どうぞ頂戴してください。

　2 ありがとうございます。どうぞいただいてください。

　3 ありがとうございます。どうぞ召し上がってください。

M 이 요리 전부 야마다 씨가 만든 거라니 대단한데요.

F 1 고미워요. 부디 받이 주세요.

　2 고마워요. 부디 받아 주세요.

　3 고마워요. 부디 드셔 주세요.

9

M 天気予報によると、午後から雨になるそうだよ。

F 1 本当？ こんなにいい天気なのに？

　2 雨が降らないわけにはいかないよ。

　3 うん。雨が降るつもりみたいだね。

M 일기예보에 따르면 오후부터 비래요.

F 1 정말? 이렇게 날씨가 좋은데?

　2 비가 내리지 않을 리가 없어.

　3 응. 비가 내릴 생각인가 봐.

N3

げんごちしき (もじ・ごい)

じゅけんばんごう
Examinee Registration
Number

なまえ
Name

（ちゅうい Notes）
1. くろい えんぴつ (HB、No.2) で かいて ください。
Use a black medium soft (HB or No.2) pencil.
（ペンや ボールペンでは かかないで ください。）
(Do not use any kind of pen.)
2. かきなおす ときは、けしゴムで きれいに けして ください。
Erase any unintended marks completely.
3. きたなく したり、おったり しないで ください。
Do not soil or bend this sheet.
4. マークれい Marking examples

よい れい Correct Example	わるい れい Incorrect Examples
●	⊘ ⊗ ○ ◎ ⊕ ●

問題 1

	①	②	③	④
1	①	②	③	④
2	①	②	③	④
3	①	②	③	④
4	①	②	③	④
5	①	②	③	④
6	①	②	③	④
7	①	②	③	④
8	①	②	③	④

問題 2

	①	②	③	④
9	①	②	③	④
10	①	②	③	④
11	①	②	③	④
12	①	②	③	④
13	①	②	③	④
14	①	②	③	④

問題 3

	①	②	③	④
15	①	②	③	④
16	①	②	③	④
17	①	②	③	④
18	①	②	③	④
19	①	②	③	④
20	①	②	③	④
21	①	②	③	④
22	①	②	③	④
23	①	②	③	④
24	①	②	③	④
25	①	②	③	④

問題 4

	①	②	③	④
26	①	②	③	④
27	①	②	③	④
28	①	②	③	④
29	①	②	③	④
30	①	②	③	④

問題 5

	①	②	③	④
31	①	②	③	④
32	①	②	③	④
33	①	②	③	④
34	①	②	③	④
35	①	②	③	④

	問	題	1		
1	①	②	③	④
2	①	②	③	④
3	①	②	③	④
4	①	②	③	④
5	①	②	③	④
6	①	②	③	④
7	①	②	③	④
8	①	②	③	④
9	①	②	③	④
10	①	②	③	④
11	①	②	③	④
12	①	②	③	④
13	①	②	③	④

	問	題	2		
14	①	②	③	④
15	①	②	③	④
16	①	②	③	④
17	①	②	③	④
18	①	②	③	④

	問	題	3		
19	①	②	③	④
20	①	②	③	④
21	①	②	③	④
22	①	②	③	④
23	①	②	③	④

	問	題	4		
24	①	②	③	④
25	①	②	③	④
26	①	②	③	④
27	①	②	③	④

	問	題	5		
28	①	②	③	④
29	①	②	③	④
30	①	②	③	④
31	①	②	③	④
32	①	②	③	④
33	①	②	③	④

	問	題	6		
34	①	②	③	④
35	①	②	③	④
36	①	②	③	④
37	①	②	③	④

	問	題	7		
38	①	②	③	④
39	①	②	③	④

にほんごのうりょくしけん かいとうようし

N3
ちょうかい

じゅけんばんごう
Examinee Registration
Number

なまえ
Name

問題 1

れい	①	●	③	④
1	①	②	③	④
2	①	②	③	④
3	①	②	③	④
4	①	②	③	④
5	①	②	③	④
6	①	②	③	④

問題 2

れい	①	●	③	④
1	①	②	③	④
2	①	②	③	④
3	①	②	③	④
4	①	②	③	④
5	①	②	③	④
6	①	②	③	④

問題 3

れい	●	②	③	④
1	①	②	③	④
2	①	②	③	④
3	①	②	③	④

問題 4

れい	●	②	③
1	①	②	③
2	①	②	③
3	①	②	③
4	①	②	③

問題 5

れい	①	●	③
1	①	②	③
2	①	②	③
3	①	②	③
4	①	②	③
5	①	②	③
6	①	②	③
7	①	②	③
8	①	②	③
9	①	②	③